U0797114

# 竞技体操高级成套动作教学与实践研究

刘二侠　著

北京工业大学出版社

图书在版编目（CIP）数据

竞技体操高级成套动作教学与实践研究 / 刘二侠著
．— 北京 ： 北京工业大学出版社，2019.10（2021.4 重印）
ISBN 978-7-5639-7180-0

Ⅰ．①竞… Ⅱ．①刘… Ⅲ．①竞技体操－运动训练－教学研究 Ⅳ．①G832.02

中国版本图书馆 CIP 数据核字（2019）第 272582 号

# 竞技体操高级成套动作教学与实践研究

**著　　者**：刘二侠
**责任编辑**：邓梅菡
**封面设计**：点墨轩阁
**出版发行**：北京工业大学出版社
（北京市朝阳区平乐园 100 号　邮编：100124）
010-67391722（传真）　bgdcbs@sina.com
**经销单位**：全国各地新华书店
**承印单位**：三河市嵩川印刷有限公司
**开　　本**：710 毫米 ×1000 毫米　1/16
**印　　张**：16
**字　　数**：320 千字
**版　　次**：2019 年 10 月第 1 版
**印　　次**：2021 年 4 月第 2 次印刷
**标准书号**：ISBN 978-7-5639-7180-0
**定　　价**：80.00 元

# 前言

由于社会快速发展对人自身水准的要求在逐步提升，培养素质全面的人才显得尤为迫切。竞技体操是一项要求在规定器械上完成复杂、协调的动作，并依照动作的分值、难度、编排及完成情况等给予评分的运动，具有高度艺术性和技巧性，也是我国重点支持的传统体育项目。在教学中，要把竞技体操的价值观念和体育的本质属性紧密结合起来，让学生不仅拥有强健的体魄，还要将优秀的体育精神传承下去。

全书共九章可分为四部分。第一部分是基础知识探究，包含竞技及竞技体育、竞技体操的功能研究、竞技体操市场开发探索、国外竞技体操发展启示以及我国竞技体操发展现状与思考等内容。第二部分是竞技体操器械分析，包括体育器械概述、竞技体操器械的安全使用以及竞技体操器械演变特征研究三节知识内容。第三部分为全书的核心，重点对平衡木、自由体操、单杠、蹦床、跳马、鞍马的高级成套动作展开教学与实践研究。第四部分是笔者对全书的总结与展望。

希望此书的内容及观点，能够为相关领域学者今后的研究提供一些理论支持与借鉴。笔者相信，经过不断努力，我国竞技体操的运动健儿们会创造出更加优异的成绩。

# 目　录

# 第一章　基础知识探究

## 第一节　竞技及竞技体育

### 一、竞技及竞技体育概述

#### （一）竞技

1. 竞技的含义

竞技就是比赛技艺，多指体育、网络游戏比赛等。

2. 竞技的魅力

竞技比赛最大的魅力是竞赛结果的不确定性，以及运动员内在的健将风范。在竞技运动的比赛中，无论是两强相遇还是强弱相对，其比赛结果都可能出人意料或充满悬念。由于体育运动竞赛是直接追求胜负、公开挑战极限、在规定的时间内就能看到结果的比赛形式，所以人们在体育竞技中可以强烈地体验到胜利后的狂喜、失败后的悲伤、战胜自我的自豪以及意志软弱的羞愧等情绪。

但是这并不是竞技的全部魅力。奥林匹克运动会的发起人皮埃尔·德·顾拜旦曾说过:“奥运会重要的不是胜利而是参与,生活的本质不是索取而是奋斗。在奥林匹克这个舞台上，有几万人在为自己的理想而奋斗，有几十万人，甚至几百万、几千万、几亿人在为来到这个舞台而不断超越着自我。他们中间的一些人可能最终也与金牌无缘，但一直在努力且永不放弃，应该赢得社会的尊重和敬意。”其实，金牌并不是奥运会的全部，如果其光环被无限放大，也就背离了奥林匹克的本意。

#### （二）竞技体育

竞技体育是指在全面发展身体，最大限度地挖掘和发挥人（个人或群体）

在体力、心理、智力等方面的潜力的基础上，以攀登运动技术高峰和创造优异运动成绩为主要目的的一种运动活动过程。竞技体育是一种制度化、体系化的竞争性体育活动，具有正式的历史记载，以打败竞争对手来获取有形或无形的价值利益为目标，在正式组织起来的体育群体的成员或代表之间进行，强调通过竞赛来显示体力和智力，在对参赛者的职责和位置做出明确界定的正式规则所设立的限度之内进行。

## 二、我国竞技体育优势项目的形成与演进

### （一）优势项目形成和演进的语境分析

规律从物质而来，物质是在永恒运动着和永恒变化着的，而有运动和变化，就必然有运动的轨道，即规律。优势项目的孕育和诞生背景纵然复杂，经历了选择—创新—传播—推出—再选择的发展过程，但混乱中有秩序，多样中有统一，按照事物或现象的内在逻辑趋向和轨道进行，同样存在运动的轨迹，遵循事物发展的规律。通过对优势项目形成和发展多视角的语境分析，掌握特殊背景下优势项目成功的关键，有助于全面理解优势项目形成的内在逻辑，掌握项目发展的规律。

竞技体育的理论创新，前提条件之一是对竞技体育发展的成功经验进行全面、系统的总结。总结经验，首先要科学地认识经验。经验和理论同属于知识，不过是两类不同性质的知识，经验虽然缺乏系统性和理论的深刻性，却也反映了事物的初级本质，对解决具体问题是有帮助的。这是因为经验知识是人们长期实践的结果，它可以被人们借鉴、推广和应用，并且具有横向的可移性，即遇到与取得经验类似的情况，经验会给我们提示、启发、警告，使我们发现不同问题之间的相似之处，使创新能力大大提高。所以，经验是不断创造发展，并正在创造发展着的，虽然它的“创造”不及在科学认识指导下的“创造”来得迅速和显著，但绝不能静态地认识“经验”。按照马克思主义的认识论，人们对客观事物的认识是“实践—认识—再实践—再认识”这样一个循环往复、不断深化的过程。实践没有止境，理论创新也没有止境，总结实践中的历史经验，是与时俱进，对实践进行再认识的过程，只有高度重视并善于总结经验，使经验上升为科学理论，才能揭示客观事物的规律。

纵观我国竞技体育发展取得的成就，都是建立在对历史经验的总结基础上的，科学而又全面地总结历史经验是我国竞技体育腾飞的成功之道。优势项目

在长期的探索发展中形成了独特的经验文化和思想框架，积累了项目制胜的宝贵财富，认真总结和提炼优势项目的成功经验，进行理论创新，对于优势项目的持续发展大有裨益。

1. 优势项目发展的战略选择

所谓战略，是对事物发展进行全局性、规律性的谋划和决断。一百多年的国际竞争历史经验告诉我们，战略与思想路线的合理选择会使一国的实力由弱变强。相反，战略与思想路线的偏差会导致国力的衰弱乃至国家的倾覆。英国著名的军事理论家利德尔·哈特在其所著的《战略论》一书中写道："在战略上，最漫长的迂回道路，常常又是达到目的的最短途径。"无论是国家还是组织，要想在国际或社会的激烈竞争中居于要位，就应该确立基本的竞争战略模式。基本竞争战略有方向性和长远性，而它的确立应该建立在对历史的总结、现实的评估和未来的预测上。在竞技体育中，确立基本竞争战略，是为了在国际高水平竞技体育的较量中，获得持久的竞争优势，这就要求所选择的基本竞争战略模式应当成为自身核心竞争力的重要组成部分。所以，任何战略都是结合自身特点和基于特定的时代背景做出的契合时代要求的系统谋划。

发展战略是把战略上的问题和发展中的问题结合在一起，进行科学的、可行性的研究。"竞技体育发展战略"就是在体育系统中，以思想为指导，以当代体育的发展为研究对象，以推动中国体育事业的全面发展为目的，针对未来制订和实施的计划与行动。体育战略的起点为思想，终点为行动，它的实施是在思想的指导下拟定计划，最终将计划付诸行动的一个动态过程。战略的制订和调整都来源于对规律的认识和把握。发展体育事业，首先要不断探索和把握体育事业发展变化的内在规律。

事实上，任何一个国家，即使是竞技体育强国，也不可能在所有的奥运项目上都占据优势，必须要对项目进行战略调整和布局，充分利用资源，发挥集群优势，抢占更多的奥运金牌份额。早在20世纪80年代，国家体育运动委员会就针对特定的历史条件和竞技体育发展的需要提出了"重点发展优势运动项目"的战略，进行了项目的发展设置与布局，分别在1980年、1984年和1989年确定优先发展包括乒乓球、羽毛球、跳水、体操、射击、举重和柔道在内的13个、16个和18个重点项目。20世纪90年代"奥运战略"出台，根据项目的发展条件和成绩，在全国各省市重点布局，统一规划，这一战略不仅催生了我国的竞技体育优势项目，也使我国竞技体育的发展取得了举世瞩目的成就。所以，在以提高竞技体育水平为目的的战略选择上都与项目布局和优势项目的发展有着千丝万缕的联系。在特定的历史阶段，特定背景的战略选择推动了优势项目的产生和发展。

（1）“重点发展优势项目的战略”选择

“侧重抓提高”是推动20世纪80年代我国竞技体育大发展的重要战略决策。

中华人民共和国成立之后，百废待兴，我国生产力发展水平还比较落后，体育运动的普及和发展受到生产力水平的极大限制。在这种情况下，如果实施竞技体育和群众体育齐头并进、共同发展的策略，客观条件不允许。1979年，我国在奥委会的合法席位和各单项体育组织合法席位相继得到恢复和承认，想要尽早树立国际形象，依靠体育获得世界认可是最好的媒介，参加奥运会成为我国的紧迫任务。1980年奥运会在即，而我国的成绩还达不到奥运会的报名标准，提高运动技术的整体水平成了当时急需解决的关键问题，为竞技体育超前发展指出了任务和方向。

对于发展中国家，要实现竞技体育从根本上的赶超，短时间内，依靠所有项目的全面发展可能性较小，选择几个群众基础好、成绩好的项目，采取非常规手段优先发展，以此带动全局，实现跨越式的发展，比较适合当时的竞技体育发展形势。基于此，中央提出了“调整、改革、整顿、提高”八字方针。从1979年开始，在集中优势、突出重点、优化结构、分类管理的指导思想下，做了重点布局，进行了竞技运动项目的调整。同时，根据我国竞技体育的情况以及经济发展水平提出了“重点发展优势项目的战略”。

随着竞技体育的进一步发展，推进重点发展优势项目策略的实施，“重点发展优势项目”的竞技体育发展战略就此拉开序幕。改革开放后的一段时期内，我国体育总的发展思路是“普及与提高相结合，重点抓提高”，也就是竞技体育的发展要优于群众体育的发展。国家集中了有限的人力、物力优先发展竞技体育，使我国的竞技体育的发展迈出了新的步伐，以锐不可当的态势迅猛发展起来。

为保证“重点发展优势项目的战略”的顺利实施，20世纪80年代后我国为促进优势项目的发展提出了诸多卓有成效的战略举措，多次设立包括优势项目在内的重点项目，进行培育和选择，出台了中共中央20号文件《关于进一步发展体育运动的通知》，提出“搞好项目的战略布局，集中力量发展优势项目”，以国家体委《关于体育体制改革的决定（草案）》的出台为标志，我国竞技体育的“举国体制”开始走向制度化，将优势项目进行重点布局，通过各种保障措施的实施，保证集中优势，重点突破，促进优势项目的发展。

（2）“奥运战略”选择与优势项目发展的互动

实施奥运战略，推动优势项目的发展。

强调奥运战略是因为它是建立在至高无上的国家利益的基础上的国家目标和国家行为，它全方位地显示出了日益强盛的中国即将跨入世界强国之列的雄厚实力，展示出了因改革开放富起来的中国人敢于拼搏、追求胜利、争创一流的英雄主义气概。奥运战略是国家和民族的战略，是社会主义中国体育的精髓和灵魂。在实施“奥运战略”中为与奥运接轨，设定了“建设体育强国”“在奥运竞赛上名列前茅”等目标，将优势项目列为国家重点项目，并根据奥运会设项变化，适时补充进入奥运会的优势项目。同时根据各地区的人才特点、训练条件、教练水平、运动水平等综合因素，确定承担重点项目发展任务的布局地区，使每个重点项目都有若干个具有特色和优势的布局地区，在此基础上，形成若干个跨省（区）的项目布局区域，逐步扩大优势项目的范围和覆盖面，形成优势项目的人才群和人才链，促进优势项目在更高的起点上向前发展。通过“奥运战略”的实施，使重点项目得到了发展，取得了显著效果。

由“侧重抓提高”过渡到“奥运战略”，体现了我国体育发展战略调整的主动性和及时性，体育发展战略为奥运战略的实施指明了方向，“侧重抓提高”方针的提出，不仅加速了我国竞技运动水平的发展和提高，而且以竞技体育为突破口，充分发挥了体育所有的社会职能，促进了体育事业的全面发展，为奥运战略提供了社会基础。我国竞技体育优势项目的发展正是在两种战略选择中获得了快速发展的动力，在战略选择的背景下，优势项目走出了一条适合自身特点的快速发展道路，通过自身发展为两种战略的顺利实施，创造了有利的条件。“重点发展优势项目的战略”在我国竞技体育运动水平的提高上发挥了重要作用，同时也取得了巨大成功。

2. 坚持和完善制度优势

（1）优势项目成功是坚持“举国体制”的必然结果

长期以来，优势项目的可持续发展，最根本的就是始终坚持举国体制。这种集中力量办大事的体制具有巨大优势，与项目的发展目标相适应，能利用项目发展所需的全国资源，最大限度地调动项目发展的积极性，形成发展合力。在各省的竞技项目布局中，地方各级政府给予了重点扶持和高度关注。这种布局为项目可持续发展提供了重要的体制保障，确保了优势项目水平的迅速提高，实现了优势项目的可持续发展。

竞技体育竞赛的外部表现是运动员在运动场上的竞争，实际在其背后，尤其是重大赛事，是整个国家政治、经济等外部力量综合的立体竞争，只有依靠全国的力量才能保证竞技体育在选材、管理、训练、参赛等方面的有效运行。我国竞技体育管理的成功经验之一就是对项目的管理，对竞技体育项目实施合理布局、分类管理，第一个层面就是巩固和加强传统优势项目，其管理对策是：保证投入，挖掘潜力，扩大优势，成效显著。优势项目的竞赛是“高、精、尖”的事业，需要专业化的人才构建专门性科学化的训练体系，优势项目训练年限长，训练体系和需求庞大，市场化程度低。只有坚持举国体制的保障，进一步整合和优化竞技体育资源，充分调动多方面的积极性，优势项目才能在短时间内获得成功，具备竞争优势。

（2）优势项目的可持续发展依靠“举国体制”的保障

实践证明，竞技体育的举国体制是发展高水平运动的高效机制，我国竞技体育在举国体制的保障下，造就了金牌的不断突破，而且形成了我国竞技体育的优势项目。在特殊的历史时期，实现竞技体育优先发展，短时间内赶超世界其他竞技体育强国，需要强有力的保障。在未来优势项目保持和发展的漫长道路上，依然需要举国体制的坚强保障。项目发展中需要的后备人才、经费、训练和竞赛体系、运动员退役安置等都依赖于举国体制的全面投入，举国体制这种资源分配的形式能为优势项目提供充足的资源保障，迅速提高项目的发展水平，其他国家也纷纷效仿和采纳。在促进优势项目发展中，我国必须充分认识举国体制对竞技体育优势项目的重要作用，保持优势项目的可持续发展和落后项目的突破都需要有中国特色的政治优势的保障。

### （二）我国竞技体育优势项目形成和演进的理性思考与启示

1. 项目的优势来源于优势要素的继发、转折和创新

项目之间的竞争实际上是项目竞争要素优势差异的比较，优势项目的优势要素更多的源于战略和政策的驱动，通过政策的倾斜性补给和举国体制的体制机制保障，源源不断地投入，形成了优势要素的差异。但同时也要认识到项目自身的发展过程经历了竞技优势要素的继发、转折和创新。继发就是继承和发展，运动队文化、训练作风需要传承，在传承的基础上要不断发展；转折就是否定、解构和转向，对于制胜要素而言，在发展过程，要不断结合竞赛的实际情况，敢于否定原有的制胜模式，对新的竞争态势重新认识，深入解析，审时度势，转变制胜思路，对制胜模式进行重构；创新就是知识和制度创新，始终

把握项目的本质和发展规律，掌握项目的变化趋势，不断进行理论探索和知识创新。通过不断的制度创新，营造良好的管理氛围和优势项目长盛不衰的发展环境。

2. 项目的发展要立足于国情和自主创新

竞技体育是受国家政治、经济发展影响较大的社会文化活动，所谓“国运兴，体育兴”，现代体育从一开始就是时代的产物。在一个“国破山河在”的年代，皮之不存，毛将焉附，体育的崛起根本无从谈起。只有国家稳定，国泰民安，才有体育的发展。国家的兴衰植根于体育项目的发展之中，国家的传统、文化的轨迹都在项目的发展中留下了深深的烙印。项目的发展要立足国情，与国家的政治、经济发展相适应。项目发展的中国特色就是项目发展的丰富的历史经验和我国特殊的国情相适应的产物，它是依据我国国情和特定环境差异提出来的。坚持本土化，走有中国体育特色的发展道路，是项目发展的创新实践。

立足国情是第一步，自主创新是立足国情的升华，我国的优势项目都是舶来品，人云亦云，一味地模仿，会永远徘徊在项目发展的初级阶段。只有立足国情，坚持自主创新，掌握核心技术，才能做到“人无我有，人有我全，人全我精”，始终占据技术上的竞争优势。

3. 优势项目形成与发展呈波浪式前进

波浪式发展是事物发展的重要规律。在欧氏几何中，两点之间最短的距离是连接两点的直线线段。而处理社会领域中的问题，特别是在活力对抗领域达到目的的最短途径往往是“曲线”。人们在处理一般问题的时候，大都已习惯了“直线”的思维方式，沿着一种较固定的思路分析、判断情况。实现目标的途径过于线性化，势必不能取得理想的效果。

优势项目的发展犹如一场马拉松，某一个国家的项目在世界竞赛中始终保持在前列，就是优势项目，跑在后面的就是“潜优势”项目或者落后项目，优势发生转移，“潜优势”项目和落后项目可以发展成优势项目，优势项目也可以退步转化为“潜优势”项目或落后项目。按照国家发展的理论，只有部分国家能达到和保持世界前沿水平，不同国家成功的概率有差异。优势项目也同样存在这样的发展趋向，我国的七个优势项目是我国竞技体育发展的历史选择，在我国的竞技体育发展历程中，有些项目昙花一现，短期成功，并未保持长期的发展态势，有些优势项目也曾在特殊的历史时期受到冲击，间断了发展的连续性。在竞争过程中，优势项目存在优势的形成、转移、消失和再建立的过程，其形成与发展过程呈现出波浪式的发展态势。

## 三、我国竞技体育价值异化与价值回归探究

### （一）我国竞技体育价值异化表现

1. 价值主客体异化

人类的实践活动和认识活动的阐述离不开主体与客体这一哲学范畴，其中，主体主要是指实践活动和认识活动中的人，而实践活动和认识活动中的世界、事物等构成了客体。竞技体育是人类从事体育实践活动和认识活动的一个重要方面，竞技体育价值强调竞技体育主体与竞技体育客体之间的相互关系。一般而言，竞技体育价值主体是与竞技体育活动有利益或意义关系的人，而竞技体育价值客体则是竞技体育活动本身。作为马克思异化理论重要组成部分的人的异化，主要包括人的类本质异化和人与人之间关系的异化。所谓人的类本质异化主要强调人自由自觉参加劳动的类特性变成了人们谋求生存的手段，而人的吃、喝、生殖等动物性本能则成为人们追求的主要目标。人与人之间关系的异化则强调异化活动导致的人与人之间的矛盾对立。因此，竞技体育价值主客体异化可以概括为人的异化和活动的异化两个方面。

第一，竞技体育价值主体异化。竞技体育价值主体的异化是指在竞技体育活动中，作为价值主体的人在外界力量的左右下，丧失了对竞技体育活动的主动性和控制力，导致人们逐渐迷失自我，沦为畸形化竞技体育的“奴仆”，进而偏离竞技体育健康发展的轨道。依据不同群体在竞技体育活动中的地位和作用，竞技体育价值主体可以分为组织主体、参与主体、传播欣赏主体三类。其中，政府有关体育管理部门、体育协会和体育俱乐部构成了我国竞技体育组织主体，教练员、运动员和裁判员是我国竞技体育参与主体，而大众传媒和观众则是竞技体育传播欣赏主体。因此，竞技体育价值主体的异化可以概括为竞技体育组织主体的异化、竞技体育参与主体的异化、竞技体育传播欣赏主体的异化三个主要方面。受“胜者为王，败者为寇”的社会心理因素的影响，我国竞技体育运动员、教练员以及体育官员的命运几乎已被竞技比赛所主宰。

现代奥林匹克之父皮埃尔·德·顾拜旦在复兴奥林匹克运动会伊始，就期待通过竞技体育运动改善诸国之间的政治关系。竞技体育近百年的发展历程，也证实了奥运会、国际大赛等竞技体育运动在展现各国综合国力和国际竞争力等国际形象方面所发挥的重要作用。因此，为了增强国际影响力、提高自身在

国际中的地位，各国对竞技体育发展都给予很高的重视。举国体制下，我国竞技体育综合国力和国际竞争力明显增强，竞技体育事业取得了辉煌成就。但“举国体制”和“奥运战略”双重作用下，金牌数量逐渐成为地方政府政绩考核的重要指标，导致竞技体育成为主宰者，各级政府部门被裹挟着骑虎难下，使“异化的物对人的全面统治”成为现实。不少地方政府、体育协会、体育俱乐部等有关体育部门管理者为完成“金牌任务”，几乎把全部精力用于各种“关系”的处理与维护上，“奥运奖金”“感谢费”“关照礼”等花式“奖励”成为竞技体育部门组织管理主体完成“金牌任务”的必经之路，竞技体育组织管理主体成为竞技体育的附庸。

“举国体制”下竞技体育参与主体是幸运的，同时又是不幸的。与国外运动员相比，我国运动员自进入运动队开始，国家就为其训练提供一条龙式的服务，他们只需在专业教练团队的指导下专心刻苦训练，不需要为衣食住行、生活琐事和组建团队等问题担忧。但我国运动员又是不幸的，在高强度的训练、非人性化的培养、封闭式的管理等因素的交互作用下，有些运动员的竞技体育价值观出现了错位，竞技体育运动员成为金牌生产线上的机器。服务于和听命于国家金牌战略，在国际赛场上取得好成绩和夺取金牌，获得巨大的荣誉和经济利益，成为运动员运动生涯的追求与目标。运动员成为“举国体制”下实现金牌目标的工具，被竞技体育所奴役。

与此同时，竞技体育活动也左右着教练员和裁判员的命运。从事竞技体育成为部分竞技体育教练员和裁判员“生存和谋生”的手段，以“为国争光、无私奉献、科学求实、遵纪守法、团结协作、顽强拼搏”为内容的中华体育精神仅以口号的形式存在于竞技体育运动中，个人报酬、金钱奖励、名利荣誉成为其一生的追求。

教练员作为影响运动员成长和竞技体育比赛成绩的重要因素，在实现中华民族伟大复兴体育强国梦中发挥着重要的作用。

大众传媒和观众构成了竞技体育价值传播欣赏的主体，竞技体育价值异化在很大程度上与大众传媒的宣传有千丝万缕的联系，与观众的体育价值诉求有密切的关系。大众传媒的全称为大众传播媒介，一般通过印刷媒体和电子媒体及时、有效地向公众传递信息和提供娱乐服务。大众传媒作为竞技体育信息传播的重要手段，二者在密切合作中相互影响、相互促进，在扩大观众和读者市场中获得更大的社会影响和经济效益。但是在竞技体育和体育新闻报道飞速发展的今天，竞技体育价值传播主体异化现象日趋增多。在很多竞技体育大众传媒体育报道中，“重结果、轻参与”“追求卖点、捏造虚假新闻、缺乏人文关怀”“泛娱乐化”“语言暴力化”“体育报道价值扭曲化”等现象突出。体育观众作为连接群众体育和竞技体育的桥梁和纽带，既是体育文明的接受者，又是体育道德的评判者和表现者。我国国民素质和社会文明程度在整体上显著提高的同时，仍有部分国民的素质有待提升，特别是在竞技体育比赛活动中，球场观众暴力、球迷骚乱、体育暴行等现象时有发生，已经成为制约竞技体育健康发展、危害社会的毒瘤。

第二，竞技体育价值客体异化。在竞技体育活动中，投资不合理和项目布局不科学成为我国竞技体育价值客体异化的主要表现。

2. 价值导向异化

一定社会或阶级为了实现其政治经济目的，依据其价值观念和价值原则的要求，所形成的总指导思想和所提倡的社会生活的总体指向，我们通常称之为价值导向。价值导向强调国家或社会理论、路线方针等相关政策对个人、集体的价值取向的引导、示范和要求，关注社会整体价值需求，侧重一定程度的约束与调控下人的发展，其本质是对社会上存在的多元化的价值取向进行整合和消解的过程。竞技体育价值导向作为价值导向的一种特殊形态，是一定社会或阶级对个人或集体竞技体育价值取向的制约和引导。随着竞技体育政治化、商业化和职业化的不断推进，一些与竞技体育价值导向相背离的异化现象随之产生，政治工具化、过度商业化和彻底职业化等竞技体育价值导向异化现象严重制约了我国竞技体育的健康发展。

纵观古今中外，竞技体育自诞生以来就被视为某一国家或地区政治活动的名片，成为一个国家或地区话语权和形象威望的象征。中华人民共和国成立以来，竞技体育在较长一段时期内被当作为政治服务的工具，借助拿金牌、夺锦标等途径来恢复我国在国际舞台上的大国形象和政治地位。随着全面深化改革的稳步推进，我国的大国形象已经在国际上得到了认可，综合国力和国际竞争力不断增强，竞技体育的发展也取得了显著成就，其所肩负的“为国争光”的历史使命基本完成。但在长期“为国争光”“夺标”“获胜”等传统竞技体育意识形态的引领下，金牌在很多时候被异化为相关部门的政绩工程，我国竞技体育仍表现出较强的政治色彩。在竞技体育政治化功能日益强化的社会背景下，夺金牌、得第一成为衡量我国地方政绩的重要指标，竞技体育成为国家赢得地位、荣誉和财富的重要工具，竞技体育所倡导的“促进人的协调发展，维护人类尊严与和平”“更快、更高、更强”和“参与比取胜更重要”等价值理念成为一种奢望。

在全面深化体育事业改革，加快健康中国和体育强国建设的大时代背景下，我国竞技体育逐步走向世界与国际体育接轨，并且走上了商业化和职业化发展的道路。体育商业化是指以竞技体育为主体的各类体育活动，采取商业化的运作模式，以获得最大利润为目的，进而推动和发展体育运动。所谓体育职业化是一种以职业体育赛事的运作和推广为核心的高度专业化、商业化的高水平竞技体育。其中，竞技体育商业化是世界各国竞技体育得以迅速发展的前提条件，竞技体育职业化作为竞技体育商业化发展到一定阶段与程度的自然产物，是竞技体育商业化的最高形式。因此，以足球为试点我国竞技体育各项目相继走上了职业化改革的道路。

3. 价值评价异化

伴随着人类社会的诞生，评价作为一种把握世界意义或价值的认识活动，渗透于人类生活的各个方面。而价值评价作为评价和判断社会成员行为或社会事物以及社会现象是否合乎社会目标与社会要求的普遍一致的准则，在社会中占据着主导地位。评价者、被评价者、评价标准和被评者的关联者是评价的四个基本要素。随着经济的发展和社会的进步，价值评价的基本要素也在不断更新与完善。竞技体育价值评价作为价值评价在竞技体育中的具体运用，强调竞技体育运动对国家或社会发展目标的贡献与影响。面对竞技体育赛场上此起彼伏的异化问题，竞技体育评价问题陷入舆论的漩涡，竞技体育价值评价异化现象成为学术界研究的新课题。

我国从甩开“东亚病夫”的帽子，到成为今天奥运金牌位居前列的体育大国，这一快速飞跃得益于我国实行的中国特色的举国体制，即集中国家的物力、人力和财力，把夺取世界大赛的冠军作为我国竞技体育的最高目标。然而，我国竞技体育在举国体制指导下，基本围绕与贯彻“金牌至上”的原则，培养出了不同项目的金牌运动员，金牌成为考核和评价竞技体育的唯一标准。赢得金牌作为鼓励运动员积极参加竞技体育赛事的一种手段，却反客为主，成为竞技体育价值评价的唯一标准。金牌数量成为衡量运动员和教练员成绩好坏的重要指标，甚至不少地区还将其作为考核地方体育官员政绩的重要指标。为此，不少地区的体育经费、场馆设施、项目设置等都倾向竞技体育事业，一切服务于奥运会或全运会夺金项目，夺金无望项目、非奥运项目以及群众体育投入被无节制地削减，金牌至上成为竞技体育价值评价的唯一标准。单一的竞技体育价值评价标准成为我国竞技体育价值评价异化的重要表现。

### （二）我国竞技体育价值回归的必要性与现实条件

1. 我国竞技体育价值回归的必要性

（1）价值冲突需要竞技体育价值回归

判断一个人不能以他对自己的看法为依据，判断一个变革时代也不能以它的意识为依据，必须从物质生活的矛盾中，从社会生产力和生产关系之间的现存冲突中去解释。我国正处于社会转型时期和全面深化改革的攻坚期，伴随西方社会价值观念对我国传统价值理念的冲击，不同社会阶层的利益矛盾冲突加剧，我国价值冲突问题日趋严重。

竞技体育价值异化的根源在于利益驱动，价值冲突的形成是多元化的价值观交互作用的结果，而多元化价值观的形成与各利益主体有密切联系。竞技体育价值回归是对竞技体育多元化价值冲突的理性分析和科学引导，符合竞技体育各利益主体的根本利益和价值追求，对净化竞技体育行业风气，创造公平公正的竞技体育发展空间，实现我国竞技体育可持续发展具有重要的现实意义和理论价值。

（2）新时代体育发展要求竞技体育价值回归

在中国特色社会主义新时代，我国竞技体育取得了优异的成绩，竞技体育综合实力和国际竞争力明显增强，竞技体育所带来的政治价值、经济价值、文化价值、教育价值、精神价值等多元化价值对社会和个人发展产生了巨大的影响。竞技体育价值回归是全面深化竞技体育改革和加快体育强国建设的必然要求，符合新时代我国竞技体育价值发展的客观规律。因此，必须坚持以人为本，以新时代中国特色社会主义思想引领竞技体育价值回归，以竞技体育事业带动群众体育发展，通过满足人民群众对美好体育生活的向往与追求，促进体育事业的健康发展，实现人的全面发展。

2. 我国竞技体育价值回归的现实条件

（1）践行社会主义核心价值观的体现

社会主义核心价值观从国家、社会和个人三个层面高度凝练和集中表达了现阶段中国特色社会主义所追求的价值目标、价值信念、价值取向和价值准则等基本问题，其基本内容具体包括：国家层面富强、民主、文明、和谐的价值目标；社会层面自由、平等、公正、法治的价值取向；公民个人层面爱国、敬业、诚信、友善的价值准则。

按照社会主义核心价值观的基本要求，建立健全各行各业相关规章制度，完善市民公约、乡规民约、学生守则等基本行为准则，使社会主义核心价值观成为人们日常工作和生活的基本遵循。社会主义核心价值观是竞技体育价值回归的基本准则、价值目标以及内在要求，竞技体育价值回归的过程的实质是倡导和践行社会主义核心价值观在体育领域中的具体实践，竞技体育运动中所表现出的为国争光、公平竞争、积极进取等多元化的价值观念，是对社会主义核心价值观的集中体现。培育和践行社会主义核心价值观作为推进中国特色社会主义伟大事业，实现中华民族伟大复兴中国梦的战略任务，为我国实现中华民族体育强国梦和竞技体育价值回归提供了可能。

（2）符合中华体育精神的本质要求

竞技体育价值异化实际是指竞技体育发展过程中价值主体与价值客体之间的和谐关系遭到破坏，价值主体沦为价值客体的工具。竞技体育价值异化问题的产生在很大程度上与竞技体育价值主体体育精神的缺失有密切联系。健康的精神寓于健康的体魄，中华儿女在长期的体育实践活动中形成了以“为国争光、无私奉献、科学求实、遵纪守法、团结协作、顽强拼搏”为主要内容的中华体育精神。然而在利益驱动下，竞技体育价值主体过分追求金牌成绩与个人利益，其体育精神相对减弱，甚至完全忽视了对中华体育精神的继承与弘扬。

中华体育精神作为广大体育工作者在长期体育实践中总结出来的智慧结晶，是人类思想发展史上的宝贵财富，可以为构建社会主义和谐社会，推进健康中国和体育强国建设提供强大的精神动力和智力支持。竞技体育价值回归对促进我国竞技体育健康发展，增强我国综合国力和国际竞争力，振兴中华民族精神具有不可替代的作用。新时期中华体育精神被赋予了新时代内涵，以为国争光为核心的中华体育精神，是竞技体育价值回归中爱国主义精神的具体体现；无私奉献作为中华体育精神的精神支柱，是竞技体育价值回归中个人利益与集体利益、国家利益的有机统一；科学求实作为中华体育精神的新内涵，是竞技体育价值回归过程中创新行业工作作风的工作原则；遵纪守法在竞技体育价值回归中表现为公平竞争的职业道德；团结协作是竞技体育价值回归中集体主义精神的具体体现；顽强拼搏则表现为竞技体育价值回归中积极进取的人生态度。因此，竞技体育价值回归符合中华体育精神的本质要求。

### （三）我国竞技体育价值回归的途径

1. 优化我国竞技体育价值回归环境

（1）弘扬中华体育精神，重塑中国特色竞技体育价值观

中华体育精神作为中华人民共和国成立以来一代又一代体育健儿和体育工作者在集体奋斗过程中所形成的宝贵的精神财富，是促进体育事业健康发展的精神支柱与核心灵魂，在优化我国竞技体育价值回归环境过程中发挥着举足轻重的作用。以理想信念教育和励志教育为依托，大力弘扬以“为国争光、无私奉献、科学求实、遵纪守法、团结协作、顽强拼搏”为基本内容的中华体育精神，有利于继承与发扬中华民族优秀传统和文化，增强竞技体育人才的民族自尊心和自豪感，培养其为国争光的使命感和社会责任感。

中国特色竞技体育价值观作为社会主义核心价值观在竞技体育领域的具体体现，明确了竞技体育事业未来发展的方向和价值取向，对进一步推进新时期竞技体育道德建设、提升竞技体育国际影响力、建设社会主义体育强国，具有十分重要的理论意义和实践价值。改革开放以来，我国竞技体育事业在运动健儿和体育工作者的实践过程中，面对体育多元化的价值与功能，在“更快、更高、更强”奥林匹克精神的指导下，逐步形成了以“为国争光、自强不息、团结友爱、公平竞争、积极进取”为主要内容的中国特色竞技体育价值观。

（2）坚持中国特色法治道路，惩治竞技体育不正之风

弘扬中华体育精神，重塑中国特色竞技体育价值观，为惩治竞技体育不正之风提供了良好的社会环境。但要真正杜绝竞技体育价值异化现象，实现竞技体育价值回归，必须要坚持依法治体的基本方针，坚决惩治竞技体育不正之风。因此，必须建立健全竞技体育相关法律法规，加强对竞技体育价值异化行为的监督与管理，贯彻落实有法可依、有法必依、执法必严、违法必究的法制建设基本方针，深化竞技体育行业正风肃纪改革，加大对不良赛风赛纪等竞技体育价值异化现象与问题的综合治理力度，创造公平、公正的竞技体育发展环境。

（3）坚持以人为本原则，重构竞技体育价值评价指标体系

作为竞技体育发展评价指标体系研究的重要组成部分的竞技体育价值评价指标体系，其实质是合理优化和科学整合与竞技体育相关联的、相互作用或相互依赖的各类资源，为更好地服务于我国竞技体育事业的健康发展而形成的一个多层次、多目标的竞技体育系统，也是近年来体育科学研究领域的热点问题之一。

重构中国特色竞技体育价值评价指标体系，是加快推进健康中国和体育强国建设，克服竞技体育价值异化问题，实现竞技体育价值理性回归，促进竞技体育可持续发展的必然要求。一方面，重构中国特色竞技体育价值评价指标体系必须积极探索科学有效的评价模式。竞技体育具有个人价值和社会价值的双重特性，其价值评价指标体系的构建与完善必须从多维度、全方位出发，坚持以人为本、科学性、针对性、系统性和可操作性等基本原则，构建以效益为中心的竞技体育价值评价指标体系，合理分配竞技体育资源，更好地发挥“资源分配—机制—效益”评价模式的作用。另一方面，重构中国特色竞技体育价值评价指标体系必须建立健全评价监督机制。没有监督的权力必然导致腐败，竞技体育价值异化在很大程度上缺乏必要的权力监督与权力制约，导致竞技体育不正之风盛行，为竞技体育腐败提供了滋生的土壤。因此，在竞技体育事业发展与实践过程中，必须加强对权力运行的制约和监督，完善相关法律条文，以规范竞技体育人才队伍的行为，建立健全评价监督机制和监督管理体制，把权力纳入制度的框架中，实现竞技体育在阳光下的健康发展。

2. 拓宽我国竞技体育价值回归渠道

（1）管理机构——树立正确的政绩观，创新竞技体育管理体制

政府行政机构、项目管理中心和体育社会组织等构成了我国竞技体育主要管理机构，竞技体育价值异化在很大程度上与我国竞技体育管理机构有密切的联系。因此，实现竞技体育价值理性回归，各体育管理机构必须树立正确的政绩观，不断创新我国竞技体育管理体制。

首先，树立正确的政绩观，充分发挥竞技体育多元化功能和综合性社会价值。在中国特色社会主义新时代，尽管国家体育总局取消了对亚运会、奥运会贡献奖奖项的评选以及对全运会等全国性综合运动会各省市区金牌、奖牌和总分的排名。但是，各省市区和各体育媒体依然会自行计算金牌数量和成绩排名。要想从根本上改变金牌至上的政绩观，竞技体育管理机构必须坚持以人为本，不断完善竞技体育综合评价指标，建立健全国家办与社会办相结合的中国特色竞技体育管理体制和评估体系，树立正确的政绩观。

其次，优化竞技体育项目结构，推动竞技体育协调发展。科学合理的竞技体育项目结构布局，在加快推进健康中国和体育强国建设中发挥着重要作用。因此，必须坚持以竞技体育项目结构改革为突破口，合理优化竞技体育资源配置，正确处理奥运项目与非奥运项目之间的矛盾，缩小不同地区竞技体育项目发展的差距，推动竞技体育协调发展。

最后，创新竞技体育管理体制，推动项目协会实体化改革。坚持改革创新，有效转变竞技体育发展方式是新时期竞技体育发展必须重视的问题。创新竞技体育管理体制，必须克服传统的管办不分、政社不分、事社不分的体制弊端，科学处理政府、市场和社会三者之间的关系。同时，必须坚持以管办分离、政社分开、事社分离为原则，以运动项目管理体制改革为龙头，加大对项目协会全面发展的扶持力度，不断完善和充实项目体育协会实体化内容，促进项目协会健康有序发展，进而全面推进运动项目协会实体化改革，建设中国特色职业体育发展道路。

（2）运动队——加强思想政治教育，完善竞技体育队伍管理体制

古人云“致天下之治者在人才，成天下之才者在教化”。新时期，为促进我国体育事业全面协调可持续发展，实现中华民族体育强国梦的伟大目标，必须高度重视体育人才的培养和保护，打造一支数量充足、结构合理、素质优良的体育人才队伍。

一方面，各运动队必须重视体育人才的思想政治教育工作，充分利用和发挥高等院校的资源优势和师资力量，不断挖掘体育资源，丰富体育文化，推进体育特色专业和重点学科建设。此外，还应重视运动员的科学精神和人文精神的培养，在保障运动员科学地进行技能训练和体能训练的同时，还要注重运动员科学文化知识的学习，制订适合运动员群体的文化知识学习计划和学习任务，提高其自身的文化修养、道德素养和学习能力。

另一方面，完善竞技体育队伍管理体制，构建中国特色竞技体育运动队社会保障体系。充分发挥社会主义制度的优越性，建立健全运动员、教练员、体育管理人员、科研人员等竞技体育人才队伍的选拔、培训和晋升机制，扩大人才队伍规模，优化人才队伍结构，提高体育人才队伍质量；积极探索并逐步完善中国特色竞技体育队伍管理体制，坚持以人为本的基本原则，创新人才队伍训练管理模式，在科学借鉴国际先进训练理论与训练方法的基础上，立足于我国竞技体育人才培养和训练管理的实际，准确把握各运动项目的发展特点与客观规律，提高我国竞技体育训练质量；完善竞技体育人才队伍岗位管理、聘用办法、社会保险、职业培训等基本社会保障的同时，必须高度重视退役运动员再就业培训工作，构建具有中国特色的竞技体育人才队伍社会保障体系。

（3）体育媒体——加强职业道德建设，健全体育报道监督管理机制

面对意识形态领域日益错综复杂的新形势以及新媒体时代的深刻变化，必须尽快打造一支政治坚定、业务精湛、作风优良、党和人民放心的新闻舆论工

作队伍。体育媒体作为新闻舆论工作的重要组成部分，在宣传体育精神、推广体育事业的过程中发挥着重要的作用。因此，实现竞技体育价值回归，理应加强体育传媒工作者的职业道德建设，引导其形成正确的舆论导向。

第一，加强职业道德建设，提高体育传媒工作者的职业素养。在竞技体育新闻舆论工作领域，面对体育媒体报道中日益泛滥的负面报道和不良信息，必须加强体育传媒工作者的职业道德建设，使其形成正确的工作理念和新闻舆论导向，完善从业人员职业培训制度和学习机制，建立健全行业相关法律法规和规章制度，增强体育传媒工作者的社会责任感和时代使命感。

第二，创新体育报道机制，提升体育报道人文关怀。在贯彻落实“建设健康中国、全民健身”国家战略的指导下，为最大限度地满足人民群众对体育比赛信息和体育产业文化的需求，以客观事实为基础，以公平、公正为原则，以彰显体育精神、引领全民健身为目标，创新体育报道机制，正确处理体育报道中社会效益与经济效益之间的平衡关系，积极探索多元化的体育报道方式和人民群众喜闻乐见的体育文化，加强对群众体育事业的关注和运动员个体发展的人性关怀，进而提升体育报道人文关怀。

第三，拓宽体育报道监督渠道，健全体育报道监督管理机制。一切公职人员必须在公众监督之下进行工作，体育媒体报道行为的规范和引导，也离不开公众的监督。通过“互联网＋监督”平台管理和“系统内与系统外相结合”等方式，拓宽体育报道监督渠道，健全体育报道监督管理机制，制定科学有效的奖惩措施，进而实现对体育报道全方位的监督与管理。要切实加强第三方对体育报道的监督，鼓励人民群众对虚假新闻、不实报道进行监督举报，以净化体育报道的社会环境，从而促进体育媒体事业的健康发展。

## 四、我国竞技体育发展的均衡性与先行性研究

### （一）我国竞技体育发展的均衡性与先行性探讨

从竞技体育发展的总目标来看，竞技体育作为体育事业的重要组成部分，其发展是以促进体育发展为终极目标，而体育的发展又是国家的整体发展的一个有机组成部分，无论是竞技体育还是体育的发展都是为了国家荣誉与利益而奋斗。我们可以就竞技体育的发展做出以下探讨：在此，将“均衡”发展理论和“先行”发展理论引入探讨之中。所谓的“均衡”理论目前已不仅是一种经济与环境均衡发展的理论，而是其他系统运行发展的一种思想。我们总想要追求均衡，

显然那是最理想的状态，但事物的发展总是处于一种均衡—非均衡—均衡—非均衡的状态，均衡并非轻而易举就可以达到的，现在世界上还没有任何一个国家在竞技体育上的发展能够达到均衡，以当今第一竞技体育强国的美国为例，其竞技体育发展最好的项目主要集中于田径、游泳、集体球类项目，其他项目的实力也是各不相同。竞技体育发展追求均衡的过程就像我们实现“共同富裕”一般，共同富裕是我们的最高追求，所谓的共同富裕并不是同步富裕、同等富裕，而是一种有差别的富裕，要实现共同富裕，还要控制差距的大小，否则就是贫富两极分化。在追求共同富裕的道路上，我们要采用“先富”带动“后富”的方法，即允许一部分人先富，带动其他人后富，达到共同富裕的目的，这应用到竞技体育中就是我们所说的竞技体育的先行发展。

所谓的均衡发展不仅要保持和稳定先进地区竞技体育的发展规模，还要进一步提升落后地区的竞技实力；不仅要保证优势项目、潜优势项目的稳定和突破，还要提升和扩大待发展项目的竞技实力和规模。所谓的均衡并不是同步均衡、同等均衡，而是一种有差别的均衡，但差别不能过大；而所谓的先行发展是指在追求均衡的过程之中，优劣共存，不能同等对待，要保证部分项目的先行发展与突破，但是，先行也有一定的限度，我们需要对竞技体育的“均衡”发展和“先行”发展进行严格把控，否则会造成竞技体育发展的失衡。

通过对上述观点的分析我们应该清醒地认识到，竞技体育的均衡发展和先行发展之间并不存在根本的矛盾。先行是为了更好的均衡、更高水平的均衡，纵然均衡发展是我们长远的目标追求，是最理想化的结果，但在现阶段，我们的整体实力还不足以支撑我们在整体上的均衡发展，所以，我们可以以竞技体育部分项目的先行发展带动其他体育项目的发展，即与“先富带动后富”有异曲同工之用，与此同时，我们也要严格把控，加以协调，避免出现“先富”越富，“后富”不动的现象，这样会导致差距加大，影响全局的发展。

### （二）造成我国竞技体育非均衡发展的因素分析

#### 1. 项目布局因素的影响

我国竞技体育的发展受项目布局影响较大，不同地区项目布局不同，其竞技体育发展的宽度也就不同；不同运动项目在不同地区的布局不同，其发展水平也会不同。例如，在东北地区发展冬季项目其基础和先天条件肯定比在西部内陆地区更具有优势，在东部沿海地区发展游泳项目其基础就比在东北地区要好。

2. 地区间经济发展水平因素的影响

从我国各省份的竞技体育发展来看，竞技实力由东部到中部再到西部依次递减，与我国地区间经济发展水平大体一致，东部地区经济水平高，拥有充足的资金以及广泛的资金渠道支持发展，经济发达地区投入竞技体育中的资金远远多于经济欠发达地区，致使东部地区更容易接触到先进的技术、场馆、设备，这对于竞技能力的提升作用是不言而喻的，而西部地区竞技体育的发展大多依靠政府的资金投入，但是政府的投入毕竟有限，如果自身造血能力差，竞技体育的发展就会很难，从而造成了地区间竞技体育发展的非均衡。

3. 地域环境因素的影响

我国幅员辽阔，东西南北地域环境相差较大。东北地区温度低，对于冬季项目的发展有巨大的地理优势，所以我国的冬季项目大多分布于黑龙江、吉林、辽宁等地区，其他地区冬季项目的发展水平受多种因素影响，远远不及东北地区，差距显而易见；西部地区沙漠、高原多，气候恶劣，不适合多数运动项目的发展；东部地区地势平坦，气候适宜，靠近海洋，条件优越，所以一些项目的发展水平要高于其他地区。

4. 训练学因素的影响

竞技体育的发展与竞技体育能力的提升离不开运动训练，并且运动训练占据很重要的地位。首先是对不同运动项目制胜规律的把握，对于项目理解不同，其在发展过程中也出现不同的状况，从而导致竞技水平不同；其次是训练方法不同，也会造成项目发展水平不同。

5. 人才因素的影响

我们所说的人才不单指竞技体育后备人才，还包括教练员、科研人员、医疗人员等。高水平的后备人才队伍是一个运动项目可持续发展的保障，人才短缺就会导致竞技运动实力下降；教练员在运动训练中的作用较大，可以说一名好的运动员身后必有一位优秀的教练，教练员水平的高低在一定程度上决定了运动员竞技能力的提升幅度；科研人员的水平也是影响竞技体育发展的一个重要的因素，各国都在以科技创新为先驱，全面提升竞技能力，科技竞赛在竞技体育中的作用越来越大，也越来越明显。不同运动项目的人才储备也是造成竞技体育非均衡发展的重要因素。

### （三）我国竞技体育发展的均衡性研究

我们所谓的均衡发展并不是所有的运动项目都达到同样的高水平，不是一刀切，不是齐头并进，所有的运动项目都拿世界冠军，这是不现实的，就算当今第一竞技体育强国美国也不曾做到，其竞技体育发展最好的项目多分布于田径、游泳、篮球几类项目中，其他项目实力也都一般。我们所期望的均衡发展针对的是所有的运动项目，是指优势运动项目继续保持优势，弱势运动项目要有提升，所有运动项目都要发展的一种模式。我们的部分弱势项目虽然无法获得冠军，甚至无缘进入决赛，但是我们可以有短期的目标、更加现实的目标，例如，对于无法参加奥运会的项目我们可以努力提升其发展水平，先获得亚运会参赛权，在亚洲地区领先，一步一个台阶，稳步提升，进而向国际进军，达到一种相对稳定的状态。

#### 1. 我国竞技体育发展的均衡性布局

（1）转变理念，理清思路

要实现我国竞技体育的均衡发展，首先，要对以往的发展理念进行反思，寻找不足，从不足出发，进而转变发展理念，全面布局，均衡发展。其次，各省、市、区要树立主动发展的理念，要有更高的发展目标和实现地区价值的动力，发挥各自的主观能动性。最后，我们要理清竞技体育均衡发展的思路和目标，并不只是为了奥运夺冠。竞技体育的均衡发展并不只是为了在奥运会上夺冠，它还有更多的社会功能和价值，它是立足于我国体育事业乃至文化事业发展的大战略，立足于体育强国的建设，以期实现国家的可持续发展。当然，我们也要有忧患意识、责任意识、紧迫意识，切不可因一时之功而沾沾自喜。

（2）联系实际，科学规划

所谓的联系实际是指根据对我国的基本国情以及我国竞技体育发展的基本现状的分析，在总结过往发展经验的基础上，根据现实的状况制订科学的规划。所谓科学规划是指在对未来竞技体育均衡发展的长期目标、整体走向深入思考和科学预测的基础上所设计的方案。竞技体育要想进一步发展，必须在总体规划上有新的认识，这就要求我们在全面把握和理解竞技体育均衡发展理念的基础上，找准问题，实施相应的发展措施，如贯彻国家方针政策，加强对竞技体育均衡发展状况的监督，针对不同地区、省市和不同项目制订相应的发展战略等。

（3）均衡配置，宏观调控

我国竞技体育各运动项目发展水平不尽相同，很大程度上是因为资源配置不均衡，我们所谓的资源包括政策资源、人才资源、设备资源等，资源的差异导致竞技体育各运动项目发展的先天条件不同，而这种不同便是造成发展倾斜的主要原因。为了竞技体育的均衡发展我们需要对竞技体育进行宏观调控，合理配置资源，适度倾斜落后项目，保证不同运动项目的发展尽可能不受先天条件的影响，而这种宏观调控不仅需要国家力量，也需要运动协会、俱乐部、社会各界组织的通力合作。

2. 我国竞技体育实现均衡发展的措施

（1）有效组织竞技体育的多维发展

①竞技体育与教育相结合。

20 世纪 80 年代，我国科研人员便意识到了竞技体育与教育之间存在的矛盾。片面地追求运动成绩以及“唯金牌论”，导致竞技体育的训练远远超过了教育，包括时间、力度和积极性，虽然在一定程度上促进了竞技体育一时的发展，却留下了巨大的隐患，运动员文化水平低是最严重的一个问题。加之竞技体育的低成材率，导致许多未能“成才”的运动员退役后就失业，甚至没有基本的工作能力。因此，我们必须重视“体教的结合”，学校体育是竞技体育后备人才培养的基础，要对其进行再认识，再规划（教育），要在四个方面进行改变，即项目选择、阶段特点、灵活学制、训练条件。

总体来说，所谓的体教结合就是要求运动员在教育上与学习上做到不分家，既不能耽误训练，又不能忽视基本文化知识的学习，这需要体育部门与教育部门协调合作，共创道路。“体教结合”要想真正落到实处，扭转分离局面，就必须紧抓体育部门和教育部门两条主线，加强两者之间的交流合作与互相监督，必要时可以采用一定的法律手段。

②不同类型竞技体育结合发展。

按竞技体育的不同组织类型我们将其大体分为业余竞技体育、专业竞技体育以及职业竞技体育三种类型。所谓业余竞技体育是指业余体育运动爱好者自发组织的竞技体育活动，一般具有群众性、非专业性的特点；专业竞技体育基于我国特定的历史与国情而生，是一种由政府主导并组织的竞技体育活动，对我国竞技体育在国际中的发展起到了重要的促进作用，是竞技体育后备人才培养的主体；职业竞技体育带有明显的现代化、市场化的特征，是以俱乐部为依托，以盈利为主要目的的体育活动，是对竞技体育后备人才培养的重要补充。纵观竞技体育的三种不同组织形式，我们不难发现三者相互联系且有同样的目标。首先是三者之间的关系，业余竞技体育是基础部分，为专业竞技体育和职业竞技体育提供充足的后备人才资源，并为其打下坚实的基础；专业竞技体育与职业竞技体育之间相互影响，互为对方提供所需的竞技体育人才和力量；而专业竞技体育与职业竞技体育的成功与发展又会带动业余竞技体育的繁荣。三者之间是相互影响的，并且缺少任何一个都会给我国竞技体育整体的发展带来一定的影响，因此，我们需要将三者相结合，使其相互促进、共同发展，以确保竞技体育的全面均衡发展。

（2）有效组织项目的合理化布局

我国长期以来形成了部分运动项目优先发展的战略以及部分省市、地区优先发展的战略，致使竞技体育的项目布局呈现出了非均衡性，这些策略虽然在一定程度上使我国的竞技体育实力迅速提升，但在近几年中其所带来的弊端也暴露无遗。部分优势项目夺金点趋于饱和，已无增长夺金的可能性；部分优势项目失去了夺金力、统治力，面临严峻的挑战；潜优势项目竞技实力增长缓慢，无法完成夺标任务；待发展项目实力基本上没有起色，依旧是一大顽疾。基于种种现状，我们需要对竞技体育的项目布局进行相应的合理化调整，没有改变就没有突破。

我国竞技体育项目的合理化布局应做到以下几点：

第一，全面布局，将其建立在符合我国现在国情与经济发展现状的基础上，经济基础决定上层建筑，竞技体育的发展与布局要符合本国家本地区的经济发展水平，并且要提高效益，达到预计效果。

第二，实施利于我们争金夺银的奥运战略，竞技体育的首要任务就是夺标，要在一定程度上保持原来奥运战略的实施与升级，保证多年来所形成的优势项目的实力与地位，确保多年以来形成的夺金点的稳定，保证潜优势项目得以突破以及待发展项目的全面提升。

第三，从实际出发，结合不同地区地理环境的不同，进行不同项目的重点布局。例如，东北地区发展冰雪运动有得天独厚的位置优势，应结合冬奥会的举办与宣传，在东北地区对冰雪项目进行进一步的重点布局。

第四，对于项目的布局要做好规划，根据具体情况以及项目的实际发展水平和现状，适时调整，每隔几年确定相应的发展目标，正如我们的“十二五”“十三五”规划一般，以规划引领布局与发展。

此外，还可以根据运动项目的市场化程度进行相应的布局，分别采取不同的管理办法和发展方式，充分利用市场资源和条件，如表 1-1 所示，对于足球、篮球、排球等市场化程度高的运动项目，其布局必然要区别于体操、羽毛球等市场化一般的运动项目，更要不同于赛艇、举重等市场化程度低的运动项目。

第五，以构建较为均衡的竞技体育发展格局为终极目标，为了长远的目标，可以短时间内允许存在“休克”状态，以促进未来的发展。

**表 1-1　我国部分运动项目市场化程度一览表**

| 市场化程度 | 项目 |
| --- | --- |
| 高 | 足球、篮球、排球、拳击、网球、武术等 |
| 一般 | 体操、羽毛球、游泳、柔道、自行车、跳水、田径、跆拳道等 |
| 低 | 皮划艇、赛艇、曲棍球、射箭、击剑、举重、射击、棒垒球等 |

（3）有效提升对运动训练的准确性把控

运动训练是竞技体育的重要组成部分，运动训练以提高我国运动员的竞技能力和运动成绩为目的，是实现竞技运动目标的重要途径。现从训练原则、训练的具体方法等方面入手，探讨运动训练的问题。

①对运动训练原则的相互渗透与结合。

所谓的训练原则是对训练过程中训练活动规律的客观总结，对竞技体育的运动训练具有普遍的指导意义，运动训练的开展必然要以一定的原则为基础。首先，如图 1-1 所示，对九大训练原则逐条进行深入的研究与探讨，理清其具体的含义；其次，对不同训练原则相互渗透，完善彼此的具体内容，使其可以有机地共同指导某一单项；最后，训练原则还需要不断更新，根据当今国际竞技体育训练的发展趋势进行不同程度的调整，以期更好地指导我们的运动训练。

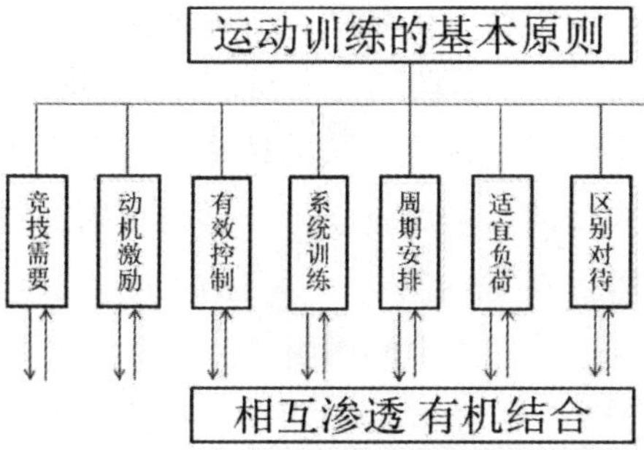


**图 1-1　运动训练基本原则模式图**

②对运动训练具体方法的相互渗透与结合。

如图 1-2 所示，运动训练的操作方法我们大体列出以下几种，即分解训练法、完整训练法、重复训练法、间歇训练法、持续训练法、变换训练法、循环训练法和比赛训练法。在运动训练过程中，首先，要对每种方法的含义、作用、类型、特点以及应用做到全面了解，才能科学地使用；其次，每种方法都可以与其他方法相联系，共同应用；最后，如同训练原则一般，训练方法也需要适时地根据运动项目发展规律的变化进行相应的调整，以保持其先进性与科学性。

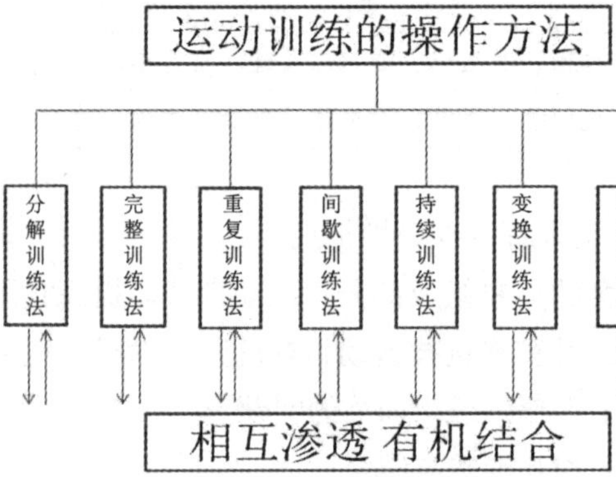


**图 1-2　运动训练操作方法模式图**

③对“走出去”“引进来”的具体化分析。

我国的现行项目很大一部分在训练理念，训练方法上存在问题，很多时候，我们总在强调“走出去”“引进来”，国家每年都会选择和派遣很多教练员、科研人员、运动员“走出去”去学习国外先进的训练理念，但效果并不是很好，很大一部分原因是因为看到别人的训练方法“先进”“没见过”，回国之后，打着先进的口号，生搬硬套，不曾考虑现实，一味地蛮干，没有考虑到我国运动员和国外运动员身体素质不同、运动能力不同，同样的训练方法不一定适合，反而会产生适得其反的效果，对于训练方法的选择要因人而异。从本质上说，我们“走出去”和“引进来”的实质就是学习，学以致用，但切忌生搬硬套，而是要具体分析，灵活运用。

④合理利用科学技术在运动训练中的作用。

“科学技术是第一生产力”，这句话应用在竞技体育的运动训练中也同样合适。首先，我国不少业余体校教练在训练过程中仍采用过往的训练理念和方法，这种无创新性的做法也限制了我们竞技体育的发展，因此，我们要重视科学化训练与训练的科学化水平，利用现代科学技术革新运动训练。其次，运动训练过程中也需要科学技术的元素，如用科学技术探求负荷的临界值、对运动员的训练进行监控、采用科学手段加速对运动员的机体的恢复等，但与此同时，科学技术也有其不利的一面，如训练或比赛过程中兴奋剂的滥用现象。总体来说，在运动训练过程中我们要合理使用科学技术，既要不断探求科学技术在运动训练中的突破，也要合理适度地使用科学技术。

（4）全面推动竞技体育的动态调控

所谓的动态即事物的变化发展情况，调控为调整控制，我们将其结合在一起构成“动态调控”策略，其在竞技体育发展中的大体意思是对竞技体育在发展过程中的变化情况实施的一种宏观调控手段。动态调控是指国家和各级体育行政部门对竞技体育布局、发展过程之中的问题采用政治、经济、法律手段进行控制、引导，保证竞技体育朝着均衡方向发展的理念。动态调控中的主体从本质上讲是中央政府，但也包括各级政府；动态调控的目标是针对竞技体育均衡发展与现行发展之间可能存在的一些问题以及在发展过程中显露的现象进行一定的把握和控制，这种把握和控制则需要一定的手段，包括经济、法律、行政三种宏观手段，而每一种宏观手段之下又有不同的具体策略，大体模式如图 1-3 所示。

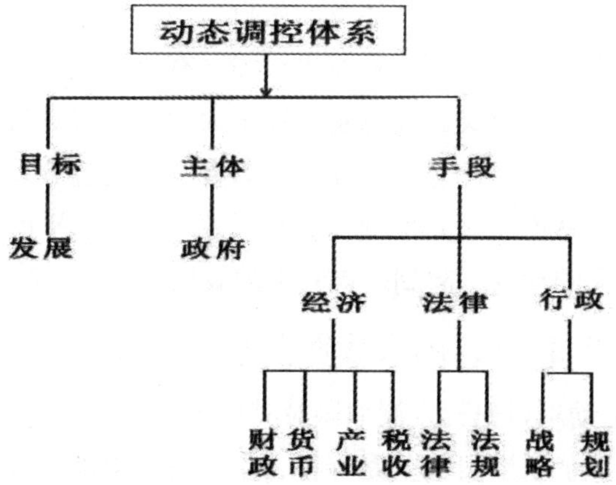


**图 1-3　动态调控体系模式图**

### （四）我国竞技体育发展的先行性研究

1. 我国竞技体育发展的先行性布局

（1）准确定位，合理选择

竞技体育的均衡发展针对的是所有的运动项目，而先行发展所针对的则是部分竞技体育运动项目。所谓的准确定位是指对于我国竞技体育的先行发展要有明确的定位，即我们所谓的先行不只是一个点，而是若干个点，对于这若干个点的选择要有合适的目标定位及其先行发展的原因作为先行发展的理论支撑，这是至关重要的，选择好正确的目标，便有了一个好的开始，对于项目的选择，我们不能只是为了夺标，还要合理地考虑到其他方面，如产业回报、促进大众健身等。

（2）制订规划，灵活变化

竞技体育的先行发展有不同时期的目标，短期目标可以是保持国际竞争力，长期目标是带动其他项目的发展，如同均衡发展的布局一样，我们也需要制订规划，对于不同的先行项目分而置之，制订不同的规划，这种规划不一定是长期的，在先行的过程中我们可以根据运动项目的发展水平，灵活设置项目和改变布局规划，有了好的规划，便找到了正确的道路，便可以得到更好的发展。

（3）突出效率，兼顾公平

所谓的突出效率是指在竞技体育的先行发展中要协调各方面的利益关系、组织管理等，在发展过程中要注意突出成绩，有所表现，而不该是毫无起色，那就失去了先行发展的意义，先行发展在很大程度上就是为了求得质的变化。而所谓的兼顾公平是指要注意控制先行的力度，不能过分地追求某一单项的发展而过多地投入，从而忽略其他项目。只顾效率不顾公平的发展会造成差距过大，甚至引起较大的动荡，起到适得其反的效果。

2. 我国竞技体育实现先行发展的措施

（1）优势运动项目先行发展原因及其措施

竞技体育发展的首要目标就是夺标，世界各国都围绕各自优势项目与他国展开竞争，优势运动项目承担着我国竞技体育在国际上的夺标任务，对于优势运动项目的发展我们必须不遗余力地支持，这是我们实现体育强国梦的基础。

对于优势运动项目，在长期以来的竞技体育发展过程中，我们积累了足够的发展经验，对于优势运动项目的制胜规律、人才选拔与培养、管理服务、资金投入有更多的把握，是我们训练理论创新和改革的源泉动力，在此基础上可以消耗更少的资源获得更好的发展。

充分利用优势项目的发展经验可以起到很好的引领作用，将优势项目的先进经验有机过渡到其他项目中，可以带动其他运动项目的进一步发展。

纵观我国竞技体育的发展史，我们的优势项目集中于技能主导类项目的乒乓球、跳水、羽毛球以及体操，体能主导类快速力量性项群的举重以及体能主导类速度性项群的短道速滑等项目。通过总结我国优势项目的形成原因以及在近些年一直保持竞争力的必然原因，我们不难发现我国的多数优势项目自竞技体育发展初期便成为国家一直重视的项目，作为我国竞技体育发展初期优先发展的少数运动项目，其资金的投入大且社会的关注度较高，拥有国内较为稳定的发展环境以及良好的舆论环境。在后备人才的数量以及质量方面，以乒乓球项目为例，乒乓球运动在国内各省市都有良好的开展现状，并且后备人才资源充足，队伍梯次建设较为完善，符合竞技体育可持续发展的终极目标。同时，对优势项目竞技制胜规律的总结与把握，相对于其他运动项目而言，我国科研人员对优势项目的制胜规律研究得更为透彻，掌握得更加准确。此外，优势项目的训练理念以及训练条件更为完善，多重优势条件的组合，共同造就了我国优势项目的辉煌。

但在当前的形势下，我国竞技体育的优势项目却呈一定的下滑趋势，国际竞争日趋激烈，面对这些现象，我们需要采取一定的措施先行发展我们的优势项目。

首先，对于优势项目的布局与发展要做到合理定位。改变以前我们所谓的传统优势项目观念，重新审视，敢于正视部分优势项目竞技实力下滑的现状，承认我们在其发展中所存在的问题，就如我们的体操项目一样，虽然“兵败里约”，但要有“知耻而后勇”的决心，从零开始，再次创造属于我们的奇迹。

其次，注重优势项目在各省市间的布局。应分清主次，明确定位，打造优势项目的强省效应，一来可以带动其他省市的发展，二来可以避免项目的重复设置，减少资源浪费。

再次，保持重点项目的布局稳定，确保优势项目发展的资源需求在发展战略中得到充分的保障。保持大环境的相对稳定，包括对优势项目的队伍梯次建设、人才培养、地区重视程度、财政投入、管理体制、训练体制、竞赛体制等，以保证短时间内完成我们的夺标任务。

从次，优势项目不仅要保持，还需要尽可能地再提升、再发展。保持优势的难度我们不言而喻，要想继续提升和发展更是难上加难，这就需要我们在对以往发展经验及时吸收和升级的基础上，加强运动项目的技术创新、战术革新，合理利用“举国体制”的积极作用，用发展的眼光看待问题，不安于现状，力求充分挖掘优势项目的潜力，并做到长久保持。

最后，对于部分发展较好的优势项目也要增强居安思危的意识。如我们的乒乓球运动，连续三届奥运会包揽所有金牌，国际中已有部分国家建议在奥运项目中取消乒乓球运动，如果一旦成为现实，对我国竞技体育的国际竞争就是一种巨大的损失，会失去一大稳定的夺金点。针对此种情况，我们可以实行“养狼计划”，允许一部分教练员和运动员走出去，帮助其他国家地区发展该项目，使该运动项目得到保留，同时也能增强我们的忧患意识和竞争意识。

（2）潜优势运动项目先行发展原因及其措施

潜优势项目的发展在我国竞技体育整体发展中的作用举足轻重，是竞技体育发展的中间环节，承担着承上启下的任务。

首先，潜优势项目承担着拓宽我们竞技体育金牌增长点的重要任务，在当前竞技体育国际竞争日趋激烈的格局下，潜优势项目的突破与否对于我国提升和保持竞技体育国际地位具有重要作用。

其次，潜优势项目的发展也经过了我们许多的努力与探索，对其发展也有一定的了解和经验，具有一定的基础，有利于促进我国竞技体育内部结构的优化。

再次，潜优势项目的发展可以带动更多运动项目在群众间开展，为群众体育的发展带来更多的内容。

最后，从长远来看，潜优势项目的发展会为待发展弱势项目的发展带来较大的动力，促进待发展项目的提升。近年来我国的潜优势项目虽然具备一定的竞技实力，偶尔能够对奖牌发起冲击，但其突破点太少、速度太慢，若要做到稳定地争金夺银，还需做更多的努力。

影响潜优势项目布局与发展的因素主要有以下几点：

①不同地区的气候、海拔差异影响项目的布局；

②国家对于潜优势项目的支持力度；

③潜优势项目的训练水平；

④项目自身的发展因素；

⑤人力资源因素。

根据对以上影响因素的分析我们可以采取的具体措施如下：

第一，依据不同的地域特点以及人种和文化习俗，选择适当的方式以及地域进行潜优势项目的重点布局。例如，帆船帆板项目在沿海省市发展就较为有利、冰上项目在东三省的发展较为有利，我们可以相应地进行重点布局。

第二，在保证优势项目发展的前提下，要对潜优势项目的发展不遗余力地支持。要想取得突破，对待潜优势项目要在人力、物力、财力等各方面给予充足的保障。要加强潜优势项目的人才培养，提高教练员的综合素质；保证场馆建设与设备的配置；在保证政府投资的基础上，进一步拓宽经费来源渠道，充分利用社会和市场的作用，对潜优势项目的发展与突破充满信心。

第三，对训练学进行深入分析。在科学贯彻“三从一大”训练原则的基础上，切实加强对运动训练、运动竞赛以及不同运动项目制胜规律的深入研究，建立复合型的训练医疗团队，加强训练保障，科学探求运动负荷的临界值，在竞赛中采取“以赛代练”的方法，力求实战，多与国际接轨，多与高水平队伍竞争，进而求得突破。

第四，建立相应的突破激励奖励制度。区别于优势项目和待发展项目，即只针对潜优势运动项目，给予运动员物质层面的奖励，会在一定程度上调动运动员的积极性与主动性，从而多方位吸引人才、留住人才，进而加速潜优势项目的突破。

许多潜优势项目迟迟未能突破，不是我们的运动员在技战术水平上与其他优秀运动员存在差距，而是在心理方面。心理承受能力差、心理波动大都不利于运动员在比赛中竞技能力的发挥，有时涉及一些关键球、关键回合，往往已经超越了运动员技术层面的比拼，而是心理方面的比拼。因此，我们要加强对运动员心理能力的提升，对于运动员的心理训练我们可以采取以下几种方法：激发自信法、集中训练法、意志训练法、模拟训练法、情绪训练法。

第五，可以在一定程度上效仿并结合我国优势项目的经验。充分利用并吸收我国优势项目在人才选拔培养、管理层面、训练层面、竞赛层面的经验，但也要注意差异性的存在，切不可照搬，“取其精华，去其糟粕”，吸收有营养的部分，为自身发展所用。

### （五）我国竞技体育均衡发展与先行发展的协调研究

#### 1. 坚持均衡与先行并重的发展方式

均衡发展不是所有运动项目同时、同步、同样发展到一个水平，也不是平均发展，更不是“齐步走，齐步到”的终点式发展，而是有先有后、有快有慢的发展方式。均衡发展是我国竞技体育发展的长期目标，也是最高层次的目标，但这一目标并不是在短时间内就可以实现的，在这个过程中我们需要分阶段、分层次、分步骤地实行。虽然在当前我国竞技体育的发展过程中出现了部分运动项目发展水平远远超出其他项目的情况，这与发展的先行性不无关系，有部分学者对先行发展这一方面有所怀疑，认为先行发展造成了较大的差距，但笔者认为，所谓的差距并不是我们最终希望的，只是在某个阶段的产物。允许并支持一部分运动项目先行发展的根本目的并不是扩大差距，而是促进共同的发展和整体的提升。从现阶段我国的整体国力和竞技体育发展的现实状况来看，我们还不能做到一刀切、同步均衡，使所有的项目都达到高水平，这是不现实的。如果不允许一部分运动项目先行发展，势必会造成我国竞技体育实力和国际竞争地位的迅速下滑，我们某一单项实力的下降都会引起国内的轩然大波，倘若整体实力全面下降，国内外的压力可想而知，不实行先行发展是对我国当前国情的无视，会从根本上阻碍我国竞技体育的整体均衡发展。因此，在我国竞技体育的发展过程中，我们既要追求均衡发展，又要重视先行发展，必须坚持均衡与先行并重的发展方式。

2. 坚持以打造先行带动均衡的发展模式

所谓的打造先行是指对于先行发展的项目要做到有模有样，注重打造品牌效应，突出先行发展的效率，在其发展中要有实质性的变化和提升。首先，先行发展得好，必然会为竞技体育的均衡发展带来强大的动力，并且一部分运动项目先行发展起来必然会对其他项目的发展起到极大的示范作用，鼓励部分发展较差的运动项目主动进行相应的变革与创新，积极谋求发展。其次，竞技体育的先行发展对均衡发展还具有较强的带动促进作用，我国竞技体育的先行发展可以为其他项目的发展提供一定的发展经验，将其合理化吸收，应用到部分待发展项目之中，会进一步促进竞技体育的整体提升与均衡发展。最后，先行发展的项目之中有一部分是我们的弱势项目，这也是促进竞技体育均衡发展的一个有机组成部分。对于竞技体育先行发展之中的优势项目经验，我们应该及时总结并吸收，将其有机移植到弱势项目之中，以乒乓球和足球运动为例，将乒乓球运动的优势经验进行总结，过渡到足球项目之中，乒乓球项目属技能主导类隔网对抗性项群，足球项目属技能主导类同场对抗性项群，虽然两者属于不同的项群，选材指标不同、制胜规律不同、制胜技术不同，但是将乒乓球运动中对运动员的管理经验和模式、对运动队组建的模式移植到足球项目的发展之中，也同样适合，能够促进其发展。如果说均衡发展是共性方面的，那先行发展就是个性方面的；如果说均衡发展是面，那先行发展就是点，但并不是一个点，而是若干个点。在追求均衡发展的过程中我们要注意以点带面，全面提升。

3. 坚持适时调控与协调发展的根本原则

我们所谓的适时调控即根据竞技体育先行发展和均衡发展的规模、成绩、效果等内容进行调控，避免先行过度，均衡不动的两极分化现象，这会不利于竞技体育的发展。适时调控是“先行发展”带动“均衡发展”的重要条件，对于调控，我们不能过多地依赖政府，也不能完全依靠社会和市场机制，实践证明单靠任何一条道路都是行不通的，我们需要将几者有机地结合起来。协调发展问题是针对先行发展和均衡发展而言的，对于先行项目，我们并不是一成不变的，而是根据短期、中期、长期不同运动项目的发展水平和现状而定，是根据不同形势下的不同战略方针而定，先行和均衡的不协调只会加大差距，不利于全局目标的实现，因此，在竞技体育的发展过程中，我们要就先行发展与均衡发展进行一定调控，保证其更好地协调发展。例如，在保证部分先行项目发展相对稳定的基础上，发展重心适度倾斜到其他弱势项目上，促进其他项目的提升，这就需要我们的宏观调控，但还需要把握好这个时间点和运行机制，确保部分先行项目发展的稳定。对于先行发展和均衡发展的调控很大一部分是对资源的合理配置，包括政治资源、经济资源、人力资源、物质资源等，我们不是强调资源的平均分配，也不是听任差别无限扩大的分配，而是适度地倾斜，这就需要各部门通力合作，做到合理规划和计算，建立健全调控监督机制，加强国家监督的同时动员社会各方面实行监督，形成国家监督、社会监督、群众监督相结合，层层监督、上下联动的监督机制。

总而言之，我们既要反对先行发展过度的“两极分化”，又要反对均衡发展的“一刀切”，先行发展和均衡发展是手段和目标、途径和目的的关系，我们不能把二者割裂开来，必须要做到有机结合。二者不存在根本的矛盾冲突，但必须协调好、配合好，不能厚此薄彼。如果离开“先行”谈“均衡”，根据我国目前的实力，不可能持续增加对竞技体育的投入，这毕竟会有一个限度，这也就决定了短时间很难在所有的项目中都取得非常好的成绩，甚至会导致全面下降的后果；如果离开“均衡”谈“先行”，就可能会导致严重的两极分化，偏离了我们追求全面、协调、可持续的本质要求。我们不能过度期望在短时间内就能达到我们所期望的均衡效果，而我们的先行也不一定要在短时间内全部突破，这毕竟需要一定的时间，因此，我们要在合理先行的基础上，逐步实现竞技体育的均衡发展。

## 第二节　竞技体操的功能研究

### 一、竞技体操健身功能分析

健身功能是体育最基本、最直接的功能。作为体育中的一个运动项目，竞技体操毋庸置疑地也具有健身功能。因此，竞技体操势必具有体育项目的一般健身功能。然而，作为一项具有自身独特运动方式和运动特征的体育项目，竞技体操在健身方面肯定也具有一些独特的功能。

#### （一）竞技体操的一般健身功能

竞技体操作为一项体育运动项目，和其他体育项目一样，其本质都是通过身体的活动来进行的，这是体育项目所具有的共同特征。竞技体操在健身方面和其他体育项目一样都具有一些共同功能，而这部分功能是竞技体操作为一项体育运动所固有的。因为只要是符合人体解剖学、生理学原理的运动方式和运动项目，其基本的特征都是身体运动，人们在进行此类活动的过程中，虽然参与的方式和手段不尽相同，但是其原理都是对身体各器官和系统施加一定的负荷，引起身体各部位的反应，并使之产生相应的适应，也就是我们通常所说的体育运动的作用。

归纳起来，竞技体操的一般健身功能主要包括以下几种：

①促进机体的生长发育，发展人体基本的活动能力，改善和提高机体各器官及系统的功能；

②提高机体的适应能力，提升人体的健康水平；

③消除心理压力，缓解疲劳，调节人的心理，促进个体的心理健康。

#### （二）竞技体操的特有健身功能

竞技体操的特有健身功能，是其区别于其他体育运动项目的关键，主要由竞技体操各单项的运动特点和技术动作的运动形式、运动特征决定，综合来看，竞技体操的特有健身功能主要包括以下几种。

1. 发展人体特殊的运动能力

走、跑、跳、攀爬等是人体一些最基本的运动能力，所有体育项目的进行都是建立在人体这些基本运动能力之上的。竞技体操在发展人体基本运动能力的同时，对人体在某些方面的特殊运动能力的发展也有显著作用。

首先，竞技体操各项目的特殊性，决定了其发展人体运动能力的特殊性。

其次，竞技体操动作的运动方式和特点，决定了竞技体操具有发展人体特殊运动能力的作用。运动方式和动作特点，是运动项目相互区别的本质内容，也是运动项目产生其特殊作用的本源。从竞技体操动作的分类中，我们可以看出竞技体操动作的特殊性。技巧类动作在发展人体翻滚、翻腾、旋转等运动能力方面具有特殊作用，此类动作在突发情况中可用于进行自我保护，可提高人体自我保护的能力；器械体操动作在发展人体悬垂、支撑、摆动、身体屈伸、回环、转体等运动能力方面具有独特作用，可提高人体适应自然界和特殊外界环境的能力；支撑跳跃类动作则在发展人体腾越障碍物的能力上具有独特作用。

2. 全面而有针对性地锻炼身体

竞技体操锻炼身体的全面性和针对性，主要体现在其项目的设置上。因为不同的项目对身体各部位的锻炼侧重点不同，所以每个项目对身体各部位的锻炼具有明显的针对性。根据解剖学知识，将身体分为头颈部、上肢、躯干和下肢四大部分，从竞技体操各运动项目中人体参与锻炼的主要身体部位出发，也可以看出竞技体操锻炼身体的全面性和针对性。

3. 有效提高身体力量和柔韧素质

（1）对肌肉力量的提高

肌肉力量是绝大多数运动形式的基础。竞技体操对人体肌肉力量的提高主要表现在以下两方面：

第一，有效提高身体各部位肌肉的相对力量。根据力量素质与体重的关系，力量素质可分为相对力量和绝对力量，竞技体操在增强人体肌肉相对力量上具有显著作用。因为竞技体操项目中绝大部分动作都是通过克服自身体重的方式来完成的，所以人身体的重量或身体某部位的重量是施加给完成动作主动肌的最主要的负荷。如技巧中的倒立动作，器械体操的支撑、悬垂类动作，支撑跳跃中的推手动作等，这些动作练习，对提高上肢肌肉的相对力量有较好作用；技巧中的摆腿、翻腾，器械体操中的躯干屈伸动作，支撑跳跃中的第二腾空展体、翻腾等动作对提高躯干部位的相对力量有较好作用；技巧中的跳跃动作，支撑跳跃中的踏跳动作则对下肢肌肉相对力量的提高有较好的作用。

第二，肌肉收缩方式的多样性。竞技体操动作形式的多样化决定了身体肌肉收缩方式的多样性，而肌肉收缩方式的多样性可以从两个方面来看。一是肌肉收缩时所产生的动作形式。根据肌肉收缩所产生的动作形式，可分为静力性动作和动力性动作，在竞技体操动作中，这两类动作都有。其中静力性动作主要包括静止姿势和慢用力动作，除这两类动作以外，器械项目中的摆动动作、技巧翻滚动作等都属于动力性动作。二是肌肉收缩形式。根据肌肉收缩时长度的变化，肌肉收缩方式主要包括向心收缩、离心收缩、等长收缩和等动收缩，在竞技体操运动中，这四种肌肉收缩方式都存在。其中对提高肌肉力量效果最佳的是离心收缩方式（肌肉在收缩产生张力的同时被拉长的收缩称为离心收缩，肌肉做离心收缩时产生的力量比做向心收缩时大 50% 左右，比等长收缩大 25% 左右）。如在单杠、双杠、吊环和高低杠的摆动或回环动作中，身体摆动至杠下时，由于重力的作用，上肢部位的屈肌群被拉长，而为了防止脱离器械，这部分肌肉又反射性地收缩以产生张力来维持运动状态，这种就是明显的离心收缩形式；在屈伸类动作中，预先收腹屈髋拉长背部肌肉和股后肌群的动作，也是为了使伸髋时产生更大的肌肉力量（即牵张反射原理）。除此之外，自由体操中的前后手翻动作、支撑跳跃中的展体动作对腹部肌肉，以及自由体操中的空翻落动作、支撑跳跃中的落地动作和器械体操中的下法落地动作对股四头肌肌肉的收缩也是同一原理。肌肉多样性的收缩方式，避免了肌肉力量的单一性，促使肌肉产生不同的反应和适应，从而促进肌肉力量的增长以及相对力量和绝对力量的均衡发展。此外，这种多样性的肌肉收缩方式，对保持肌肉的弹性也具有重要作用。

（2）对柔韧素质的提高

柔韧素质的提高，主要体现为动作练习中对柔韧素质的练习，以及完成动作规格的需要，促使练习者提高身体相应部位的柔韧素质。

在竞技体操动作练习中，完成悬垂摆动、踢腿、屈伸起、绷脚尖、甩臂等动作的过程，就是发展身体柔韧素质的过程。此外，由于动作的规格和艺术性要求，竞技体操对柔韧素质的提高及要求也超出了一般意义。

## 二、竞技体操的负向功能研究

### （一）竞技体操的负向功能及产生原因分析

任何事物都有两面性，竞技体操也是一把“双刃剑”，它除了在健身、教育和军事上有显著的功效之外，对参与者也会产生某些负面的影响。综合来看，竞技体操的负向功能主要体现为以下两点。

第一，造成身体损伤。竞技体操虽然对人体的锻炼效果显著，但是在参与运动的过程中可能也会给身体带来一些伤害，即运动损伤。造成运动损伤的原因可能有多种。单从练习者的角度来看，主要是由于练习者思想上不够重视，动作急于求成；练习时，运动量把握不好，运动时间过长、强度过大；练习的内容超出了自身能力范围；缺少必要的保护与帮助等。而从教育者的角度来看，主要是由于组织教法不当，监督控制不到位，教学过程过于松散；保护与帮助不到位，帮助手法错误，保护不及时；练习内容安排不科学，练习强度过大，时间过长等。除此之外，运动器材破旧、练习场地存在安全隐患等也都可能导致运动损伤。

第二，产生过度的心理压力或不良情绪。从前文所述可知，由于竞技体操各项目的特点，竞技体操运动具有一定的危险性，动作技术和动作结构也较为复杂，有一定的难度，学习和掌握竞技体操动作需要一定的勇气和耐心。然而，正因为竞技体操运动的这些特殊性，在参与运动的过程中，可能会使练习者产生过度紧张或恐惧心理，而过度紧张和恐惧，也可能会导致练习者在运动中受伤。长时间重复练习同一个动作，练习者难以获得成就感，也可能因此而产生厌恶情绪和逃避心理。特别是在集体教学课上，由于有练习任务，学生的心理压力可能更大。而那些掌握动作较差的学生，由于有不好的心理体验及过度的心理压力，容易产生自暴自弃的不良情绪。此外，运动时造成的损伤，也可能会给练习者留下心理阴影，从而害怕或拒绝参与运动。

### （二）如何避免负向功能的产生

综上所述，竞技体操负向功能的产生原因都是可以人为控制的，是竞技体操在实践过程中所遇到的障碍。从产生的原因来看，若要尽量避免竞技体操负向功能的产生，需从以下几个方面着手。

第一，加强安全教育，提高思想认识。不管是在体育教学，还是一般的锻炼活动中，安全都是第一位的。在竞技体操教学与训练中，都要加强对学生或练习者的安全教育，培养他们文明的运动行为以及安全、纪律意识，培养他们在练习中养成防患安全事故的习惯，尽量避免伤害事故的发生。

第二，科学地进行教学和训练。首先，在进行教学和训练时，预先充分地做好准备活动，结合练习者的实际情况，科学安排练习内容，合理安排运动量，控制好运动的强度和时间，严密地组织教学和训练，严格控制练习时的秩序，使学生规范、有序地进行练习。其次，充分掌握动作技能的规律，严格按照循序渐进的原则，由简到繁、由易到难地安排教学和训练内容。再次，在教学和训练时，做好监督工作，及时察觉练习者的情况，并进行科学、有效的指导，多进行鼓励和肯定，变化不同的练习方法，调动练习者的积极性。最后，在教学和训练中，处理好身体素质和动作发展之间的关系，根据身体素质水平，安排动作的学习，根据动作学习的需要，安排专门的身体素质训练。

第三，注重保护与帮助。在竞技体操动作中，每一个动作都有相应的保护与帮助方法，合理有效地进行保护与帮助，是竞技体操动作练习中预防运动损伤的重要措施之一。这主要也是由竞技体操动作的难度和危险性决定的。因此，教育者必须熟练掌握保护与帮助的技术，并且根据练习者的实际情况，合理、准确地运用，以高度的责任感保护练习者的安全，逐步使练习者消除紧张和恐惧，并防范伤害事故的发生。

第四，医务监督。在竞技体操教学和训练中，教育者要及时地掌握练习者的健康状况，观察和了解练习者的感受，保证练习者顺利地进行动作练习。掌握一些突发情况的紧急救助方法，如骨折、肌肉拉伤等情况的处理方法。教学或训练前，对运动场地和器材设备进行安全检查，排除安全隐患，并对器械和场地进行保养和管理。此外，练习者也要进行自我医务监督，感觉不适时及时报告，必要时采取应急处理措施或就医。此外，还可以配备一些个人防护用具，如护掌、弹力绷带等。

## 三、相关建议

### （一）促进竞技体操在大众健身领域的开展，充分发挥竞技体操的健身功能

从竞技体操的健身功能来看，竞技体操运动在大众健身领域的开展是有一定意义的。促进其在大众健身领域的开展可从以下几个方面着手。第一，从消除大众的畏难心理和安全原则出发，开展的内容应以各单项中简单、基础性的动作为主，也可将一些简单的练习作为身体素质训练的手段。第二，在场地设施方面，除了依托学校和体育馆的设施外，在青少年活动中心、老年人活动中心、社区、公园、广场等群众经常参与锻炼的场所，可设置一些单、双杠等体操器械。第三，由政府组织，邀请体操运动员或体操达人，开展一些体操表演或群众互动的活动，激发群众参与体操运动的兴趣。第四，在社会体育指导员培训课程中，增加一些体操健身的知识内容，对竞技体操健身功能和各项目的健身原理进行重点介绍。第五，由政府引导，依托各高校培养的体育专门人才和退役运动员，

组建一些民间的体操协会和团体，依托这些组织团体开展一些大众性的体操比赛或活动，并建立一个可行的推广模式。例如，可利用现在城市社区都设有单、双杠器械的条件，建立社区体操组织，开展锻炼和比赛活动。第六，依托体操学校或业余体校，开设体操俱乐部，同时研究出一套系统的管理、运行、营销机制，用以推广和发展体操运动。

### （二）促进竞技体操在学校的发展，充分发挥竞技体操的健身、教育功能

促进竞技体操在学校的发展，首先，要使教育部门、学校领导和体育教师充分认识到竞技体操在健身、智育、德育、美育四方面的正向功能，使他们了解到竞技体操在提高学生体质，培养学生的集体主义精神、团队精神、良好的心理品质和意志品质，提高学生的智力和审美能力等方面的独特作用，从而增加学校体育教学中的竞技体操内容或开设体操课程。其次，体育教师也要认识到竞技体操的负向功能，科学地组织教学和练习，做好各项监督工作，正确处理动作技能学习和体验运动乐趣的关系，多采用一些游戏、竞赛的组织教法，创新竞技体操动作教学，调动学生的积极性，多鼓励和肯定学生，并熟练掌握保护与帮助方法，尽量避免负向功能的产生。再次，改善学校的体育环境和氛围，积极提倡体育运动，多增设一些体操器械设施，有条件的可以建设体操馆或体操房，多组织一些学校体操比赛和表演活动，特别是竞技体操内容的表演、比赛活动。也可以结合现在在学校开展较好的啦啦操运动，以及社会上比较流行的跑酷、街舞、跆拳道等运动项目，在学校中进行表演和推广，激起学生的兴趣。最后，在竞技体操内容教学中，除了帮助学生掌握动作，增强体质外，教师还可以有意识地进行引导，放大竞技体操的智育、德育、美育功能，使学生各方面的能力得到提高，切实让学生获益。

### （三）结合时尚运动项目，发展竞技体操运动

目前社会上与竞技体操有一些相似内容的时尚运动有：跑酷、街舞、跆拳道、啦啦操等。其相似内容主要包括：跑酷运动中的空翻、手翻、跳跃障碍、摆动、回环等内容；街舞中的空翻、手翻、倒立等难度动作内容；跆拳道中的空翻踢板、手翻等特技表演内容；技巧啦啦操中的翻腾、跳跃等难度动作内容。除这些以外，民族舞蹈中的手翻、空翻难度动作；武术中的手翻、空翻演练动作等也都是竞技体操中的技巧内容。首先，我们可以根据这些相似内容，把竞技体操中这些动作的练习方法、保护与帮助方法运用到这些时尚运动中，使竞技体操科学的

教学、训练方法得以发扬和推广，这不仅是对竞技体操运动本身价值的一种肯定，也是对体操运动文化的传播和继承。其次，与这些运动相结合，可以了解此类运动项目的特点及发展方向，从而调整竞技体操自身的发展方向，将竞技体操中社会价值较高的内容挖掘出来。最后，还可以通过结合这些时尚运动来吸引年轻人的注意，推广竞技体操运动。

## 第三节　竞技体操市场开发探索

### 一、我国竞技体操市场开发的基本问题

#### （一）我国竞技体操市场开发的操作性概念

市场开发是市场进入或市场渗透过程，也就是建立市场的一个过程；市场开发首要的工作是了解市场特征与消费者需求，从而生产相应的产品；市场开发过程中要注重市场宣传，让消费者了解产品并进行消费。

笔者认为，我国竞技体操市场开发的操作性概念是：以体操协会为市场开发的主体，以其所掌握的有形和无形资源为客体，以竞技体操各类消费者为服务对象，在满足消费者需求的过程中获得经济收益。体操协会是全国性的体操管理组织机构，对于我国竞技体操市场开发具有至关重要的作用；市场开发的客体是指开发对象，包括培训市场、赛事市场以及明星运动员的市场开发；竞技体操消费者包括参与培训的大众、观看比赛的观众以及企业与商家等；开发是各类消费者的需求得到满足、开发主体获得经济收益、其他利益相关者也有所收获的过程。

需要明确的是，竞技体操的市场开发是一个漫长的、渐进的过程，不可能一蹴而就。竞技体操属于竞技成绩好、社会关注度高，但群众参与度低、市场基础一般的项目，并不适合走完全市场化发展的道路，竞技体操的市场开发与走市场化道路并没有必然的逻辑关系。我国竞技体操理想的生存方式应该是政府支持与社会参与相结合的多元化模式。

#### （二）竞技体操市场开发的基本构成要素

对于竞技体操市场的一些构成要素的确立来源于以下几个方面的思考：一是市场学理论中市场的基本构成要素。二是美国市场运作体系分析。三是杨铁黎对于职业篮球市场构成要素的参考。四是我国竞技体操市场开发的定位。确

立我国竞技体操的市场开发必备的要素是：从事竞技体操市场开发活动的经济主体，即当事人或生产经营组织和政府，包括竞赛产品或服务的生产者（运动员、教练员）、经营者（经纪人、俱乐部、运动队）、观众（体操迷）、政府等；能够满足竞技体操消费者某种需要的经济客体，即高质量的体操产品或服务；一定规模的由货币购买力形成的有支付能力的对竞技体操的有效需求。这三个要素，是构成竞技体操市场缺一不可的必备条件，缺少其中任何一个，市场活动就无法正常进行。

1. 竞技体操的市场主体

市场主体是市场赖以生存的基础，也是健全市场的关键要素。在市场活动中，从事各种交易活动的当事人是以市场为生存和发展环境的，在面对市场的时候，都必须面对这样一个现实，即所有进入市场的经济行为者一定是自身利益的追逐者。因此，追求利益最大化是市场主体的基本特征。市场主体的内在属性可以概括为以下几点：

第一，交换主体的平等性。市场交换双方都是独立的、平等的利益主体，并且以交换者的身份出现，在这一点上没有任何差别。

第二，市场主体的自由性或自愿性。市场主体的行为都是自主的，不受他人控制或操纵。

第三，市场主体拥有所有权。自由和平等的规定的前提，是市场主体对自己的商品拥有所有权。

第四，市场主体的自利性。虽然交换对双方都有利，但是，交换的动因不是这种共同利益本身，真实的动因都是自身利益。

具体来说，竞技体操市场的主体包括体操项目的经营机构、企业家、运动员、教练员、裁判员、中介机构、媒体、赞助商、观众、政府等，下面分别进行论述。

（1）经营机构

经营机构主要指体操俱乐部和运动队等，他们是竞技体操市场的主导力量，为了获取最大化的经济利益，积极参与市场开发活动。

（2）企业家

所谓企业家，是以市场交易和企业经营为职业的特殊市场主体。市场体系的有效运作离不开企业家，企业家不同于一般市场参与者，作为企业家，需要在市场交易中敢于承担风险和责任，具有组织、驾驭和管理企业组织的能力。

（3）运动员

运动员是竞技体操市场中最基本的要素，他们把竞技体操作为一种职业或业余爱好，将自身的竞技能力以商品的形式向市场提供，在市场上通过展示能力换取劳务报酬。

（4）教练员

教练员是平日对运动员进行技术、战术、体能、心理素质训练，在体操比赛过程中根据比赛双方的实际情况布置和调整战术的指导者，是提高体操项目运动员竞技能力的生产者，对于竞赛质量有至关重要的影响。

（5）裁判员

裁判员在竞赛过程中，依据竞赛规程和竞赛规则，评定运动员动作规格质量和水平高低，用打分的方式给予判定。裁判员的制裁能力、水平、公正程度，会直接影响运动员技术、战术的发挥和运动员的心理状态，同时也会影响观众情绪。

（6）经纪人（或中介机构）

经纪人是指那些在市场上为买卖双方充当中介并收取佣金的商人或机构，他们从事交易活动使交换专业化和简单化，最终提高市场交换效率，节省交易费用，对于竞技体操的市场开发具有积极的推动作用。

（7）媒体

以电视、电台、报纸、杂志、网络为主体的媒体以满足广大观（听）众和读者的精神文化需求为导向，向赛事组织者购买某一赛事的转播报道权，从事赛事传播的经营活动。媒体有助于扩大赛事的宣传、树立赛事品牌、培养体操爱好者，对于竞技体操的市场开发有较大的促进作用。

（8）赞助商

所谓的赞助是指赞助者和被赞助者之间以支持（金钱、实物、技术或劳务等）和回报（冠名、广告、专利和促销等权利）交换为中心，平等合作、共同获益的商业行为。体育赞助是赞助的一个分支，它是以体育部门和体育活动为对象的赞助。我国的竞技体操商业赞助主要是奥运赛事赞助，对于体操经营者而言，可以增加财源、扩大影响，主要解决生存和发展问题。就赞助商而言，通过冠名、广告等手段，可以提高企业知名度、美化企业形象，利于增加产品销量。

（9）观众

观众根据自己的需求去观看比赛，从中获得精神上的满足，他们是竞技体操市场的决定因素。体操项目的市场需求是人们对体操运动竞赛产品的现实和潜在需求的总和，观众越多，市场需求就越大，市场开发可以获得的利益也就越多。

（10）政府

政府是建立在一定经济基础上的上层建筑，是在一定社会经济条件下行使社会公共权力的组织，是为其经济基础服务的。政府的重要职能是维护市场秩序，创造公平竞争的环境，保障市场机制充分发挥作用，弥补市场不足，利用法律、政策等手段对经济社会活动进行调控。在竞技体操市场的开发过程中，政府应当在规范市场主体行为、协调利益关系等方面发挥应有的作用，并给予必要的扶持，创造良好的外部环境。

2. 竞技体操的市场客体

市场上交易的对象称为市场客体。产品之所以进入市场成为交易对象，一是因为被交易的商品的使用价值不同，二是因为市场主体有特殊需求。竞技体操项目的主要产品是无形的劳务产品，根据现代市场学的理论，产品的整体概念包含核心产品、形式产品和附加产品三个层次。

第一，核心产品。核心产品是指产品给购买者带来的基本利益和效用，即产品的使用价值。消费者购买某种产品，并不是为了占有或获得产品本身，而是为了满足某种需求。在开发竞技体操市场时，经营者首先应该分析核心产品，为观众提供新的使用价值，满足其多层次、多样化的需求。

第二，形式产品。形式产品是核心产品借以实现的形式，即向市场提供的实体或劳务的外观。形式产品由质量水平、样式、品牌和包装等基本特征构成。由于产品某种效用必须通过某些具体形式才能得以实现，所以，市场营销应该首先着眼于顾客购买产品时所追求的实际利益，以求更好地满足顾客的要求，从这一点出发再去寻找实际利益得以实现的形式，进行产品设计。竞技体操市场是经营体操无形劳务产品的经营体系，是通过服务来满足观众顾客的核心需求的，因此，竞技体操形式产品包括以赛事为主的赛事质量、特征、品牌、宣传、场馆的布置，以及以培训为主的质量、教练水平、互动、有形展示等。

第三，附加产品。附加产品是指顾客购买形式产品时所能得到的附加服务和利益，包括产品质量保证、体操明星与观众交流等。改变产品附加服务和附加利益，也可以引起产品市场需求的变化，开辟新市场。因此，企业营销者不仅要注重提供优良的核心产品和形式产品，而且要努力为顾客提供全方位的附加产品。

## 二、青少年儿童竞技体操培训市场的培育与开发

### （一）青少年儿童体育工作的重要性

青少年儿童体育工作是体育基础性工作，它既是竞技体育工作和全民健身工作的基础，也是体育产业工作的基础，它关系到体育发展的全局，关系到国家的形象。一方面，抓好青少年儿童体育工作，使广大青少年儿童身心健康、体魄强健、意志坚强、充满活力，是一个民族旺盛生命力的体现，是社会文明进步的标志，是国家综合实力的重要内容。另一方面，从心理学来讲，人们的行为总是遵守“知、情、意、行”这一普遍规律的，只有人们对某一事物有所了解，才可能对其产生情感以及产生在情感影响下的行为意向，最终才能导致个体行为的发生。体育消费行为发生的前提是体育文化的产生和传播，它是人们了解体育、爱好体育和产生参与体育意向的前提条件。因此，抓好青少年儿童体育工作，让孩子从小养成体育习惯，不但会使体育的后备人才有来源，而且会为今后的体育产业提供市场。

### （二）青少年儿童竞技体操培训产品的基本特征及其形式

1. 青少年儿童竞技体操培训产品的基本特征

青少年儿童竞技体操培训产品的基本特征主要包括以下几个：

①经济性。经济性是竞技体操培训活动的本质特性，离开了经济效益和盈利，经营机构就无法生存。

②教育性。青少年儿童竞技体操培训活动除了经济性外，同时也是一个教育人和培养人的过程，具有教导、启发人的思维的特性。

③知识性。青少年儿童竞技体操培训是个获取知识的过程，包括生理、心理、保健知识和竞技体操规则、训练方法等基本知识。

④技能性。青少年儿童参与培训的一个显著特征是掌握健身技术与技能。

⑤无形性。无形性是相对于有形产品而言的，青少年儿童竞技体操培训产品的无形性是指这些产品不可触摸或不能用肉眼看见其存在的形式，必须在亲身体验中感受。传授的是竞技体操的技能技巧，是非物质的。

⑥同时性。生产和消费同时发生，即在教练或教师进行指导（生产）的同时，青少年儿童必须在场接受（消费）指导，主要是因为保护帮助、纠正错误、赞赏和鼓励必须在现场进行。

按照产品周期理论中引入、成长、成熟、衰退四个阶段的划分，我国竞技

体操培训产品处于引入阶段，所谓引入阶段的特点是：在这一阶段，消费者对产品不了解，大部分顾客不愿意放弃或改变以往的消费习惯，产品销量小，单位产品成本高；尚未建立理想的营销渠道以及高效率的分配模式；价格决策难以确定；广告费用和其他营销费用开支较大；产品技术、性能还不够完善等。

2. 竞技体操培训的形式

体育培训市场，一是指体育培训产品交易的场所，二是指体育培训产品交易关系的总和。体育培训产业属于第三产业，是服务产业。竞技体操培训市场，一是指竞技体操培训产品交易的场所（如健身房、体操房等），二是指竞技体操培训产品交易关系的总和。这里所研究的竞技体操培训是指练习者通过付费参加竞技体操培训的形式，不包括以往利用国家投入来培训后备人才的形式。

竞技体操培训形式应该是多元化的，有与学校结合的“体教结合形式”，也有社会力量参与的“私营形式”培训，还有国家与社会结合的“混合形式”。“体教结合”是指培训场地设立在学校，学生利用课余时间参加体操培训，这样一方面可以保证训练，另一方面可以保证学习。学生参加学校课余体操培训的费用由学生自己支付，不需要学校来承担。学生为学校参加比赛获得好成绩，学校给予一定的奖励，或者减免学费等。“体教结合”最大的优势是可以保证学生的学习成绩不受影响。“私营形式”指在由私人创办的俱乐部或体操班进行学习，由接受培训者支付费用，如美国的体操俱乐部，其运行模式完全依照市场方式进行。国家与社会结合的“混合形式”培训市场是指政府投入场地、人力等，然后私人经营。这是在计划经济向市场经济过渡过程中，为了培育体操后备力量采取的一种具有“过渡”性质的方式。政府通过提供场地、减免税收等方式，鼓励私人创办经营体操业余训练班。但是这又与过去的业余体校有很大区别，过去是政府创办并经营，现在是政府给予帮助但不直接参与经营活动，由私人自主经营。

### （三）对竞技体操青少年儿童培训市场开发模式的构建

“模式”是指某种事物的标准形式或模型，具有理论性、稳定性与可操作性。理论性是指反映某种理论或思想；稳定性是指任何一种模式的形成都是经过长期的实践检验和理论论证的，一旦形成就具有相对稳定的结构；可操作性是指在某种思想理论的指导下，经过实践检验形成的范型，参照该范型可以进行实际运作。

竞技体操培训市场模式，是基于美国竞技体操培训市场运行模式、专家访谈论证以及我国竞技体操具体情况，采用市场营销理论构建而成的。其中包含的要素有：管理组织机构（国家体操运动管理中心、体操协会），需求方（青少年儿童），产品（训练服务产品、竞赛服务产品等），供给方（即经营者，包括俱乐部、体操学校、业余训练班等），如图 1-4 所示。

在体操项目培训市场模式图中体现了市场营销的核心理念，即把满足消费者需求作为出发点，从而考虑选择何种培训产品来满足消费者需求，通过何种营销手段才能满足消费者需求，产品在何时、何处交换，谁实现产品与消费者的连接等。

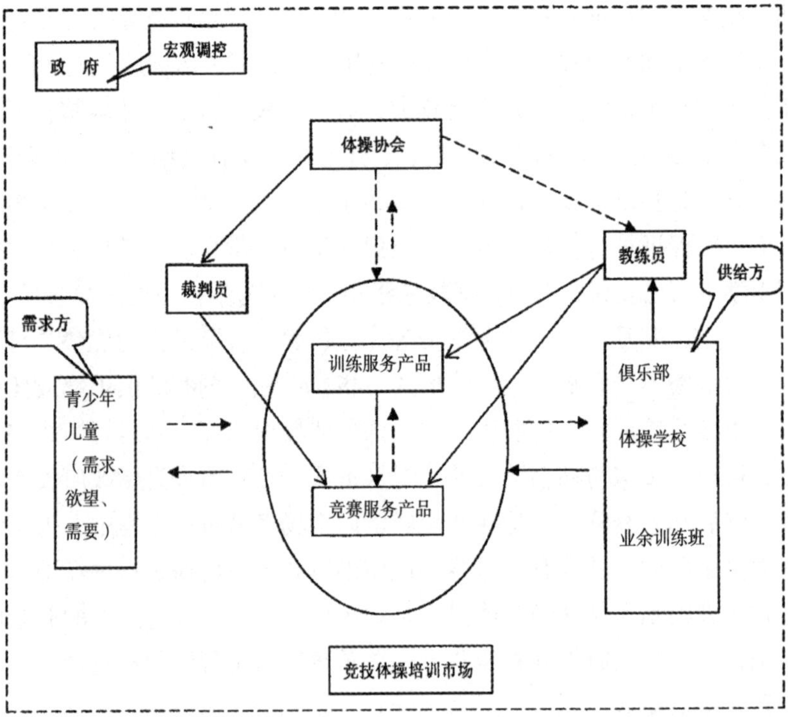


**图 1-4　我国竞技体操培训市场模式图**

1. 加大对培训市场供给方的培育力度

供给方是培训市场中的一个重要参与经营主体，在我国竞技体操培训市场中供给方的主要形式有俱乐部、体操学校、业余训练班等。我国目前体操培训市场的供给方数量非常有限，所以对于供给方的培育至关重要。首先，体操协会在培育供给方面，要制订详细的计划，为供给方提供相应的人力、技术以及信息援助。其次，国家要给予供给方一定的政策优惠，如减免场地费、减免税收等。最后，国家要培养具有经营能力的管理者来经营体操俱乐部、体操学校、业余训练班等，可以通过教育部门来培养这方面的人才。

2. 丰富训练产品内容

我国竞技体操培训沿袭了为国家输送后备人才的体系模式，在培训内容、培训手段上都比较呆板、枯燥、乏味。培训教练水平良莠不齐，一些教练不了解少年儿童的天性，对待少年儿童的态度简单、生硬，严重挫伤了少年儿童的自尊与学习的热情。

培训市场提供的核心产品就是训练服务，在选择、编排培训内容时，要根据少年儿童的心理和生理特性设计丰富多彩、活泼有趣的教学内容。在美国体操俱乐部，女子体操训练服务形式可以分为体操娱乐活动、“俱乐部队”的训练、私人训练服务三种。体操娱乐活动是非竞技性的“快乐”服务。大部分孩子是初次接触体操或初学者，训练的目的是培养对体操的兴趣和体验学习体操的快乐。这部分孩子占美国 300 万个参加体操活动家庭的绝大多数。孩子的家长每个星期送他们来俱乐部一至两次，目的是让孩子既快乐高兴，又能提高身体素质。因此，体操房配置了大量颜色鲜艳的游戏型体操辅助器材，如三角、八角、圆柱、半圆柱、梯形、折叠垫、小蹦床等。课前教练都要按照训练的意图布置场地，很多俱乐部为体操娱乐活动服务专门分出场地、空间。如有的俱乐部在体操房的海绵坑边修建一条大船，孩子们在船上完成部分体操训练后，可以从船边的滑梯或夹板跳入海绵坑。还有俱乐部将场地很大的一角，搭建成一个梯形的小山，整个小山被海绵和绿色的大地毯覆盖，小型的体操器材安放在不同高度的阶梯上，孩子们上一个阶梯完成训练后，就可以上升到另一个阶梯上进行下一个训练，最后从小山顶的滑梯滑入山底的海绵坑。训练轻松活泼，愉快刺激。

培训市场的训练服务内容是培训市场的核心。我国各种培训班、培训学校、俱乐部也应该借鉴美国体操俱乐部丰富多彩的训练内容，根据初学者的年龄、需求、目的，提供不同的培训内容，采用灵活多样的训练方式。对于初学体操的少年儿童，教学内容应该多采用游戏的方式进行训练，利用能够引起少年儿童兴趣的训练器材等。对于体操天才，采取相应的训练内容与方法，将体操天才的潜力挖掘出来，使其成为优秀运动员。对于只是为了强身健体的体操爱好者的培训，就要采用动作易于学习、充满趣味、针对性强的培训内容。

## 三、对我国竞技体操赛事市场的培育与开发

### （一）我国竞技体操赛事的基本问题

#### 1. 竞技体操赛事的分类、特征

我国竞技体操赛事有多种分类方式。按规格标准可以分为国际性赛事与国内赛事。国际性大赛有：奥运会体操比赛、世界体操锦标赛、世界杯体操赛、世界体操单项锦标赛、世界大学生运动会体操比赛、欧洲体操锦标赛、亚运会体操比赛、中日杯国际体操比赛、美国杯国际体操赛；国内大赛有：全国运动会体操比赛、全国城市运动会体操比赛、全国体操锦标赛、全国体操冠军赛、全国青少年体操锦标赛、全国少年儿童体操比赛。

以竞技体操功能为标准，体操赛事可以分为竞技性体操赛事与群众性体育赛事。以赛事性质为标准，体操赛事可以分为营利性的商业比赛和非营利性的公益性比赛以及教学与交流性质的比赛等。

现代体操赛事表现出以下特征：

①平等。参与不能受出身和社会背景约束，对运动项目比赛者应给予相同竞赛条件，无论他们是何人和来自何方。

②专业化。现在主流的运动形式由专家和观看运动的观众所支配，地位通常根据技能和责任来决定和区分。设备，如鞋和衣服，要符合体操运动的专门需要。

③理性化。体操项目由复杂的规则和策略组成。规则规定目标和运动员如何实现目标，规则也规定设备、运动技术、参与的条件；策略鼓励理性控制的训练方法，而这影响着运动参与经验和对运动员的评价。

④层级化。如今的比赛形式为国际的、国内的、地方层次的管理机构所控制。这些组织中的人监督和批准运动员、运动队和运动项目，他们制订和执行规则、组织比赛、确认记录。

⑤量化。这一运动形式充满了测量和统计数字，所有东西能被转化成分数而加以测量记录。成绩的标准以清晰的规则加以讨论，统计数字被用作成绩证据。

#### 2. 竞技体操赛事市场资源

竞技体操项目的市场资源包括体操赛事无形资产资源、有形资产资源和由这两类资源构成的衍生资源以及政府政策支持的资源。其中，无形资产资源包

括：排他性营销权，视觉识别系统使用许可权（赛事名称、会徽及吉祥物），赛事冠名权，奖杯奖项冠名权，赛事相关活动冠名权，赛事专用产品专有权，赛事合作伙伴、各等级赞助商、供应商、服务商的授予权。有形资产资源主要指：特许经营授予权（纪念币、纪念钞、纪念牌、纪念邮票、纪念衫等的特许经营），电视转播权，比赛场馆广告资源，比赛印刷品广告资源（宣传画册、票证、秩序册、成绩册、竞赛指南、记者手册、导游手册、纪念册等印刷品广告），开幕式、闭幕式及比赛门票。政府政策支持的资源包括：举办地的户外广告、举办地政府特许专卖区域、举办地政府市场准入支持、举办地府政支持和扶持的其他资源。

### （二）对我国竞技体操赛事市场开发模式的构建

竞技体操赛事市场开发，就是竞技体操赛事运作管理机构立足于竞技体操赛事所拥有的各种资源，通过市场交换行为，尽一切可能增加赛事收入的过程。对我国竞技体操赛事市场开发模式的构建，主要立足于竞技体操赛事市场的组成要素，赛事市场的组成要素包括市场主体（经营方与需求方）、市场客体（竞赛产品及其标志产品）、媒介（中介机构）、政府。竞技体操赛事市场开发收入主要来源于商业赞助、门票销售、电视转播权、标志产品代理、现场广告等。

#### 1. 加快赛事管理体制改革

长期以来，我国竞技体操赛事的举办主要依靠政府直接介入。这种方式虽然能够保证重要赛事的正常举办，但也遏制了市场的力量，使赛事走向市场遇到种种阻碍，加快赛事管理体制改革势在必行。但是，应充分认识到这种改革的艰难程度。在市场化浪潮的冲击下，包括竞技体操在内的许多体育项目走向市场，赛事将会增多，如果继续依赖政府，将会加重财政负担，使政府有推动赛事运作市场化、减轻自身负担的动力，但是一些因素也会部分抵消这种动力。赛事运作市场化之后，政府对赛事将不会再进行直接干预，相关政府官员要放权给市场，这样就会使这些政府官员失去权力寻租的可能，因此，当政府既是赛事运作市场化制度创新的推动者，又是这一制度创新的对象时，相关政府官员出于自身利益和既得利益的考虑将有可能绕开或延缓赛事运作市场化这一制度创新的进程。政府对体育赛事运作市场化的制度供给起到了决定性的作用，但种种因素使政府在这一制度创新中处于一种复杂的境地。

虽然改革面临重重阻力和各种困难，但为了让竞技体操在建立和完善社会主义市场经济过程中发展起来，必须坚定不移地推进改革进程。加快赛事管理体制改革可以借鉴美国的经验。参照美国体操协会的模式改革体操运动管理中心，强化其职能。为了做好赛事市场开发，当务之急是加大市场营销力度，向公众宣传体操运动，为体操的合作伙伴服务，联系企业赞助和电视节目销售，引导和支持举办更多的赛事，包括业余体操比赛和专业体操比赛。

2. 推动单项赛事产品走向市场

（1）加大公益性赛事市场运作力度

我国公益性体育赛事的体育组织一般都是非营利性机构，然而举办这类大型公益性体育赛事却需要大量的资金，完全由政府投资举办这类大型公益性体育赛事使政府的财政负担过重，限制了公益性体育赛事的发展。因此，公益性体育赛事的商业化运作很有必要。

我国竞技体操每年单项公益性赛事除了国内三大常规赛外，还有国际性的一些赛事，如奥运会选拔赛、世界杯分站赛等，这些赛事的举办如果要政府拨款运作，将是一笔不小的开支。据体操运动管理中心的有关专家透露，如果没有商业运作，一场常规赛事至少需要拨款 30 ～ 50 万，给政府带来了很大的经济负担。目前，国内三大常规赛的运作资金大部分来源于政府，小部分资金依靠现场广告牌以及冠名、赞助的方式筹措。而国际单项赛事基本可以通过商业手段自行运作，不需要政府拨款。采用商业手段运作竞技体操公益性赛事一方面可以减轻政府的财政负担，另一方面可以促使管理者加大对赛事的宣传与推广力度，使更多的人了解、热爱竞技体操。

需要指出的是，公益性竞技体操赛事虽然在筹集资金的过程中采用商业的手段，但并不是真正意义的商业性赛事。一方面，目的不同。虽然公益性竞技体操赛事的举办者借助商业手段来筹集资金，但公益性竞技体操赛事并不是以盈利为主要目的，而是为了进一步促进竞技体操公益性赛事在全国的发展。而纯商业性的比赛是以赚钱和盈利为主要目的，因此两者的目的明显不同。另一方面，资金来源渠道不同。目前，公益性竞技体操赛事的资金来源多元化，除了商业因素外，非商业因素也占有非常重要的地位，如社会的无偿捐助和政府的拨款扶持。而纯商业性的体操比赛的资金来源渠道只有一个，就是将竞技体操比赛作为商品出售。

（2）鼓励举办更多的商业赛事

职业体育是赛事产品的主体部分，但是一国的职业体育实际上包括两个部分：一是可以组建职业体育俱乐部，可以开展职业联赛的集体项目，主要是普及程度高、大众喜爱、企业关注的球类项目；二是难以组建职业体育俱乐部，不能开展职业联赛的个人项目，但从事这些项目的个体可以以职业运动员的身份，在经纪人的运作下，参加一系列的巡回赛、分站赛、大奖赛、挑战赛、对抗赛，并以赚取赛事奖金为目的。

体育商业赛事是指体育局或各类体育协会计划外的（非国家资助的），由俱乐部、体育经纪人、各类体育中介公司或其他企业操作的，以盈利为目的、为满足社会对竞技体育的观赏需求而创办的比赛。我国竞技体操常规赛事在比赛运作过程中，严格按照国际大赛的模式进行，所以形式比较呆板，难以满足大众对竞技体操赛事多样化的需求，而商业赛事在产品设计、销售渠道、产品促销上采用的是以消费者为中心的方式，所以能满足消费者的需求。常规赛事很少有赛前宣传和电视转播，所以了解的人少，欣赏的人也少，愿意投资其中的人必然更少。而举办商业比赛，请名将出战，一方面可以为关注体操的人提供更多的机会欣赏体操，另一方面可以让更多的人有机会认识体操，这对体操项目的发展是很好的机会。这种为企业搭台，请体操唱戏的做法对于急需聚集人气、宣传自己的体操来说是非常必要的手段。

## 第四节　国外竞技体操发展启示

### 一、美国竞技体操发展的经验与启示

#### （一）美国竞技体操人才培养及管理模式

1. 美国竞技体操人才培养的制度体系

健全的制度体系是美国竞技体操项目发展的重要保障。首先，以单项运动项目协会为主导是推动美国体育发展最有效的制度安排。美国体操协会（USA Gymnastics，USAG）围绕发展体操这一主题，负责体操项目在美国的顶层设计，统筹管理竞技体操发展的各项事务。其次，美国政府通过不断调整和制定法律政策，为体育发展建立全国性的约束机制。联邦政府层面的《业余体育法》和《教育法修正案第九条》等是美国体操发展的根本指引，带动了体育运动的普及。这些法规在一定程度上强调了学校在竞技体育发展中的重要性，有效地提升了美国竞技体育的成绩。最后，美国体操协会通过建立健全相关法规及指导意见来管理职责，指导体操发展。其一，美国体操协会针对人才培养的现实需求，

分别制定了指导各年龄及水平阶段运动员训练的项目(内容)及实施意见。其二，为了应对美国体育医生纳萨尔性侵丑闻，美国体操协会修订了《安全运动管理规定》《美国体操协会章程》和《道德行为准则》等，加强管理，打造健康的体操训练环境。

2. 美国竞技体操人才培养的组织体系

充足的后备人才成就了美国竞技体操队优异的成绩。美国有坚实的竞技体操人才基础，美国体操协会的统计数据显示：全美范围内有 148000 名在美国体操协会登记注册过的高水平体操运动员，除了这些在美国体操协会注册过的运动员，美国还有数百万青少年没有注册过但经常参与体操运动训练；全美范围内有 25000 名体操教练员及裁判员。

社会组织是美国体操人才培养的关键力量。在美国体操协会领导下，参与美国竞技体操人才培养的机构有：基层政府中的公园管理 / 休闲及公园管理部门、各类私营体操俱乐部、非营利性组织、大学及全国大学体育协会（NCAA）、全美学院运动协会（NJCAA）等大学体育组织，这些多元化的机构形成了完善的体操人才培养组织体系。在竞技体操人才培养的过程中，这些机构又分别承担不同的职能和职责。美国体操协会主要在各类合作伙伴的协助之下采取相关措施，推动体操项目的普及与发展；基层政府中的公园管理部门以提供场馆和举办入门级体操兴趣班的形式培育体操人口和体操市场；全美范围内的 3450 个私营体操俱乐部负责提供丰富多样的体操培训及竞赛产品；基督教青年会（YMCA）和犹太人社区中心（JCC）等非营利性组织及其在全美范围内的各个分支机构，也常年举办体操培训、不定期举办青少年体操比赛；各类高校则根据学校实力，培育高水平体操人才。

3. 美国竞技体操项目的管理模式

美国竞技体操项目发展坚持的是在美国奥委会（USOC）的领导下，调动体操协会等各类社会组织积极性的“社会管理型”管理模式。其运行管理模式具体表现为以下几点。

从宏观管理体制来看，美国的竞技体操主要由社会组织管理。美国奥委会通过为各个运动项目协会组建的国家队提供资金扶持、奖金奖励、技术指导、战略管理及在特殊时刻的直接干预等形式支持体育及竞技体育的发展。此外，美国奥委会每年会根据承担奥运金牌 / 奖牌数量的多少，为诸如美国体操协会等单项运动协会划拨经费，还会为在奥运会、冬奥会、世锦赛等重要赛事上获得金牌及奖牌的运动员发放奖金。

从中观运行来看，美国竞技体操项目发展采取的是美国体操协会主导下以各类社会力量为主体的模式。作为全国性的体育管理机构，美国体操协会的主要职能是：组建美国体操各个项目国家队、推动体操项目的普及和发展。加里摩尔认为，推动体操项目发展，主要是要培育体操文化、为私营性体操俱乐部运营管理提供帮助、为其发展壮大创造条件。在美国体操协会的领导下，学校体育组织、营利性和非营利性组织、学校、家庭等以不同的方式投资体操、推动体操发展。

从微观组织和操作程序来看，高校和私营俱乐部是美国培养运动员的关键力量。高校是美国高水平运动员的最重要的一个输送来源；高校为学校代表队队员提供日常训练场地、教练指导等服务。私营俱乐部以提供有偿培训服务的形式为美国源源不断地输送体操后备人才、培育体操人口和体操市场。受制于NCAA 的“业余”竞赛管理规定，部分想要以专业竞技训练和竞赛为职业的运动员不得不放弃到高校学习的机会，自费在私营俱乐部训练。

### （二）美国竞技体操发展的主要经验

#### 1. 体操协会是推动竞技体操项目发展的核心

在美国奥委会、国际体操联合会的领导下，美国体操协会充分发挥了其对体操项目的管理和领导职能。其一，在美国普及体操项目。美国体操协会通过制订相关管理办法、开展培训等为个人和企业注册成立体操俱乐部、投资体操项目培训提供便利，为体操运动员、教练员注册提供便利；通过编辑、发行杂志向运动员、教练员、裁判员、俱乐部运营管理人员等介绍国际体操规则变化、体能训练方法、技术革新等，传播体操文化、发展体操项目。研究人员在洛杉矶体操学校和美国芝加哥城市体操学校等私营体操俱乐部 / 培训学校调研及与坦尼娅·贝伦森、纳塔利娅·尤尔琴科等体操俱乐部负责人的访谈过程中发现，美国体操协会为私营体操培训机构的运营提供他们需要的全部帮助和指导。其二，推进体操协会商业化运作。与政府、媒体、航空公司、赞助商等建立互惠互利的合作关系，积极推进体操协会商业化运作和体操项目市场开发。其三，开展各种宣传活动和公共关系活动，提升社会大众对体操的认知，提高公众对美国国家体操队、体操比赛等的关注程度。其四，负责组建国家体操队，为国家队招募教练员，并在重大比赛前组织国家队短期集训，统筹协调体操队参加国际、国内比赛。

2. 政府部门为体操项目发展创造条件

美国基层政府的公园管理或休闲及公园管理部门（不同的州不同的名字，但职能一样）是推动体育事业发展的关键部门。公园管理部门负责管理、维护某个城市 / 区 / 县境内的全部公园、体育场馆、健身路径、健身步道，为当地居民提供运动锻炼场地；依托体育场馆资源和志愿者开展某些运动项目的入门级培训；依托场馆资源以购买服务的形式与社会力量合作举办体操等项目培训班；组织业余体育赛事等。研究者在美国多地的公园管理部门访谈其负责人时，他们均表示：政府部门只应举办免费或低收费的入门级体育兴趣培训班；体育培训中的技术巩固、技能提高等环节的营利性培训应该交由社会力量开办。受益于政府拨款，基层体育机构（公园管理部门）应该为大众提供免费或低收费的公共产品，应该为运动项目发展和社会经营创造条件。

3. 市场和社会是竞技体操发展的主体

首先，美国体操协会通过商业化运作筹集相关经费。美国体操协会创造了 3447 万美元收入，实现了协会自身的“自立”和“自强”。与之形成鲜明对比的是我国体操协会等传统优势项目协会依然处在脱离举国体制和脱离财政拨款就难以生存的境地。其次，社会力量广泛参与体操产品和服务供给，并成为美国体操人才培养的关键。除了数百万家庭为女子体操培训投资外，各类营利性体操俱乐部为美国源源不断地输送体操后备人才，奠定了国家队的人才基础。

**（三）对我国竞技体操发展的启示**

1. 转变体操项目发展观念

让理念主导竞技体育发展政策及模式变迁。休谟认为，人的行为是由利益支配的，但利益本身是由观念支配的。各级体育及体操项目主管部门应该意识到：第一，体操项目已经到了必须进行改革的历史关头。政府包干体操项目发展，会导致社会力量的不参与和路径依赖。跳水项目因为有高校等社会力量的参与已创造了优异的竞技成绩，所谓“市场化程度低”的项目脱离了举国体制“竞赛成绩必将下滑”的“谎言”早已不攻自破。第二，市场和社会是推动传统优势项目及竞技体操项目发展的最重要的力量。

2. 创新政府在竞技体操发展中的工作方式

政府部门应该创新在竞技体操项目发展中的工作方式。当前，我国各层级体育行政管理部门及体操运动管理中心在体操项目发展过程中以举国体制为依托，将为各层级竞技体操代表队及少数私营体操俱乐部提供经费、人力资源支持等作为基本工作方式。然而，政府推动并给予经费扶持的所谓“体操俱乐部”，不仅有各级体操管理中心的影子，而且大多不具备“自发性”与“主动性”，其持续性不足。新时代需要新思维和新举措，政府部门应该转变和优化推动竞技体操项目发展的方式。除了对“快乐体操”试点幼儿园、试点学校进行经费扶持以外，相关部门应该从体操人才选拔办法、体操赛事举办、人才培养激励、税费减免、购买服务等多层面、多角度出发，完善相关制度，以调动社会力量投资体操的积极性。

3. 培育各类推动竞技体操发展的社会组织

发挥中国体操协会在体操项目文化传播和体操项目管理中的作用。在运动项目协会与体育行政管理部门“脱钩”的背景下，体操运动管理中心应逐步退出本应由体操协会承担的各项具体工作。体操协会也要积极改革，推进协会实体化进程，用世界眼光、国际标准、中国特色、高点定位完善中国体操运动协会的顶层设计；积极开展商业化运作，实现协会自立、自强；优化协会在国家队建设、会员（俱乐部 / 运动员 / 裁判员）注册管理、产业开发经营、媒体推广包装、赛事体系丰富等方面的管理，激发学校、私人俱乐部在体操运动员培养、体操赛事组织等方面的活力，形成体操项目的协同治理局面。

发展体操俱乐部。体操协会及管理部门应该优化体操俱乐部服务与管理，为企业和社会力量投资体操创造条件，激发学校、私人俱乐部在体操运动员培养、体操赛事组织等方面的活力，并使其成为体操产品和服务的主要提供者。在中国体操网上除了有关于体操运动管理中心的简介和体操运动管理中心推广的“快乐体操”的相关链接以外，几乎没有为体操俱乐部、个人服务的相关版块。相关资料显示，我国已有 30 余所私人体操俱乐部，但在中国体操网上却查不到任何一家的相关信息及数据。体操协会及体操运动管理中心应健全相关数据库并对外公布，以便于广大家长、体操爱好者、裁判员、俱乐部等查询；体操协会还应在官方网站上对如何登记、创办一个体操俱乐部，会员俱乐部等级评定，俱乐部赛事承办等进行详细介绍。此外，体操协会还应该对体操运动员、教练员、裁判员的等级晋升、培训等提供服务与便利。

4. 发挥市场机制在竞技体操发展中的作用

积极探索体操项目社会化和市场化的道路，发挥市场机制配置体操项目资源的作用。推进竞技体操及体育发展方式的大变革需要全社会广泛参与。除了推进"快乐体操""体操进幼儿园""体操进校园"等政府部门主导的活动外，还需要探索可以持续地传播体操文化、培育体操人口的道路，即让体操走上真正的社会化和市场化道路。另外，积极探索和创新商业化运营模式，体操项目协会要系统性学习和借鉴国内非奥项目协会的生存和发展模式以及国外各个运动项目协会的市场化、商业化发展道路，积极创新相关举措，早日走上"自负盈亏、自谋出路、自主运营"的道路。

## 二、英国竞技体操崛起的经验及启示

### （一）英国竞技体操迅速崛起的经验

#### 1. 层次分明，系统全面的管理体制

英国是由多个联邦成员国组成的联邦王国，世界上第 1 个俱乐部——"乔治俱乐部"就诞生在此，同时也是欧洲体育职业化较早推行、体育管理较为成熟的国家。英国在体育领域里，项目都是由社会化的俱乐部或协会来运作，体育社会化程度高，国家负责顶层设计，在政策上给予帮助、引导和管理。在赛事中，英国有的以联合王国的形式参赛，有的以各组成国形式参赛，所以英国在管理结构上分为英国体育理事会和 4 个组成国的体育理事会，5 个理事会都为竞技体育投资和提供服务。英联邦和 4 个组成国的体育理事会为避免工作的重复，确保各部门之间工作的良好衔接，在竞技体育运作的基础发展、运动员的选材和发展、高水平计划以及体育赛事战略等方面都相互协作，制订了一站式体育计划。英国体育组织结构可以分为 4 个层次：第 1 个层次为体育政府部门，如设立文化媒体体育部统一管理英国全国的体育工作；第 2 个层次是非政府性质的公共体育组织，如大英体育局和英格兰体委；第 3 个层次是各企业和营利性组织的私人部门；第 4 个层次是活跃于各种赛事和健身活动中的各阶层的志愿者。

#### 2. 众多比赛构成的比赛体制

英国除了积极参加奥运会、体操世界锦标赛、世界体操节和欧洲锦标赛等国际比赛外，还积极组织各种水平和层次的运动员参加本国的体操比赛，如英联邦运动会、英国冠军系列赛、有氧体操锦标赛、韵律体操和杂技体操英国锦标赛、团体体操锦标赛等系列比赛，相较于我国体操运动员年平均 2 ～ 3 次的比赛机会，显而易见，英国的体操赛事更丰富。英国众多比赛的举办为国内体

操运动员提供了锻炼和提升的机会，以赛代练，为国际赛事做了充分的准备，不断完善着英国的比赛体制，也为国际赛事体制的完善提供了借鉴。

3. 目标明确的选拔体制

英国的体育项目基本上都是由协会组织和训练的，运动员的选拔和训练都由协会来安排，国家只负责根据夺牌的可能性来拨款和制订中长期的发展规划。同大部分国家不太一样的是，为了备战奥运会，英国各个运动协会都设有选材机构，这个选材机构的责任和任务就是发现苗子、引入合适的教练和制订训练计划等一切可能夺标的制度。

参与奥运会的运动员的选拔需要经过以下几个步骤：首先，要在距奥运会 8 ～ 10 年前开始着手发现和选拔适合项目条件的人才进行培养，确定 14 ～ 16 岁奥林匹克天才运动员进行训练；其次，距奥运会 4 ～ 6 年前对遴选出有发展潜力的运动员进行系统培养，确定 16 ～ 18 岁奥林匹克运动员并集中训练；再次，距奥运会 4 年时挑选有潜力登上领奖台的运动员进行重点培养，确定 18 ～ 23 岁职业运动员；最后，确定奥林匹克领奖台层级运动员，所有的经费由基金支付。选拔运动员主要通过当地青少年比赛、英联邦比赛、欧洲青少年比赛、世界级比赛几个层次进行考察。

英国体操具有系统的、全面的以奥运为中心的运动员选拔制度，根据英国体操官网上所记述的可大致分为以下几个环节：

①在英国的中小学便设有体操课程，通过国家、协会的大力宣传，拓宽人才选拔渠道，教练员负责去选拔优秀的体操运动员苗子；

②在所选拔的运动员中再进行筛选，进入专门的训练基地进行精英化训练；

③让水平相对较高的运动员参加比赛，同时积极支持优秀运动员的子女后代从事体操行业；

④将优秀的体操健将纳入培养世界一流运动员的方案中，让其参加世界级比赛，以取得优异成绩。

### （二）对我国体操发展的启示

1. 加强政策顶层引导，落实方针政策

英国的体育项目以俱乐部、协会等形式开展，国家负责拨款和政策上的帮助，国家博彩基金根据每个项目每个阶段（特别是奥运周期）夺金夺牌的可能性进行资助，这样就对各项目产生了督促和激励作用。我国是举国体制，国家统一部署，没有充分利用社会资源，发展体操所需要的资源基本上都来自国家财政。需要进一步加强顶层设计和引导，各级管理部门实打实落实每一项方针政策，适当地放宽社会体育自我管理的限度，让体育在社会市场经济范围内快速成长；同时，制订一系列相关政策方针，从政策制度上保障和落实每个运动员都具有学习科学文化知识的权利，积极鼓励优秀退役运动员接受科学文化水平教育和社会服务，弥补运动员训练期间缺少的文化知识，解决运动员退役后的就业问题，为运动员谋福利，为社会谋福利。

2. 管理体制从“单一化”向“多元化”转变，充分利用社会资源

英国竞技体育管理采用的是“协会化”“学校化”和“俱乐部化”相结合的培养模式，中小学与社会青少年可以在同一个场所进行学习和训练，为英国提供了雄厚的人才培养基础，因此也形成了竞技体育人才的金字塔结构。我国虽然也设立了单项体育协会，但长期沿用的仍是20世纪采用的举国体制，由国家统一制订方针政策，国家统一拨款，国家统一集训和组织参赛，评价机制单一。加之我国经济快速发展，人民生活水平提高，社会发展多元化，独生子女政策等，家长不愿意像先前那样让孩子从事艰苦的训练。在此环境下，我国竞技体操乃至整个竞技体育的群众基础小，后备人才不足，为数不多的青少年接受单一的专业化训练，形成了瘦小的锥子型，或称“烟囱型”人才结构。因此需要进一步结合我国国情，从实际出发，由单一化向国家和协会、社团、俱乐部等相结合的社会多元化转变，扩大体育群众基础，增强竞技人才后备力量。同时，需要加强社会体育管理制度创新，实现政策制订与执行的分离；积极支持发展非营利性体育组织和社区体育组织；加强政府、企业与非营利性组织的多元合作，支持地方体育组织的横向发展；完善政府主导下的绩效评价机制，推进体育体制改革。

3. 建立加强体教结合，解决学训矛盾的人才培养体系

英国的竞技体育训练大致分为四个阶段，从最初的增强运动兴趣开始，到最后激发运动员求胜欲望，每一步都遵循了运动员自身的身心特点。英国注重体教结合，将学校的学生和社会人相结合；注重体育人才的良性循环，鼓励退役的优秀运动员从事教练员工作，更好地为国家、社会服务；注重人才体系的合理性，金字塔的人才体系为今后取得优异成绩奠定了坚实基础。我国长期坚持的是“思想一盘棋，组织一条龙，训练一贯制”的训练思想，包括以体育传统学校和中小学运动队为代表的初级训练形式，以体育运动学校和业余运动体

校为代表的中级训练形式，以国家集训队和各省专业队为代表的高级训练形式，建立了一种相互衔接、层次选拔的集中训练体制。在长期的单一集中训练过程中，忽视了运动员专业技能理论和文化的学习以及心理训练和运动指导的培养，使得学、训问题比较突出。因此我国需要进一步突出训练的科学性，从运动员的生长发育特点出发，进一步遵循生长、教育规律，把握好每个阶段运动员的身心特点，促使运动员的心理产生“要我练”向“我要练”的转变，为运动员的运动寿命和未来健康生活打下基础；同时也要创新训练体制和方法，注重解决学、训矛盾，拓宽群众基础。需要进一步落实体教结合的精神要领，多向英美等国家学习，完善人才培养体系，增强竞技体育竞争力；进一步突出学校体育的重要性，加强文化知识的培养，解决学、训矛盾；进一步推进社会体育、社区体育的建设和发展，拓宽体育群众基础，增强后备人才实力。同时，增强体育人才在社会层面的“循环再利用”，充分发挥退役运动员的“余热”，为社会造福。

## 第五节　我国竞技体操发展现状与思考

### 一、发展现状

我国竞技体操的发展模式在改变，即在原有的“三级模式”基础上发展为“四级模式”：第一级是竞技体操国家队，是奥运争光的主力军；第二级是现有的各省市体操队，是国家队的主要后援；第三级是现存的省市体操学校及逐渐发展起来的高水平体操俱乐部，是主要的高水平后备人才基地；第四级是校园体操和快乐体操俱乐部，是推广普及体操、扩大体操人口的基础工程，也是体操项目增强学生体质的基本平台。

### 二、我国竞技体操保持领先与再续辉煌的策略思考

#### （一）让体操运动回归学校，是竞技体操领先与再续辉煌的新基石

传统的三级训练模式的解体，是我国竞技体育发展的一个新特点。在长期依赖业余体校、省市专业队和国家队的大背景下，人才培养模式无法满足竞技体操后备人才培养的需求，新的人才培养模式必然回归到学校体育教育之中。因此，我们提出“让体操运动回归学校，才是保证我国竞技体操领先与再续辉

煌的新基石”的理论预设之一。

对于体操运动在学校体育教育中地位的滑坡，我们绝不能持熟视无睹的态度。近年来，学校体育教育安全问题频发，不能简单地归罪于体操项目本身，而应挖掘深层的原因，其中来自社会、家庭、家长以及学校领导、体育教师等教育领域相关角色群体对体操运动的错误认知和偏见是不容忽视的重要原因。与20世纪20年代发生在美国的所谓的第四次“学校体操论争”有极其相似的一面，我国自1982年颁布《国家体育锻炼标准》取缔体操考核和评价后，我国在校学生的体质水平持续下降。尽管这一结果是否与学校体操被取缔有正相关的内在因果关系尚未确定，但从美国第四次“学校体操论争”的结果来看，体操运动回归学校教育之中，无疑对于学生体质水平的提高，以及竞技体操后备人才的培养，都是一件利大于弊的事情。

美国学校体操在经过四次争论后，体操教育再次进入学校体育教育和美国的全民健身活动中，并要求将其作为一种快速增强体质的体育运动在群众体育中迅速普及开展起来。美国体操经过历史上的四次论争之后，得到前所未有的发展，其参训人数、场地设施等不断壮大和完善，应该说对我国竞技体操的当代发展，具有一定的示范作用和价值。

基于对体操运动价值的认识的提高，国家教育最高行政主管部门在对学校体育项目的选择上，再一次将“体操项目”列为学校体育项目的7个项目之一。这种在国家“顶层设计”层面中，凸显体操价值和地位的做法，无疑会对改变竞技体操后备人才匮乏的现状产生良好的正面促进作用。

让竞技体操后备人才的培养重新回到学校教育之中，面向全体学生。唯有如此，我国竞技体操后备人才的培养、竞技体操辉煌的再续和可持续发展，才会更加丰盈，才会更加充满底气，因为对于竞技体育而言，参与人数的基数越大，项目发展的根基就越稳，底气就越足，这早已成为竞技体育发展的真理。

### （二）让媒体正面宣传体操，是竞技体操普及与提高相对接的桥梁

现在是一个媒体影响最为广泛且深远的时代，从来没有一个时代，媒体像现在这样重要。媒体对于文化的传播，特别是大众文化的传播具有非常重要的决定性作用，甚至到了媒体控制文化的地步。我国竞技体操发展所面临的人才匮乏问题，媒体在其中起到了不可推卸的推波助澜的作用，因为长期的对竞技体操的负面报道，已经深深地刺痛了竞技体操本就瘦弱甚至是弱不禁风的躯体。对竞技体操训练过程的“残酷性”报道，对竞技体操运动员退役后“生活窘境”

的报道，对运动员受伤后所面临的“生存困境”的追踪报道，都已让人形成体操媒体宣传与舆论导向是影响我国体操普及推广的最重要因素的共识。因此，我们提出“让媒体正面宣传体操，是竞技体操普及与提高相对接的桥梁”的理论预设之二。

对于媒体关于体操的报道，我们不反对报道和宣传推介的过程中有不同声音的存在，但我们不赞同那些一味地持负面态度的体操报道和宣传。这一点，应该说是与新闻舆论工作所倡导的精神是相悖的。尽管新闻报道要有问题意识，但问题意识不是只报道黑暗、负面，看不到光明、正面。虽然报道的一些问题是真实存在的，但如果只报道这些问题，那只是部分真实或局部真实。一叶障目，不见泰山；攻其一点，不及其余。某一叶、某一点可能是真实的，但在总体上却背离了真实性。现在看来，在过往的竞技体操报道中，很多文章的撰稿人也许就是站在这样的立场和视角坐标中，看待、评价甚至是诋毁竞技体操。猎奇不是媒体获胜的绝对法宝，肆意地批判不是赚取眼球的唯一途径，以点概面更不是媒体人应该使用的手段。社会进步和发展需要从媒体中获得“正能量”，摆脱我国竞技体操的困境，同样需要各种媒体正能量的促进和引导。

固然，竞技体操由于其运动项目特点的独特性，相较于其他竞技体育项目而言，会存在着这样那样的问题，但竞技体操对于人的培养和人的全面发展，的确具有其他体育项目无法比拟的文化优势。这些文化上的优势，应该在媒体人的心灵深处留下烙印。通过正面报道，激发青少年对体操项目的热爱和兴趣，引导社会大众走近竞技体操，加深民众对竞技体操运动价值的认知，增加竞技体操直接参与和间接参与的人口数量，应该是媒体、媒体人的责任、义务和使命。

大众传媒和体育项目推广紧密相连，大众传媒的传播，能够使体育项目更好地在人群中形成关注点与兴奋点，调动和提高大众的积极性和参与度，传播效果事半功倍，这已成为运动项目快速发展的一条铁律，所以，我们在传播和推广竞技体操的实践过程中，加强与媒体的合作，是我们必须要坚持的方法和策略。

### （三）推行互联网＋竞技体操，是打开竞技体操封闭大门的有效方式

众所周知，由于我国竞技体育发展长期以来坚持“举国体制”和“奥运争光计划”，在一定程度上形成了竞技体育的“长尾模式”和“长尾效应”，也使部分“金牌项目”长期处于一种封闭发展的状态之中，除竞技体操外，还包括举重、蹦床、跳水、射击等项目。基层训练体系的逐步解体、学校体操教育

的空洞、大众参与人数的减少，都正在给竞技体操标上“长尾模式”和“长尾效应”的运动项目标签。无人问津的竞技体操发展问题，可以说已经深刻并深远地制约着竞技体操运动的发展。所以，我们要尽快打破这种僵局，让竞技体操重新回到大众视野，回到学校教育之中，回到促进人全面发展的真实轨道中来。因此，我们提出“推行互联网＋竞技体操，是打开竞技体操封闭大门的有效方式”的理论预设之三。

在“互联网＋”时代，互联网的触角无处不在，正在改变或已改变了人们的生活习惯、生活方式和生活理念。正是在这种极速的社会变迁中，“互联网＋体育”的呼声和行动，表现出越来越迫切、越来越必要和越来越势不可挡的态势，“互联网＋体育”也因此成为时下最为时尚的词语和行动实践，一种便捷的体育生活模式正在逐渐融入普通大众的日常生活，也正在改变着传统体育的诸多模式。这些改变，只有一个原因，那就是“互联网＋体育”的融合与发展。我国竞技体操要想实现从封闭走向开放，从满足少数人的需求扩张回归到大众的视野之中，借助互联网的平台，是最佳的选择和大势所趋。

在人人拥抱互联网的时代，如果竞技体操运动对此仍熟视无睹，不去呵护和挖掘竞技体操与互联网思维之间存在着的天然联系路径，仍坚守其“自命清高”的“金牌项目”身份，丧失“互联网＋”的发展机遇，也只能承受其孤芳自赏的痛苦。体操运动不能孤芳自赏，从体育运动产生之初，体操就凭借其关乎人的美丽、关乎人的强大、关乎人的挫折培养等一系列独特的优势，被誉为“体育运动之父”。

因此，在实现“中国梦”的实践过程中，在实现“文化惠民”全面建构新的体育公共服务体系的进程中，发挥体操运动独特的价值和功能，彰显体操作为体育运动之父对于人类的意义，打开竞技体操封闭的大门，让体操运动重新回到大众文化生活之中，唯“互联网＋竞技体操”才是我们应该选择的最对的、最好的和最佳的实践路径和策略。

### （四）体操赛事产业化，是竞技体操摆脱生存困境的重要手段

文化产业化的发展正在成为这个时代中国社会发展的最强音符。在努力实现传统文化让收藏在禁宫里的文物、陈列在广阔大地上的遗产、书写在古籍里的文字都活跃起来的当下，虽然复兴和激活传统文化是我们的义务和使命，但拯救鲜活的文化形态，也是我们的当务之急和任务。竞技体操孤芳自赏必然导致其黯然失色，让竞技体操重新回到大众的视野，是我们对现代体育文化的捍

卫，也是对“体育运动之父——竞技体操”价值的肯定和认同，再也不能躺在计划经济的摇篮里，安享“举国体制”和“奥运争光计划”带来的福祉。因此，我们提出“体操赛事产业化，是竞技体操摆脱生存困境的重要手段”的理论预设之四。

目前政府行政部门管理竞赛的同时还要办竞赛的组织方式已经不能适应市场经济体制下搞活竞赛产业的需求，对于竞赛有形和无形资产的开发不利，必须逐步完善，才能满足新阶段的竞赛改革的需求。

体育事业的发展不走产业化、市场化道路，一定会受到客观规律的制约，从而影响其本身的发展和繁荣。竞技体操所面临的发展困境，与其市场化程度不高，甚至根本没有进行产业化与市场化开发有直接的关系。因此，要实现我国竞技体操的可持续发展，走产业化和市场化发展道路也就成为必然。

中国体育不能没有竞技体操，竞技体操不能固守阳春白雪的孤傲。要走文化产业化的发展道路，要下大决心去开发竞技体操运动的文化资源，并努力实现对资源的高效利用。从赛事的主体性出发，建构起“多元化”的赛事体系；从教育的价值出发，拓展其对“人全面发展”的价值体系；从艺术的审美出发，开发其作为“艺术魅力”的功能体系；从健康的需求出发，强化其促进人的“身心一统”的作用体系等。在这种资源化挖掘和资源化开发过程中，在践行创新性发展和创造性转化的社会发展总体目标下，赋予竞技体操运动时代内涵和现代表达形式，激活其生命力。积极培育多元化的市场主体，完善社会力量参与竞技体操的体制机制，实现竞技体操的投资主体多元化、经营模式多样化，实现竞技体操从走体育事业化道路向走产业化道路的根本性转变。

基于我国文化大发展、大繁荣，体育产业大发展的社会背景，探讨竞技体操的发展问题，走文化产业化发展之路无疑是一条阳光且正确的康庄大道。让竞技体操的发展搭乘文化产业发展的快车，激活其丰富的文化资源，展示竞技体操更多的社会价值，是最佳选择。

# 第二章　竞技体操器械分析

## 第一节　体育器械概述

体育器械是应用于体育比赛以及健身锻炼中的设施、装备以及用品等。随着人们健康意识的不断提高，体育运动逐渐走向大众化、生活化，这对体育器械的发展提出了更高的要求。新兴体育项目的出现，加强了体育器械和体育运动之间的相互联系。性能稳定、质量优良和安全可靠的体育器械不仅能激发大众的体育兴趣，同时能在一定程度上提高人们的运动水平。

进行体育锻炼和健身运动离不开物质条件，而体育器械就是重要的物质条件之一。利用体育器械能提高人们的身体协调性和灵活性，增强肌肉的力量，同时有助于人们坚强意志的培养。利用体育器械能使人们得到多方面的锻炼和培养，可以说体育器械是体育运动中不可或缺的关键元素。

## 第二节　竞技体操器械的安全使用

尽管体操的某些动作产生于远古时代，但真正意义上的竞技体操运动，男子是在 1936 年第 11 届奥运会上，女子是在 1952 年第 15 届奥运会上才被确定下来。然而，就在这短短的半个多世纪中，竞技体操运动得到了飞速发展。体操的动作技术因其开拓性、独创性和科学性而日新月异；体操的动作难度指向复杂化、惊险化和高难化而日益发展。现代体操运动的上述特点，必然对体操器械的发展更新和安全使用提出越来越高的要求。但是，在实际工作中人们往往更多地关注前者而对后者研究得不多。其实，安全地使用体操器械，不仅关系到运动员成绩的提高，而且直接关系到运动员的身心健康与人身安全，不容忽视。

## 一、现代竞技体操对体操器械提出的特定要求

要想安全地使用体操器械，首先必须了解现代竞技体操对器械提出的特定要求，只有使体操器械满足这些特定要求，才能进一步讨论安全使用问题。我们可将现代竞技体操对器械提出的特定要求归纳如下：

第一，为了保证运动员能够安全、顺利地完成动作，体操的地面器械（如自由体操场地板等）必须柔软而富有弹性；体操的空间器械（如吊环与各种杠子等）则必须舒适而坚固牢靠。

第二，由于高难复杂的体操动作必须借助体操器械给予运动员外力，所以自由体操场地板、助跳板、跳马马面以及各种杠子的杠面，必须具备恰到好处的弹性；而平衡木的木面则应具备良好的缓冲性与防滑性，各种落地垫应具备可靠的缓震性与适宜的软硬度。

第三，由于体操规则允许某些器械（如鞍马、双杠和高低杠等）的宽窄度在一定范围内可由运动员任意调节，所以，要求与此相关的体操器械应保持灵活的可调性。

第四，由于竞技体操动作的难度越来越大，所以，为了为运动员学习复杂的高难度动作创造条件，在体操练习馆中还设置了大量辅助性器材，如训练性器材有倒立架、低器械、专项练习器材等，保护性器材有保护架、保护台等。必须在明确与强化各种辅助器械的特定用途的基础上，对其进行专门的维护与保养，才能安全地使用这些器械。

第五，为了适应体操训练早期专门化的需要，必须为少儿运动员设置少儿型体操器械，如少儿型双杠、鞍马和山羊等。根据少儿型器械的特定要求来进行维护与保养，是安全使用的前提。

第六，现代竞技体操运动技术在日新月异发展的同时，也对体操器械的更新提出了越来越高的要求。因此，体操器械在其材质、设计、结构、性能与造型等方面也处于不断的改进与更新中，其速度之快是其他体育项目所不能及的。因此，与时俱进地及时了解、熟悉、掌握与维护新器械的特点与性能，同样也是安全使用它们的前提。

## 二、竞技体操器械的安全使用系统

我们不能将竞技体操器械的安全使用单纯地看成器械的维护与保养工作，而应将其视为一个系统。在安全使用系统中，任何一个局部环节出现问题，都可能影响整个系统的功能，从而发生安全事故。因此，应在整个系统安全的高

度来认识器械的维护与保养工作。

### （一）安全使用档案的系统核心地位

安全使用档案是安全使用系统中的核心环节，此环节指导与制约着“维护与保养”“检测”和“更换”3个环节的工作，而该3个环节的操作情况，又及时向“安全使用档案”反馈，从而由核心环节改进指令后再向下属环节发放，如此不断循环，构成了体操器械安全使用系统的正常运行机制。

#### 1. 安全期档案的作用

安全期档案是指各种器械必须规定其“安全使用期”，并将各种正在使用的器械的“安全使用期”一一记录在册。这一工作往往被人疏忽，致使许多早已过了安全期的器械仍被使用而酿成事故。

#### 2. 维护与保养档案的作用

维护与保养对于安全使用器械的作用是不需要赘言的，问题是有些人往往只愿做维护与保养工作而不想建档，嫌麻烦，这就使定期的维护与保养无从检查，当发现问题后再匆匆前去进行维护和保养就显得十分被动，极易产生后遗症。

#### 3. 检测档案的作用

检测档案是指定期或不定期地以仪器或检测者的经验，对器械进行检测后对其检测结果所做的记载，检测档案更易被人忽视，因为检测工作本身就常常被人忽视，更谈不上建立检测档案了。其实，检测档案十分重要，检测档案可使许多问题在“苗头”阶段得到及时解决。

#### 4. 更换档案的作用

更换档案是指体操器械更换时所做的时间与情况记载，只有首先建立更换档案，才能将体操器械控制在安全期内使用，防止器械的“超期服役”而酿成事故。

#### 5. 安全文献的作用

安全文献是指以收集本队或本馆的安全文献为主，同时兼收国内外同行在历史上有关安全使用问题的事件、事故、经验、教训、安全数据以及发展动态等方面的文献与信息。安全文献为当前的安全操作提供了历史的佐证与相关的借鉴。

### （二）维护与保养是基本环节

维护与保养是器械安全使用系统最基本的环节，维护与保养工作最经常、最琐碎、最繁杂，因而必须高度重视，持之以恒地进行。

1. 常规维护与保养的作用

常规维护与保养是最基本的维护与保养工作，它包括“固紧”“润滑”“校正”“除锈”“除尘”和“除杂物”等内容。“固紧”是指对钢丝拉索的松紧度、场地地板拼接缝隙的扣紧度、螺栓固定的紧合度以及跳马固定铁链的拉紧度等所做的检查与调整。“润滑”是指对器械中执行升降与宽窄自由调整功能的部件所做的常规润滑。“校正”是指对器械的整体方位、立柱的垂直度、龙门架的水平度以及吊环环高与杠高的平齐度进行检查与修正，即便是安装得非常标准的器械，由于运动员反复使用，也可能使正常的器械出现局部或整体的偏向式移动变化，所以校正是常规维护与保养的重要工作之一。除此之外，除锈、除尘与除杂物等维修与保养工作对于器械的性能、寿命与外观都有良好的作用。

2. 特殊维护与保养的作用

基于竞技体操的特点，除了要对体操器械进行常规维护与保养外，对有些体操器械或器械的局部还要进行特殊维护与保养。例如，固紧在预埋件地钩上的钢丝拉索并不宜常年日夜拉紧，而要在不使用时定期地“调松”，从而让钢丝、铁链等固紧件“减负”休整，以延长其使用寿命；对于鞍马马面的皮革，不能用常规的皮革油进行保养，因为皮革油浸润后马面易打滑，可能会导致运动员失手，故保养鞍马等皮革面时只能用干爽的抹布轻擦；双杠、高低杠等的升降、宽窄调节装置，不能用大量的润滑油涂抹润滑，特别是该装置的裸露部分，若有润滑油外泄则容易通过间接渠道污染杠面，从而造成运动员失手，因此，对该部件进行润滑保养后，还必须将裸露部分的油渍擦净。这些都是较为特殊的维护与保养方法。

无论是常规维护与保养还是特殊维护与保养，其操作都可分为定期与随机两类。“定期”是一种制度，是根据安全使用器械的常识与常规而制订的具有定时性和经常性的维护与保养制度；“随机”则是指对于“捕捉”到的相关体操器械使用中出现的“新情况”进行的即刻维护与保养，这是及时排除隐患的良方。

### （三）检测解决器械内部的问题

检测不同于维护与保养，尽管维护与保养也有及时发现问题与解决问题的功能，但维护与保养的着眼点大都在于器械的外部特征，因而解决的大都是器械的外部问题，而检测则是通过专门的仪器或凭借检测者的经验，对器械的内部结构与性能进行检查的过程，所以检测解决的问题大都是器械内部的问题。

1. 仪器检测的作用

仪器检测是指利用专门的仪器对器械的内部结构及其性能进行专门检测，如使用游标卡尺检查杠面外径的磨损程度，使用红外线检测器检测单杠杠面内部的气泡、裂纹与金属疲劳程度等。虽然目前在体操场馆中使用仪器检测手段还很不普遍，但其所产生的特殊作用则值得重视，尤其是通过红外线检测单杠杠面与铁链连接处，可以及早发出“断扛”与“断链”的预警信号。

2. 经验检测的作用

在仪器检测还不够普及的情况下，经验检测可以弥补很多方面的不足。经验检测是指汇集自身与他人经验的检测者，以感官的感知觉为主要手段进行的“黑箱式”检测。经验检测要求检测者善于“捕捉”与“分析”看似寻常的信息，发现有关器械内部结构与性能可能存在的隐患。例如，发现钢丝拉索上的一个小小的“毛刺”，便知此钢丝已有部分断裂，提醒及时更换此拉索；细查中发现铁链变形，便知受力过度有断链的危险，必须立即更换铁链；观察到运动员在做单杠练习时单杠杠面出现异常的挠性变化，便知是断杠的前兆等。

不管是仪器检测还是经验检测，都可分为定期检测与随机检测两类。定期检测是不言而喻的，在这里要重点说一下随机检测，特别是随机经验检测。随机经验检测具有机动性、即时性、简易性以及实效性等特点，体现出了非常明显的实用价值。

## 三、“更换”的特殊意义

更换指局部或整体地换下旧器械，随即局部性或整体性地安装好新器械。在实际工作中，以新器械淘汰旧器械时出现“更换”，以竞赛规程中指定型号的器械置换正在使用的非指定型号的器械也出现“更换”，但这都是一般意义上的更换。在竞技体操器械安全使用系统中，“更换”是有特殊意义的。它不仅是一般意义上的“弃旧更新”，或以“时令器械替代过季器械”，安全使用系统中的更换主要是指为实现安全使用系统总体功能而进行的特定更换。例如，当器械的局部或整体到了安全期的期限后，尽管看上去还很新，而且还能继续使用，但还是必须进行局部或整体的更换。所谓安全期，是指根据理论计算与实践使用数据相权衡后对体操器械的局部或整体所做的确保安全使用的时值限定。

### （一）安全期到期更换

安全期到期更换是一项既定的安全制度，必须严格执行，而且更换档案记载也必须翔实、及时，这样才能参照安全期档案所示安全期限，及时对体操器械进行安全期到期更换。

### （二）安全期期中更换

由于在安全期制订过程中存在不可避免的局限性，或者同一型号器械材质存在“个体差异”，以及使用不当等因素，难免会有体操器械在安全期的期中便出现异常情况。在对此情况进行及时检测后，若有必要就需要进行器材局部或整体的安全期期中更换，同时要将此情况反馈记入安全期档案与更换档案之中。

## 四、竞技体操器械安全使用系统的运行

竞技体操器械的安全使用远不是“紧紧螺丝加加油”的常规护养工作就能奏效的，它关联到多方面的维护措施。因此，把体操器械的安全使用作为“由若干相互联系、相互作用的要素所组成的具有特定功能的有机整体”来进行研究，这便是系统。在这个系统中，安全使用档案处于系统中核心环节的地位，维护与保养、检测和更换是这个系统中的 3 个基本环节，这 3 个基本环节既按照核心环节的指令执行各自的环节功能，同时又将执行功能中出现的效果信息返回核心环节，并对核心环节指令的再输出发生影响，这便是系统的反馈。竞技体操器械安全使用系统通过核心环节对基本环节发出指令，基本环节又将执行指令时出现的效果信息反馈给核心环节，核心环节将反馈的信息处理后形成新的指令再向基本环节发放，从而构成了竞技体操安全使用系统的动态运行。

笔者将竞技体操的安全使用作为一个系统来进行讨论还是初次尝试，系统的建立还很不全面，有待在进一步讨论研究中逐步完善。总之，随着现代竞技体操运动的飞速发展，竞技体操器械的安全使用也将成为整个现代体操训练和比赛中一个不容忽视的问题。

# 第三节　竞技体操器械演变特征研究

## 一、竞技体操特征分析

### （一）竞争性特征

竞技体操在发展过程中永远充满着竞争，竞争是竞技体操最显著的特征。当今国际竞技体操比赛已不仅局限于运动员体力和技术上的比拼，它已上升为国与国之间综合实力的较量，竞技体操发展水平在很大程度上彰显着一个国家的科学技术、文化发展的水平。

### （二）规范性特征

无规矩不成方圆，国际体操评分规则是体操竞赛相关人员的行为准则，是各级官员解决矛盾、处理赛事纷争和裁判员评分的依据。其主要目的是为竞技体操比赛提供客观的评判标准，确保在每次比赛中可以使最优秀的运动员、教练员能清楚地被分辨出来；把比赛中经常需要的有关技术和规则方面的信息提供给裁判员、教练员和运动员。自 1949 年世界上第一部体操竞赛评分规则诞生以来，体操规则就不断地变化、发展着，作为竞技体操比赛评判标准的评分规则，它深刻地指导并影响着竞技体操运动的前进方向，也影响着竞技体操的诸多方面。每次技术的发展、创新以及器械的改变，都是在竞赛规则的指导向下进行的，规则作为一根指挥棒，引导着竞技体操不断向前发展。

### （三）创新性特征

世界体操运动的发展包括竞技体操规则的演变、技术的发展以及器械的改变。任何一个运动队、运动员，在竞技体操比赛中，要想取得好成绩，必须有创新性高难度动作。因此，体操运动中的动作创新及推广方式，很大程度上影响着体操技术的发展趋势。竞技体操竞赛规则作为约束性文件，只是对具体某一时期、某一竞赛项目规范性的约定性概括，它必须跟随体操运动技术的发展而不断修改，以提出新要求、规范新动作。因此，竞赛规则的改变由技术发展创新的客观存在来决定；而竞赛规则又对竞技体操实践运动具有反作用。体操技术的创新，运动员表现能力的提高，对竞技体操场地器械提出新的要求；器械的合理更新，又促进动作技术快速发展。可见，竞技体操规则、技术、器械三者相互影响，共同进步。

### （四）审美性特征

竞技体操运动作为一项高水平、美感性强的难美项群运动项目，从力中求美、稳中求美、难中求美、新中求美、连接中求美是它始终追求的目标。“美”贯穿于竞技体操每个动作与每套动作之中。竞技体操的美绝非文学艺术性的美，它是在人体的表现力与创造力中寻求美。运动员通过一套富于美感、高难、新颖的动作，将人的肢体美最大限度地展现给观众，是运动员动作姿势、力量、速度、节奏、幅度等因素协调配合的变化组合。在竞技体操中，教练员创造美、运动员表现美、裁判员评判美、观众欣赏美，这种美是由人工设计的，它是根据每个运动员的身体特点，在不断挖掘人体最大潜能的过程中，将舞蹈动作通过人体的线性运动、翻腾、跳跃、旋转等形式表现出来。美是竞技体操的灵魂，是竞技体操强大的生命力。

## 二、竞技体操器械演变分析

### （一）跳马器械演变分析

#### 1. 起步阶段跳马器械分析

跳马的起源可以追溯到公元 400 年前后，在罗马帝国的末期，奴隶社会逐步开始解体，战争相当频繁，统治者因为军事需要十分重视骑术训练。他们开始时采用形态像真马的木制马，对战士进行模拟性训练。而到了中世纪时，欧洲的骑士之风日益盛行，骑士都以能掌握体操、辩论、算学、音乐、几何、修辞、天文这 7 种技能为荣。在这其中，体操又以能熟练驾驭在当时最主要的交通工具“马”为核心。基于此，出现了不少骑术教师与专门论述跳马动作的著作。那时的骑士练习跨上、跳下以及跳过木马等动作，可以算是现代跳马运动的萌芽。德国体操学派系统的创始人杨最初把跳马由军事训练逐步发展成一种体育锻炼法并在民间流行。他曾在 1812 年，于柏林城外的某体操训练场上通过去头斩尾的木制鞍马来训练学员。1820 年，在瑞典体操学派伟大创始人林的指挥下，体操馆内除设置 3 匹酷似活马造型的木制马外，还增设了山羊、跳箱等器械辅助进行健身训练。1836 年，德国体操家施皮斯举办的学校体操节第一次将该项目列为竞技比赛项目。但是跳马第一次真正作为竞技体操项目出现，是在 1877 年德国的体操竞赛当中。当时助跑的规定只有 6 步，手部可撑掌 1 ～ 2 次，并且允许人从马的正面或侧面越过（这就是最早的竞赛记载）。

跳马真正被列为世界大赛项目，是 1896 年在雅典举办的第一届奥运会上。

当时奥运会使用的是高1.30米的横跳马，且只允许男子参加，德国运动员克·舒曼获得了第一个世界跳马冠军。此后的历届世界大赛中，跳马作为一个比赛项目，则是处于时有时无的状态，直到1934年，布达佩斯举办的第10届世界体操锦标赛上，才最终被确定下来。当时使用的器械是纵马，高度为1.20米，长度为1.80米，助跳板是前高10厘米的斜形状木板。1928年于阿姆斯特丹举办的第九届奥运会首次出现了女子竞技体操，但是1932年举行的第10届奥运会又把女子项目排除，到1936年在柏林举行的第11届奥运会才再次出现女子团体赛，但女子的横跳马比赛尚未完善，支撑跳跃这些特点还未完全形成。直到1952年在赫尔辛基举行的第15届奥运会，才算正式形成了把横跳马等包含在内的现代女子竞技体操比赛项目，当时马高为1.10米。从1975年起，女子跳马高度调整为1.20米，助跳板规格更改为同男子相同，并随同变迁。

2. 跳马器械制作材质分析

标准跳马，马身为木制或铁制，内置弹性海绵或毛毯等物，用皮革包制，使马身柔软有弹性。马腿、底座和腹下拉链均为铁制。

### （二）鞍马器械演变分析

1. 起步阶段鞍马器械分析

鞍马运动起源于古罗马时代的欧洲，古希腊和古罗马人用木马来培养军士，后来逐渐变成欧洲部分达官贵人和骑士马术练习、表演和身体锻炼的一种方式。在当时鞍马与跳马为一个项目，主要针对上马、下马还有马上使用兵器以及各种跳跃等进行练习，后来逐渐发展为一种极具自身特点的体育运动。

2. 鞍马器械制作材质分析

鞍马，马身为木制或铁制框架，垫上毛毯、海绵等物，用皮革包裹而成，表面光滑；两鞍环安装方便又能调整宽窄，鞍环上面有8厘米平直部分，由于材料学的发展，现在的鞍环为胶合木环或吸湿的硬质塑料环，两鞍环之间距离可以调节；马腿、底座和拉链均为铁制，马腿可升降。

### （三）单杠器械演变分析

1. 起步阶段单杠器械分析

单杠项目的起源可以追溯到近100万年之前的原始人时代。他们在丛林中的生存技巧，如攀登、摆动、爬越等行为在当时只是一种实用的生存技能，并不是为了体育锻炼，伴随社会的进化，才逐渐演变成一种身体锻炼的方式。晋代司马彪于《庄子注》当中解释“熊经”时说“如熊攀树而自悬”，表明当时悬挂身体已经成为一种身体锻炼的手段。进入封建社会，这种体育形式与祭神赛会慢慢结合，其中的“杠子房”“杠子会”等就是运用杠子进行练习的民间专门组织，由于器材是在相互交叉的棍子上架上横杠，所以民间就有了“五根棍”的称呼。而欧洲最早出现单杠器械是在1812年。同样是杨——德国体操学派最初的创办人，受当时盛行于西欧地区的杂技表演启发，将粗为8厘米的木棍作为梁制作了一副单杠，放在位于柏林城外他亲自创办的体操场内用于健身训练。后来根据技术发展的需求，1850年时将木杠改成铁杠，单杠列入比赛项目是1862年在捷克斯洛伐克举办的体操比赛中。世界大赛中出现单杠项目，是在1896年雅典奥运会上。第一个单杠项目的世界冠军为德国运动员格·瓦英格特涅尔。

2. 单杠器械制作材质分析

单杠的材质一直未发生大的变化，横杠一般使用弹性大、不易弯曲、杠面有细小横纹、不会过于光滑的高碳钢、弹簧钢和镍铬钢制成，且不得电镀。

### （四）双杠器械演变分析

1. 起步阶段双杠器械分析

双杠作为一种体操器械，由两根相互平行的木头横杠架在4根立柱上制作而成。据传双杠器械是德国体操家杨为鞍马练习设计制作的辅助性器械。他将鞍马两端分别延长成架设于4根垂直“马腿”上的两根横杠，从而形成“双杠”。双杠器械的创制和确立都完成于德国，但在16世纪时一些欧洲国家如英国、瑞典、荷兰、法国也出现过雏形双杠。双杠最早应用在军队训练当中，后逐步在各级别学校的体育教学中出现。曾在欧洲发生的一场“体操革命”就是由双杠器械的出现引发的。当时，德国人经历了3年争论，最终德国的最高医务机关做出了“双杠有害论”的否定定论，逐步被人们接受，使体育运动中增加了双杠这种器械。双杠最初出现时，两根杠面长度仅为1米，4根立柱固定在土里。伴随双杠器械上动作练习需要的发展，器械本身也随之发展变化。到19世纪，室内体操馆出现在德国和法国，原木被固定在土里的双杠发生演变，杠面本身也从圆形演变为椭圆形以便于支撑。在20世纪初，德国首先制造了现代标准的双杠器材，它由铁底座支撑铁制立柱并能调节宽窄和升降高度。之后，为了适应双杠动作的复杂化和技术突破，对双杠提出了新的要求，就是既要杠面结实，又要富有弹性。于是在 20 世纪 40 年代美国发明了外部由木料内部由铁制作而成的横杠。

2. 双杠器械制作材质分析

双杠的横杠用麻梨木、柞木、水曲柳等木料制成，横杠内部装有弹性钢条（直径 1.0 ～ 1.2 厘米），杠面光滑富有弹性，杠的横切面为椭圆形，下设铁铸底座。由于新型材料的发现及使用，现在玻璃钢也成为制作双杠杠面的常用材料。

### （五）高低杠器械演变分析

1. 起步阶段高低杠器械分析

19 世纪末期体操盛行于欧洲，当时女运动员和男运动员一样，练习的都是平行杠，但由于女运动员身体解剖结构的因素，肩带部分力量较弱，不可能完成和男运动员一样的支撑以及挂壁动作。后来有人就把双杠其中一侧升高变为高低杠。直到 1936 年柏林第 11 奥运会，高低杠和双杠依然同时并存。当时比赛的竞赛规程要求是：规定动作必须在高低杠上完成，自选动作则可由运动员自行决定使用高低杠还是双杠来完成。到第二次世界大战前该项目仍处在不稳定阶段，第二次世界大战后，才确定高低杠为女子体操选手的专用器械。

后来经过一段时间，随着高低杠技术不断进步，原来的结构已不适合。高低杠采取了拉链式固定的办法，同时加宽了两杠之间的杠距，并且杠子的宽度可由手摇式装置调整。到了 20 世纪 70 年代，由于出现了一些大幅度的摆动动作，特别是大回环的出现，又多次调整杠距，杠面也逐步接近圆形。

2. 高低杠器械制作材质分析

随着体操运动技术的发展，以前的高低杠已经影响到运动员技术的发挥，近年来又出现一种新式高低杠。新式高低杠的特点是：两立柱间安有调整器，可以调整宽窄。有八条尼龙拉链，链上有调整松紧的装置。杠面分两种，为中间带有钢筋的木杠或玻璃钢杠，玻璃钢杠面的主体部分是空芯的。为了保证运动员的安全，在杠轴心处安装了 200 厘米长，直径 0.8 厘米的尼龙保护绳。为了栓锁尼龙绳和保证杠面的安装牢固，在玻璃钢杠面两端装有厚为 0.2 厘米，长为 10 厘米的钢管。杠面主要结构特征是：长杠面主体部分是空芯玻璃钢杠面，外加 0.10 ～ 0.15 厘米木质手感层。它比木质杠面弹性好，寿命长。

### （六）吊环器械演变分析

1. 起步阶段吊环器械分析

吊环运动最早的文献记载出现于 1842 年。当时把在一根横木上面吊着的两个裹皮的铁环称为吊环，人手抓铁环进行各种混合悬垂、支撑练习。1896 年在雅典举行的第 1 届奥运会就开始把它列入体操的比赛项目。第一个吊环冠军是希腊选手约·米特罗普洛斯。当时的比赛吊环，整个架子用木材制成，而且装饰非常豪华，吊环的横梁制成凯旋门的样式，造型非常精致。虽然只是初次比赛，但难度不低。十字支撑这样难度比较高的动作已有人能完成。

2. 吊环器械制作材质分析

吊环的圆环为胶合木质材料或合成材料，环带由皮革或类似的耐用的材料制成。环绳为钢绳，钢绳外有圆滑的合成材料制成的护套。架子为金属，拉锁为钢丝。

### （七）平衡木器械演变分析

1. 起步阶段平衡木器械分析

18 世纪，普鲁士籍教育学家巴泽多以及德国近代体育倡导者和体育先驱古茨穆茨等，都曾经安排平衡木练习并将其作为青少年的体育活动。当时的平衡木是一根一头粗一头细的光滑圆木，长度未做限制，距离木头两端定距离之处分别有两根支柱牢固支撑着，在每对支柱中间使用一根铁棍相互连接以便调节高度。各种简单动作如走、跑以及平衡还有转身等的练习是练习者在木上的主要练习动作，有针对性地锻炼练习者的自我平衡能力。后来军事训练也采用这些训练内容，以便提高战士超越障碍的能力以及平衡能力。19 世纪中叶，德国著名的体操家施皮斯倡导女子体育，在她所编著的关于体育的学校教科书中就有关于女子平衡木的训练内容。19 世纪末，女子体操在欧洲一些国家盛行。1890 年，英国、意大利、德国等国的体操俱乐部内均设有女子部，在一些拥有较好条件的女子学校中也增加了平衡木的相关练习内容。1894 年于北欧举行的体操节上，平衡木第一次出现在正式比赛项目的名单中。1936 年，在柏林举行的第 11 届奥运会上，平衡木被列为奥运会体操竞赛正式项目中的一项。

2. 平衡木器械制作材质分析

平衡木要求坚固不摇晃，面平木直，升降方便。新式包面平衡木，横木由木质材料或合金制成，特点是在木面上覆盖一层 0.2 ～ 0.3 厘米的薄地毯面，有弹性却不光滑，不易碰伤运动员。

### （八）自由体操器械演变分析

#### 1. 起步阶段自由体操器械分析

自由体操作为竞技体操的一个项目，在 1911 年第 5 届世界体操锦标赛上被列为国际体操竞技项目，动作以徒手体操、用力动作和造型动作为主。当时的比赛用地为 8 米见方的地毯，随着体操技术的快速发展，技巧翻腾动作的数量不断增加，1952 年起场地扩大为 12 米见方的地毯。

#### 2. 自由体操器械制作材质分析

当代自由体操场地使用的木板为加强的复合板材，单板下面加置弹簧或用橡胶材料制成的弹性层，单板表面有柔软舒适的保护层（如弹性橡胶涂层或高密度聚乙烯海绵），上面覆盖自由体操毯。自由体操毯由羊毛或合成纤维编制而成。

# 第三章　平衡木高级成套动作教学与实践

## 第一节　平衡木训练简介

### 一、平衡木基础知识

#### （一）项目简述

竞技体操是夏季奥运会的项目，我国一直以来在此项目上占有很大的优势。平衡木在 1952 年被列为奥运会的比赛项目。平衡木于 18 世纪时起源于德国，然后传往欧美各个国家。平衡木的木面很窄，因此在木上完成动作的过程中，客观上对运动员身体的平衡能力和控制能力有较高的要求。在当前的平衡木运动中，各种跳步、平衡、造型以及转体、翻腾动作相组合，构成了成套的完整动作。平衡木从 20 世纪 80 年代开始进入快速发展阶段。由于很多自由体操中的动作被直接或间接地应用在平衡木运动中，所以当前平衡木运动已经从原有的动静结合发展到现在的以动为主，无论是在动作还是在评判方面，都有了较大的改变。

#### （二）平衡木的特点

想要参与平衡木运动，必须拥有较强的平衡能力。平衡木作为当前女子体操项目中最能体现平衡能力的项目，有着自身鲜明的特点。标准的平衡木高 1.25 米，长 5 米，木面宽度为 10 厘米。因为木面较窄，运动员要在这么窄的木面上完成动作，所以对身体的控制能力方面有很高的要求。事实上，平衡木运动中的很多动作和自由体操中的动作有相似的地方，可是在难度系数上有很大的差别。运动员在平衡木上进行运动时，由于支撑面较小，身体重心和支撑点会随着运动员的运动而不断地变化，所以运动员要在规定的时间内稳定地完成各种跳步、平衡、转体及技巧动作是有一定难度的。运动员在做动作的时候，如果心理和技术稍有一些不稳定就会产生晃动或者直接掉木。所以，该项目要求运动员必须拥有对平衡木较强的平衡控制能力；运动员必须掌握正确的平衡木技术，让所有动作能够按合理的运动轨迹进行；运动员必须具备正确的思想方法和良好的心理素质才能保证成套动作的完成具有较高的稳定性并能取得较好的运动成绩。教练员在编排上会根据运动员在日常训练过程中表现出来的实际水平来提高动作难度，这也是平衡木项目观赏性较强的一个重要原因。奥尔加·科尔布特在1972的奥林匹克运动会上，首次在比赛中使用后空翻动作，随后一直有人因为觉得后空翻动作太过于危险而抵制该动作在赛场上出现。万幸的是这个提议没有被采纳，不然平衡木比赛将会失去其应有的光彩。

平衡木的稳定性是比赛中最为突出的问题。这里我们所说的稳定性主要是指在各种干扰条件下，人体或者其他物体保持稳定的能力。当前也有部分文献将稳定性称为稳定度。人体稳定性主要受到两方面指标的共同影响：人体静止状态下保持稳定的能力和人体动态状态下保持稳定的能力。其中，后者主要指人体在受到干扰之后，撤去影响因素保持稳定的能力。各种运动对人体的平衡性有不同的要求，通常来说，平衡能力较强的人能够更好地控制身体的平衡。在具体的竞技运动中，运动员的稳定性直接影响最终成绩。除此之外，高难度平衡动作的稳定性对体操的比赛成绩影响更大，一个稳定度很高的平衡动作的完成对于最终成绩的影响是非常大的。而人体运动中的稳定性，可以通过科学的方式方法来提高。

根据平衡木的稳定程度可将人体的平衡分为稳定平衡、有限稳定平衡、不稳定平衡和随遇稳定平衡4种。平衡木属于有限稳定平衡，因为有限平衡是指人体姿位的偏离仅在一定范围内能够恢复到原来姿位的平衡。人体重心投影落在支撑面范围内的时候是稳定的，而当重心偏离，重力线落在支撑面范围外的时候，则平衡被破坏。

根据人体重心和支撑点的位置关系，可将平衡分为上支撑平衡、下支撑平衡和混合支撑平衡3种。平衡木属于下支撑平衡，影响下支撑平衡稳定度的因素有以下几种。

### 1. 支撑面大小

这里所说的支撑面主要是指那些能够为物体提供受力支撑的接触面的面积，通常情况下，支撑面和稳定度之间的关系为支撑面面积大，稳定度就高；支撑面面积小，稳定度就低。

2. 重心高度

在支撑面不改变的时候，人体或物体的重心位置降低，稳定度就会提高；重心位置升高，稳定度就会降低。

3. 稳定角

笔者所引用的稳定角概念主要是指重心线和支撑面之间的夹角。稳定角综合地反映了支撑面积的大小、重心的高低以及重力作用线在支撑面内的相对位置这 3 个因素对稳定性的影响，可见稳定角能较好地反映人体维持平衡的状态。客观来说，稳定角和稳定度之间有着正相关关系，而且这种关系通常是具有线性特征的。对于人体下支撑平衡而言，稳定角有无数个，运动实践中通常利用平衡角来确定人体某一方向总的稳定性。平衡角等于某方位（通常是前后、左右）上两个稳定角的总和，它表示人体在这一方位上总的稳定度。

4. 稳定系数

稳定系数代表物体依靠重力抵抗平衡受破坏的能力，稳定系数大于 1 时，物体能抵抗外来倾倒力矩，平衡不被破坏；稳定系数小于 1 时，物体不能抵抗外来倾倒力矩，平衡将遭到破坏，即物体会倒翻。稳定系数 K= 稳定力矩 / 倾倒力矩。

偏离量不超过一定限度时，即重力作用线（或质心在水平面上的投影）未越出支撑面的边界，在一定限度之内，重力形成稳定力矩，可以恢复平衡姿位。若继续使人体翻倾，越过这个界限，势能便开始减小，重力矩就会变成倾倒力矩，重力矩只在一定限度内起到恢复平衡的作用。

（三）平衡木的发展简况及趋势

最原始的平衡木器械只是一根长而光滑的圆木平放在地上，后来才被架在一定高度上，用来培养青少年的平衡能力及勇敢精神。最开始主要是男子练习为主，到了 19 世纪后期，女子体操开始在欧洲的一些国家盛行。平衡木的活动开始在一些有条件的女子学校中出现，学校希望能够通过此项运动的开展为学生平衡性的提高提供必要的帮助。在此之后，平衡木开始逐步向竞技体育项目发展。平衡木于 1936 年在柏林举行奥林匹克运动会时正式被列为体操比赛项目中的一项。据日本词典记载，那时候比赛的平衡木的木面宽度只有 8 厘米。我国第一次平衡木比赛是在 1954 年大连举行的 13 城市比赛上出现的。

20 世纪 50 年代初期平衡木的动作很简单，主要由走、跑、跳、平衡、手倒立等一些静止动作组合而成。到 20 世纪 50 年代末期，成套动作出现单腿站立及坐、跪、蹲的各种转体以及向前、向后软翻、侧手翻等动作，那时候的杰出运动员是捷克斯洛伐克的鲍萨柯娃（第 16 届奥运会冠军）。20 世纪 60 年代平衡木上的动作出现了不扶手的前滚翻、后滚翻、推倒立、单臂手倒立、前手翻，同时也出现了侧空翻、前空翻等一系列难度较高的动作。从 20 世纪 70 年代开始，平衡木项目的动作难度开始快速提升，尤其是后手翻等动作，更是通过合理的组合，形成了一系列成套动作，极大地提高了平衡木项目的难度和可观赏性。最早将空翻大胆用于木上的是苏联运动员科尔布特，我国运动员则首创了一批挂串高空翻动作，如木上的侧空翻接拉拉提、侧手翻外转 90° 接团身前空翻等。在第 20 届奥林匹克运动会上，优秀体操运动员科马内奇以娴熟的高难度空翻连接、高度的稳定性和高超的表演能力，创造了该项目满分的纪录，并在比赛中获得 3 次满分，成为此项目中显赫一时的人物。

随着平衡木难度的发展与技术水平的提高，规则与器械都发生了很大的变化，如将平衡木由光木改成在木的表面覆盖一层橡胶和毛毡，增强了平衡木的弹性和软度，减轻了运动员双脚的负担，从而加快了平衡木难度的进一步发展。同时，为了鼓励高难度空翻和挂串难度动作的进一步发展，20 世纪后期平衡木的比赛规则进行了很大的改变，对于高危险性的动作和挂串动作将给予加分，因此出现了许多高危险性的空翻和挂串技巧，如平衡木上的踺子团身后空翻、踺子拉拉提、后手翻接倒插虎等。

20 世纪 80 年代中后期，为了更进一步体现平衡木中女性的特点，在成套编排特定要求中提出了相应的要求，如在完整的成套动作中必须有两个以上体操动作连接构成的体操串；完整的成套动作中必须有两个以上体操动作与技巧构成组成的体技串；成套动作中必须有一个近木动作等，同时在规则难度表中提高了体操跳步的难度价值。在 1990 年世界杯比赛中取得平衡木项目金牌的我国优秀体操选手杨波的成套动作就是一个典型的例子，她的完整成套动作不仅有高难危险性的技巧动作，还有独具特色的体操动作，包括她自己独创的双脚起跳纵劈腿跳，辅之以轻松自如的表情和优美大方的舞姿，充分体现了女性的优美，得到世界各国体操界人士的一致好评。

规则的不断修改和完善，使得评分更趋向合理和公正，对成套动作价值的评价更具体与严密。从 1993 年起难度分为 A、B、C、D、E 五类。高难度动作和特殊连接的加分也在增加。同时对质量、规格提出了更高的要求。因此在比赛中要获得 10 分起评是不容易的。第 26 届奥运会后，国际体联取消了规定动作比赛，同时又进一步修改了规则。根据规则修改后的要求和平衡木技术水平的发展，未来平衡木成套动作的编排必定会向高难度、高质量、多样化、艺术化方向发展。

## 二、平衡木基本功训练

### （一）人体与木的关系

木是死的、固定不动的物体，而人是有思维、能适应生存环境的运动活体，在一切活动中大脑是起主导作用的因素，通过训练后要使运动员具有驾驭器械、驾驭技术的能力，因此基本功训练的直接目的，就是要使运动员的身体动作尽快去掌握“木”，从而使身体与器械形成一个整体。

### （二）建立木感

木感是运动员进行平衡木训练首先要具备的特有素质，它包括落木的缓冲能力，使运动员掌握贴近木的感觉，这就是减小身体重心与木的距离时产生的木感。木感与先天因素有一定关系，但也可以通过后天训练培养，即通过有针对性的基本功训练可以得到改善。

### （三）建立正确的时空感

时空感包括头、手臂、躯干、髋、腿、踝等的正确位置、基本方位的时空感与肌肉用力的正确感觉。基本方位是一个至关重要的问题，同样也是一个非常基础的问题。因为确定自己现在的方向后，舞步、姿态从什么方向开始，途经什么方向，达到什么方向，一举一投足，一动头、一转身就都会有明确的方向。在舞蹈中不少动作相同，但因为有方向上的差异和变化，就成了两个不同的术语。

### （四）静态控制力训练

①脚腕的控制，包括起踵、半蹲、半蹲立、单腿立、单腿半蹲、单腿半蹲立等的控制。

②后背、腰的控制力，要求后背要直、收紧，使肩与背形成一个整体；腰部立直，防止塌腰，腰的立非常重要，因为腰是躯干中活动范围最大的部位，它承担着人体上下身的连接，腰的控制所带来的直接效果是整个后背的直立，以及人体姿势的正确性和动作的稳定性。

③髋关节的控制力，包括前、侧、后腿的控制。

④手臂姿态的控制，包括手臂各个基本部位的控制，要求运动员出手时能按照正确的方向做动作，并准确地控制在正确部位上。

⑤膝盖和股四头肌的控制。

⑥横木的控制。这是笔者在训练实践中体会最深的，也是最有效的训练方法，横木的控制加强后，纵木的训练就更加容易。因为横木前后空间小，必须要求运动员全神贯注，横木的控制严格要求身体总重心的垂直投影落于前脚掌，头、胸、腰、下肢的中心点垂直于木面，这个中心点非常重要，无论是高重心的空翻、起跳步，还是低重心的下蹲、落木都要格外重视这个中心点的正确位置，横木基本功的训练等于增加了重心点的控制难度，其训练效果非常明显。

⑦各种倒立的控制。手倒立也是平衡木基本功的重要内容之一，运动员必须把手倒立练成像站立一样轻松自如，并牢牢地控制住自己身体的重心点。在完成一串手支撑技巧动作时，倒立的支撑虽然只是瞬间，但如果倒立的控制能力好，那么其支撑点就相对稳定、扎实，可以克服运动员怕撑木的心理障碍，使运动员撑木更加果断和主动。

### （五）动态控制力训练

①身体重心连续移动能力。包括前、后、上、下、左、右侧移动。移动重心也可以理解为动态的控制能力，它是比较难掌握的，因为在训练过程中运动员要克服运动中的惯性，保持相对静态的控制力。动与静是相对的，动与静相互结合，缺一不可，要求在掌握静的控制力后，要能动起来，在动态中求静止，在进行基本功训练时必须重视这一点。

②从起跳到落木。起跳前和落木时脚心都要踩得扎实，起跳到落木是从半蹲开始至半蹲结束，起跳是由脚腕推动膝关节，再推动髋、腰、头顶，落木是由脚尖、脚腕缓冲至膝关节而降低重心，在这个过程中手臂参与运动的轨迹很重要，它直接影响身体重心的稳定。

### （六）基本功训练内容要不断更新

基本功训练要根据运动员的个体差异，结合成套的需要和比赛的需要进行编排，一个训练时期或一个训练阶段，要根据任务的不同、要求的不同来改变、编排基本功训练的内容，包括动作的节奏、方向、空间和需要训练的部位。不要把一成套基本功不变地练上几年，这样做有三个缺点：一是使运动员感到枯燥无味；二是不能适应技术和难度发展的需要；三是身体的控制能力很容易只适应一种方法。因此基本功的训练内容应该不断地变化和更新，才能使训练更有成效。

### （七）基本功训练不能单纯求稳

单纯为稳而练不能达到训练的目的，而是要在移动中、在时空变化中、在大幅度的移动中练控制能力，如站至蹲，蹲至跳，前至后、至侧等多方位、多方向、多时空的移动和变化，掌握滚动躯干贴近木的方法，使运动员具备良好的“木感”。

基本功训练在平衡木训练中很重要，方法手段很多，无论采用什么方式，最后的目的都是让运动员感到自己的身体与木融为一体，不可分开，木是身体的一部分，达到这一境地，运动员就自然而然有勇气、有胆量，比赛也就会自如而有信心。

## 三、平衡木动作的力学分析

### （一）起跳动作对平衡的影响

在窄的支撑面上完成跑、跳、翻腾等动作时，都有一个起跳的问题，为了保证起跳过程中及腾空阶段重心沿平衡木的正中面运动，在起跳时，要求摆动部分应与平衡木的正中面保持对称关系，还要求蹬木时单脚或双脚的合力应准确地保持在平衡木的正中面上，同时重心也应保持在木的正中面上。

实际上，蹲地的合力和身体重心总是保持在平衡木的正中面上是不可能的，只能在训练中把蹲地及重心的合力离开正中面的偏差缩小到最低限度。训练水平越高，对这种偏差的控制能力就越高。

为了保证蹬地时合力准确地通过正中面，对运动员的脚底触觉及蹬地的本体感觉灵敏度要求很高，这只有通过反复多次的训练才能达到。

在完成平衡木动作时，心理活动条件可能要比力学条件更为重要。紧张和缺乏自信等心理活动，足可以破坏完全符合力学条件的平衡而造成失败。例如，前面运动员从平衡木的右侧掉下来后，该运动员记到头脑中的表象会使其在做动作时出现相应的神经冲动和肌肉反应，引起身体肌肉紧张度的不平衡，最后破坏力学上的平衡条件，从而掉下器械。因此，加强运动员的心理训练，提高心理活动的稳定性，是十分重要的。平衡木的这个特点比其他器械更为突出。

### （二）不平衡后的紧急处理

平衡木上的平衡是相对的，不平衡是绝对的，一个完整的套路从始至终充满着不平衡和平衡的斗争。如果不平衡，应采取紧急措施，防止掉下器械，避免失分。虽然采取的紧急措施会破坏动作的节奏，更可能有伤美观，但这方面的损失总比掉下器械的损失要小。从力学上看大体可有以下几种措施：

①及早发现破坏平衡的各种因素，这主要是指判断破坏平衡的各种力矩的大小及方向。这些因素发现越早，判断越准确，就越容易矫正。

②及时采取有效措施，提供一个和破坏平衡的力（或力矩）方向相反的力（或力矩），所提供的反向力及力矩的数值，应稍大于破坏平衡的力和力矩，这样才可能把稍超出支撑面的重心，拉回到支撑面上。

③身体向前倾倒时，一般应做体前屈、两臂前伸等降低重心的动作。大家都知道，重心降低时可提高稳定角，从而增大稳定性，但降低重心并不能提供一个反向力或力矩。同样，当身体向后倾倒时，一般应做体后屈和两臂后伸的动作。

人体在不平衡的情况下，可以使破坏平衡的动量都集中到远端环节。例如，使两臂或小腿向破坏平衡的方向运动，这一瞬间与运动员这一环节相连的肌肉充分放松，就会使这个破坏平衡的动量不影响其他大部分身体的平衡。这可为运动员采取其他措施争取一定的时间。此外，身体的近端各环节可以代偿地向破坏平衡的反方向移动，如前倒时的臂部后仰动作，在一瞬间便可提供一个反方向的力或力矩，把重心拉回到支撑面上空。

平衡木上的一般技巧动作，其力学原理与技巧相同，只是在起跳与落地时，要考虑平衡问题，特别是要求重心应严格沿平衡木的正中面运动。另外，落在平衡木上时，缓冲的刚度较硬，因此落地缓冲技术比技巧要复杂得多。

运动员必须经过长期的训练来培养平衡能力，提高前庭分析器的灵敏度及本体感受器的灵敏度。运动员对脚底的受力分析能力，也只有长时期的训练才能培养出来。各种分析器的灵敏度越高，运动员对各种破坏平衡的力和力矩的判断也就越迅速准确，从而为调整身体姿势和维持平衡提供前提条件。

## 四、平衡木训练与心理训练相结合的探讨

### （一）确立合理的反馈形式

在高水平体操队中，运动员中间普遍存在着不愿意练平衡木的想法，这与

平衡木这一项目的特殊性（整个表演过程都要求在窄窄的一条木上完成）有一定的关系。运动员之所以会有抵触练平衡木的情绪，是因为上平衡木对她们来说本身就是一个应激，但其他项目本身并不会构成应激。应激是一个复杂的心理生物过程，这一过程包含应激刺激、对危险的知觉评价和情绪反应三种主要成分。尽管我们的运动员已经过了长期的训练，这种应激也因为熟练的动作而被减到很少，但这种潜在的危险性在其意识之中还是一直存在的。因此如果在面对这种应激的时候受到惩罚，继续去面对这一应激的动机就会减弱。在平衡木训练中，运动员从木上掉下来还不能算是惩罚，但如果在她们掉下来时教练员给予了某些会让她们产生消极情绪的言语刺激，这些消极的言语刺激对她们来说就是一种惩罚了。久而久之消极的言语刺激与运动员的消极情绪之间就会建立一种条件反射。她们一掉下木就会想到教练的批评，自然就会产生不愿意练的抵触情绪。由于这个额外的应激的存在，教练员在训练平衡木时也应该与训练其他项目在方法上有一定的区别，也就是说应该尽量减少运动员在这一应激过程中所受到的惩罚。我们建议教练员采取“三明治”的方式给予运动员反馈。

所谓“三明治”的反馈方式，就是在运动员完成动作后，教练员首先要肯定运动员做得好的方面，然后指出运动员哪里做得不好，最后再有针对性地提出改进的意见。这种反馈方式，能有效地避免运动员在训练中产生消极情绪，也能最大限度地避免运动员出现哭着练的情况。

另外，最好的反馈方式，并不是运动员在做完每一个动作后都给予反馈，这样会使运动员产生依赖，不利于培养运动员的独立思考能力。最好的反馈方式是随机反馈，这种反馈方式更有利于控制运动员的训练情绪和提高训练质量。

### （二）增强训练动机

在平衡木训练中运动员对教练员积极配合，会提高训练质量。积极强化会增强运动员参与的动机。积极强化是指出现特定的行为时就给予奖励，这种外部奖励的形式就是一种积极的强化。在高水平运动队员中，普遍将金钱作为强化物，而对于年龄较小的运动员来说，精神奖励也许会比物质奖励更有效。

“代币制”对于年龄较小的运动员来说，可能会起到较好的效果。简单来说，“代币制”就是用约定好的奖励方式来强化特定的行为。例如，以一堂训练课为基础，在这一堂课中，如果教练员认为一名运动员在今天的训练中表现优秀，就发给她一个“代币”，一个月后运动员可以用积累的“代币”换取另一个较大的奖励。这种方法可以有效地提高每堂训练课的质量。采用“代币制”的方式需要注意以下三点：

①确定获得“代币”的标准；

②选择“代币”的类型，一般要求有吸引力、轻便耐用、不易伪造；

③明确多长时间用多少代币可以换取高级奖励以及换取什么样的高级奖励。

### （三）促进心理技能与专项的结合

从项目特点上来说，平衡木属于封闭性项目，所谓封闭性项目就是指在比赛中完美地表现自己，而不需要与对手进行互动。这类项目对运动员的心理稳定性要求较高，适宜的应激水平和注意力的集中至关重要。

平衡木好练不好比，对于平衡木比赛，即使在平时的训练中表现得再优秀，比赛时也不会有 100% 的把握能够顺利完成。如果运动员在临场比赛时应激水平过高，心理过分紧张，任何一小块肌肉不能协调工作都会导致失误。以下方法对运动员顺利完成比赛可能有一定的帮助。

①帮助运动员掌握至少一种放松方法，如呼吸放松。运动员掌握了正确的放松方法，对于缓解她们在比赛中由于各种因素导致的过度紧张有重要的作用。

②在训练中，运动员每次上木前都要做一次深呼吸。这样做的好处是，尽可能在上木前调整好自己的状态，可以使已经出现涣散的注意力集中，或使自己过度的紧张得以缓解。此外，久而久之，上木前的深呼吸将会成为一种信号，一种条件反射的信号，一种即将进入备战状态的信号，即在这种做过呼吸的状态下一定会顺利地完成比赛。这种方法至少可以在一定程度上保证不是由于心理的原因导致比赛失败。有的运动员提到在上木前会想技术要领，想技术要领与调节呼吸并不冲突。

③注意力对于体操这一项目来说至关重要，因此有必要帮助运动员培养良好的注意品质，养成良好的注意习惯，并让运动员体会到由于注意力的集中所带来的沉着、冷静、自信等各种感受。要求运动员在训练后再做注意训练可能不太合适，因此可以把注意力训练结合到平时的训练当中。以下几点建议可能会帮助运动员更好地集中注意力，并对比赛产生积极的影响。

①区分注意的指向与想动作要领的不同；

②在写训练计划时，如在决定教运动员一个新动作时可以同时告诉运动员做这一运动时注意力应该指向哪里；

③动作已经形成自动化的运动员与处于泛化或分化阶段的运动员的注意力指向可能不同，需要区别对待。

## 第二节　平衡木旋下成套动作教学

### 一、趋步练习

低平衡木连续趋步，重点是将身体的重心控制在两脚之间，防止运动员在趋步时出现收髋、重心滞后的现象。

### 二、踺子起跳

#### （一）低平衡木趋步踺子起跳落海绵包站立

海绵包从 20 厘米逐渐增加到 120 厘米，根据运动员的能力调整海绵包与低平衡木的距离。强调运动员踺子起跳的起跳角，加强踺子推手与起跳的密切配合，形成合力。

#### （二）进行保护练习

教练站在运动员起跳位置后面，在运动员起跳时顺势从腰两侧将其托起并向后倾斜大约 30° ，形成翻空翻的最佳角度，强调整体动作的连贯性和动力性。起跳保护训练能使运动员完全放开发力练习辅助动作，更加接近于难度动作的完成。

#### （三）直体后空翻下，高平衡木直体后空翻落海绵坑

在低平衡木获得助跑踺子起跳的技术基础上，强化起跳与空翻的结合，要求空翻的高度和落地的远度有机结合，切勿忽视运动员的落地远度，要使空翻的抛物线相对平滑。

#### （四）海绵坑完整练习

首先，进行助跑、趋步、踺子后空翻练习（根据需要团身或屈体），要求身体重心在最高点前开始翻转；其次，进行平衡木端原地后空翻转体 360° 落海绵坑；最后，进行完整平衡木旋下练习。

### （五）登陆练习

先进行高平衡木搭海绵包旋下练习；再进行平衡木旋下练习，同时要加强落地保护。

## 第三节　平衡木直体后空翻转体 360° 成套动作教学及实践方法

### 一、平衡木空翻动作类的发展趋势及运动员的体能训练

随着现代竞技体操的发展，平衡木项目呈现出动作种类多、结构复杂化的发展趋势，其中，空翻动作的运用及其难度连接和变化，已成为制胜的主要因素之一。整套动作中空翻动作占据主导，并体现出高难的竞技价值，是判别高分的主要依据。随着单一空翻、空翻连接、空翻技巧串在全套动作中的大量使用，运动员的体能配置成为影响该项目稳定和发展的一个重要因素。

#### （一）平衡木空翻动作类划分

空翻动作是在腾起一定高度或起跳后无任何支撑，人体在空中完成翻转的一类动作。空翻动作有多种分类，按身体的翻转方向可分为向前、向后、向侧空翻；按动作形式可分为团身、屈体、直体和挺身前空翻；按空翻的动作种类可分为向前翻转类（团身前空翻、屈体前空翻、直体前空翻）和向后翻转类（团身后空翻、屈体后空翻、直体后空翻）；按空翻的转体种类可分为一周空翻加转 180°、360°、720°、900°、1080°，两周空翻加转 180°、360°；按空翻的连接种类可分为单一空翻、空翻连接、空翻技巧串。

#### （二）平衡木空翻动作类的运用情况

高难、创新是体操的生命，当今竞技体操最为突出的特征就是“高难”。空翻动作类在平衡木中一出现，便迅速成为其核心动作。尽管平衡木有其器械的特殊性及限制，但并没有影响该项目技术向“高难”方向发展。平衡木技术随着难度的增加而不断更新，运动员使用一个又一个高难动作，精彩演绎着平衡木比赛。20 世纪 90 年代，随着难度与技术水平的增加和提高，国际体操联合会分别在 1993 年和 1997 年修改了评分规则。新的评分规则把难度分类细致化，每一类都有相应的难度价值分，越高的分值就越难，且对动作的规格质量

和艺术分也提出了更加严格的扣分标准。

在新的评分规则下，要想在比赛中获胜，一套高难、新颖的编排动作是必不可少的。因此，由高难空翻动作直接连接的挂串和技巧体操动作连接的混合串发展迅猛，运动员的技术动作更加娴熟、稳定。这一趋势迅速改变了 20 世纪 80 年代空翻较为单一的局面，向前的团身、屈体空翻，挺身前空翻和向侧的侧空翻也得到发展。平衡木技术更加细致，向着高难度、高质量、多样化和艺术化的方向发展。

随着现代竞技体操技术的发展，空翻难度成为一套动作的核心，既是反映运动员技术水平的重要标准，也是裁判员评价成套动作价值的主要依据。2005 年，国际体操联合会对体操规则进行了一次大修改，取消了原有的 10 分制，在难度价值总分上不设限制。难度表上增加了 F 组和 G 组的高难动作，运动员可根据自身条件，在难度表中任意选择 10 个难度动作。2008 年又进行了一次修改，最后的难度价值分只计 8 个最高难度（计入 5 个最高难度的空翻动作和 3 个体操难度动作）。最新一版的规则为运动员提供了很好的展示平台，每个运动员可以为自己量身打造一套动作，既能体现自身特点，又能充分展现空翻难度技术独有的竞技魅力。

### （三）平衡木空翻动作类的发展特点

#### 1. 平衡木单个空翻动作的发展特点

从近几年的世锦赛、世界杯和奥运会三大国际赛事的录像及研究资料来看，单个空翻动作的发展趋势主要以向前类空翻和向后类空翻加转体 E 组以上动作为主。由于向后空翻类的团身、屈体及拉提空翻的难度价值分比向前空翻类低，靠这类动作提高难度价值分只能使用更高的难度，如并腿直体后空翻、团身后空翻转体 360° 及原地团身后空翻转体 180° 站木等高难动作。完成一个高难度单个空翻动作对运动员的身体素质和比赛心理素质都有较高的要求，通常只有高水平运动员才能完成 E 组和 F 组动作。

#### 2. 平衡木空翻动作技巧串的发展特点

竞技体操难度动作的发展特点，主要趋向于难新动作连接、空翻与空翻的连接。女子项目出现崇尚大难度、高空翻、男性化的特点，平衡木项目也是如此。

在新规则的推动下，世界大赛中绝大多数运动员在编排上趋于利用空翻接空翻、技巧接空翻的技巧串来提高成套动作的起评分（D 分）。从规则上讲，这是获取高起评分的最有效途径。如果运动员要在8个最高难度中获取更高的起评分，除了使用上述方式（空翻动作技巧串）外，还要利用单一空翻动作类中的高难空翻来加分。由此可知，运动员的素质能力必须相应提高才可以完成。

### （四）平衡木运动员的体能训练要求

平衡木空翻动作飞速发展，各种新技术、新难度动作层出不穷，特别是新规则越来越重视动作难度，使竞争日益激烈，运动员只有具备良好的体能才能达到这样的要求。

体能是运动员竞技能力的重要构成部分，良好的体能是技术训练的基础，能够帮助运动员更快、更好地掌握复杂的动作技术。体操运动员的体能要求是具备对自己身体进行有效调控的相对力量。我国运动员在空翻动作的发展上展示出了较好的柔韧性和协调性，与国外运动员相比，我国运动员的空翻动作技巧串较多，单个空翻动作较少。

专项身体素质是指运动员在完成专项动作时所表现出的速度、灵敏、柔韧和协调能力。核心力量中的髋关节肌群和腰腹肌群是人体运动中产生大力量和高速度的起点，也是体操运动员正确的身体姿势和技术动作的重要支架。髋关节有多个方向的运动功能，可围绕3个运动轴做屈体、内收外展、旋内旋外及绕环运动，它的运动对身体重心的控制和能量的输出与传递具有重要作用。从肌群所储备的能量来看，核心力量所涉及的肌群有盆带肌群（髂腰肌和臀大肌）、大腿肌群（股四头肌和股后肌群）以及与躯干紧密相连的腰腹肌群，这些肌群是人体最有力量的肌群和储能的最大运动器官，也是腿部技术动作的第一发力源。

### （五）平衡木运动员体能训练的注意事项

#### 1. 体能训练的基础性要求

柔韧性、灵敏性和协调性是体操专项体能训练实施的基础性要求，每增加一个新的高难空翻动作，都应提前把抗阻练习、平衡练习、爆发力练习设计好。可借鉴现代核心力量的训练方法，利用杠铃提高爆发力，利用瑞士球提高协调和平衡能力。然而，提高协调性最有效的方法是把协调性训练手段与专项技术相结合，保证神经系统能有效控制肌肉运动，提高对专项技术动作的掌控能力，达到肌肉训练的最大效果，即几种能力组合化的体能训练。

2. 核心力量训练与专项技术动作的匹配要求

体操运动员的核心力量训练必须通过与体操相关的各种专项技术动作的训练来实现，这是体操难度动作发展的技术要求（精细、复杂、对应）。由于每个动作的技术发力点都不一样，所以必须组合、对接起来一起练，才能有良好的效果。对体操运动员来说，仅仅拥有强壮的身体是不够的，还必须具备对动作的精确理解、对全身肌肉的精确控制，才能把每个难度动作做得精确无误。

3. 优先发展爆发力

完成高难度动作的一个特点是启动速度非常迅猛，故爆发力对体操运动员而言是必不可少的。发展爆发力需通过多种力量练习，使神经系统在短时间内激活尽可能多的肌肉纤维。而对于快速力量来说，则需神经系统在尽可能短的时间内激活有限的肌肉纤维。

4. 区别对待原则

在体能训练过程中，运动员存在个体差异，且训练阶段和水平不同，决定了体能训练的不同目的和重点，在训练内容和强度等细节方面也会有不同的要求，所以要做到区别对待。

5. 力量性训练的常规要求

力量性训练的安排：在进行力量性练习的过程中，需注意力量训练安排的顺序。一般而言，速度力量练习应放在训练课的前部分，速度耐力练习应放在基本部分之后。

静力性训练的安排：体操难度动作完美演绎的特点之一就是精准性，主要体现为落地时的动静转化和精准控制，这种动静转化是迅速且精准的。因此，在安排运动员体能训练时，需有针对性地进行静力性训练，这一训练安排应是常规化的。

## 二、平衡木直体后空翻转体 360° 成套动作的技术特点及训练方法

创新是体操技术不断发展的生命力，这早已成为国内外体操专家所公认的训练学理论。近年来，通过国际、国内大赛的实践以及我国体操健儿在世界体坛上夺冠的事实，对上述创新理论又有了更深刻的认识，即在创新时，首先要有“超前意识和开拓精神”。也就是说，要使创新动作走在世界技术发展前列，发展难度动作时，还要有继续加难发展的潜力以及在成套连接中连接加分的

价值。

现对直体后空翻转体 360° 站木动作的技术特点进行分析，并介绍该动作的训练方法，为教练员和运动员提供参考。

### （一）动作技术特点分析

直体后空翻转体 360° 站木动作，是横轴加纵轴的复合轴翻转动作，在平衡木上完成，对运动员胆量、能力、技术的要求较高。首先要有敢于创新、勇于走自己的路的决心和信心，还要具备勇敢顽强的意志品质、清醒的空中概念、较好的控制能力和良好的站木意识等。掌握了地上的两次后手翻直体后空翻转体 360° 的技术要领后，就可以开始由低木至高木的练习。

为了便于分析，笔者将整个动作过程划分为若干阶段。

#### 1. 后手翻阶段

后手翻是获得人体重心水平速度的主要来源，是完成空翻动作的基础。它要求运动员第 1 次单腿后手翻蹬腿要正，甩臂要快，支撑重心要高，腿落木时重心迅速后移。为了加快以脚为支点的移动，应主动使重心快速移动到支撑点垂线的后面，第 2 次双腿后手翻重心轨迹要求平而稳，撑木时切忌出胸塌腰，从支撑到推手主要是加快向后的水平速度。在训练实践中，自始至终都强调“抓”这一后手翻基本技术规范。

#### 2. 起跳阶段

起跳是为了使身体重心能获得良好的腾起速度和翻转速度，这是完成难度空翻动作的关键环节。在这一环节中，完成了人体的两次后手翻的水平移动向上腾起翻转的变化。其技术特点是跳起后梗头、领臂、身体收紧伸直，向上腾起。肩稍后移，兜腿，形成转动力矩。

#### 3. 空翻落木阶段

本阶段是人体重心腾起后在空中完成直体后空翻转体 360° 至落木的过程，是评定动作完成情况的重要部分。做直体后空翻转体 360° 动作，应使身体收紧，在转体同时两臂迅速弯曲收至胸前（右臂稍向左），梗头、立肩、转正落木。为使运动员建立正确的直体后空翻转体 360° 动作的概念和熟练地掌握立肩落木的技术要领，在蹦床上进行直体后空翻转体 360° 落至高包练习是最有效的辅助手段之一。

### （二）教学训练过程和方法

1. 准备阶段

（1）强化连续后手翻的概念，规范动作技术

由于女子运动员受平衡木器械长度的限制，木中后手翻容易“冒”高出胸，从而不利于重心的水平移动，这就要求挑髋时不能挑胸，摆臂时肩关节放松，向后下方摆臂，在推手制动腿后积极立肩。因此，强化概念，规范技术，不仅能使运动员多次体会动作要领，形成正确技术，还可以借助惯性，体会到重心迅速后移的感觉，加强身体各部位的协调配合，为连接直体后空翻转体 360° 创造有利条件。

（2）在蹦床上进行直体后空翻转体 360° 站包的训练

在训练实践中发现，只进行地面练习不易使运动员体会翻转落地的感觉，还需在蹦床上加强空中翻转及落地的练习。开始练习时，起跳方向不易控制，空翻转体配合不协调，可由教练员保护，在消除恐惧心理后，就会很快掌握直体后空翻转体 360° 的翻转要领，体会到立肩翻转和制动落地的感觉。

2. 学习阶段

（1）两次后手翻起跳趟包

起跳时容易出现腰松、肩后撞、不领臂的错误，这是由于后手翻起跳角控制不好和空翻动作用力过早造成的，应继续纠正后手翻技术。

（2）力量练习

为了下一阶段训练的顺利实施，本阶段训练中，身体训练比重应增加，除了传统的腰腹肌力量练习和大强度的腿部力量练习外，还要增加以下内容：

①向后跳台阶。

双手抱头，背向台阶（高约 40 厘米），可负重进行。目的是加强小腿肌肉和踝关节的反弹力，同时使运动员体会弹力自腰部向上的传递，更贴近动作技术。

②倒立推手跳。

站在自由体操场场地一端，摆成倒立式借助小腿弹起，推手向前跳。此练习可增强上肢爆发力，加大后手翻推手力度。

3. 掌握阶段

（1）在地面上完成

在地面上做完整动作练习时，要经常提示运动员将做过的辅助练习在头脑中加以组合，进一步强化完整动作概念，强调落地的准确性。同时，在低木上反复练习体会后手翻基本技术，有利于缩短学习的时间和空翻上木的时间。

（2）从地面到高木

这项练习开始时，主要是让运动员学会选择上木的时机。随着地面练习熟练性的不断提高，技术基本完善，实际上运动员已具备了上木的条件和实力。为避免出现因恐惧心理而导致的“跑法儿”现象，我们还是应该要选择在体力、技术状况比较好的情况下冲击上木动作。为避免错误技术的多次重复，加强对正确技术感觉的体会，在上木练习时，要注重练习次数少而精，主要通过木中后手翻的辅助练习和大量的地面身体训练配合进行，提高动作质量，加快对动作技术的掌握。

# 第四章　自由体操高级成套动作教学与实践

## 第一节　自由体操“人文性”教学观念研究

现代教学理论中的人本主义教育思想体现出的内涵就在于从以人为中心出发来培养人。“人文性”体操教学观念研究正是立足于人本主义教学理论，从教学观念上对传统的体操教学进行改革，使体操教学紧跟时代的步伐，为培养新世纪人才做出更大的贡献。

教育观念决定教育目标和教育方法，同样，体操教学的观念也会影响体操教学的目的和体操教学的方法。

“人文性”体操教学观念研究的意义在于高度重视对人的全面培养，这种全面有别于传统的教学观念，是对传统的体操教学观念的发展和丰富。传统的体操教学观念重视学生的理性因素的培养，忽略了学生的非理性因素的培养；重视学生的“工具性”培养，而忽略了学生作为社会主体的个性培养。而“人文性”体操教学观念却要求体操教学不但要向学生传授知识、技术和技能，还要发展学生的认知、理智、情绪和行为，实现学生的价值，培养学生的意志品质，突出学生的自由、平等、权利和个性特征，提高学生的社会适应能力，增强学生的心理健康和身体健康。

教学观念的“传统”和“现代”是相对而言的历史范畴，两者在相当一段时间内犹如“母体”与“胎儿”一样融为一体。现代教学观念不是对传统教学观念的彻底否定，而是对传统教学观念的继承，是“扬弃”，是对传统教学观念的发展和丰富。“人文性”体操教学观念的提出源于现代教学论的人本主义教育思想。人本主义教育思想强调学生在教学中的主体地位，强调认知与情感相结合的教学，强调学生个性化的自我评价，强调情感化的师生关系。

传统的教学观念重视知识技能的掌握，忽视获得知识技能后的结果和发展，重视学生的理性和工具性培养，忽视学生的非理性和个性培养。

传统的教学观念以记忆、区分理论、定义为主，以掌握知识、技术和技能为培养目标。而“人文性”教学观念要求：不但要学习跨学科的理论知识，还要提高学生的非理性能力以及实际应用知识、技术、技能的能力。在目标制订方面，传统的教学观念侧重于教师根据自己的经验和教学大纲来制订目标，而“人文性”教学观念则要求教师和学生根据教学大纲与实际问题以及学生先前的知识基础、兴趣和经验共同制订目标。教学策略是教学的关键内容，在传统的教学观念中，教学步骤由教师为整个学习团体设计和制订。它强调学习步骤的统一，并且主要由教师组织和展示信息。“人文性”教学观念要求教师和学生共同制订学习策略，有区别地为个别学生设计学习策略，学生通过多种渠道获得信息。在传统的教学观念中，教师主导学习，组织并向学生传递信息，扮演专家的角色，控制学生对信息的访问，而学生是被动的信息接收者，并期望教师教会他们那些可以帮助他们通过考试的知识、技术和技能，对于知识和信息的掌握停留在记忆之中，不强调创新。而在“人文性”教学观念中，教师扮演促进者的角色，帮助学生访问和处理信息，为学生提供多种访问信息的方式，促进学生的学习。学生是主动的知识寻求者，对自己的学习负有责任，创造性地应用知识和信息。

## 一、“人文性”体操教学观念的理论依据

### （一）“人是世界之本”为“人文性”体操教学观念奠定了坚实的哲学基础

在历史上和现实中，有一些哲学流派和哲学家，他们不仅提出人是世界之本，而且强调人是人之本，并且反对对人的理性理解，提出按人的本性来理解人。这些哲学家认为，人有理性的一面，也有非理性的一面，有社会的一面，也有本能的一面，有自觉的一面，也有潜意识的一面。而人的最根本的一面不是理性的、社会的、自觉的一面，而是非理性的、本能的、潜意识的一面。过去的哲学家只关注人的理性的、社会的、自觉的方面，把人看作工具，忽视人的非理性的、本能的、潜意识的方面，忽视了人作为目的的一面。而人类文明发展，则是理性压抑非理性、社会性压抑本能、自觉性湮灭潜意识的过程，从而造成了人性的压抑、人的价值的丧失、人的自由的沦丧等。在他们看来，人是世界之本，而要确立人的这种地位，就必须让人的非理性、本能、潜意识从理性、社会性、自觉性的压抑和统摄下解放出来，给人以自由。

他们还认为，理性和非理性是人所具有的两种不同的特性。完整的人是理性和非理性的统一。人的理性方面主要与科学、技术的发现和发明有关，它促进了社会生产力的发展，并在社会文明的更新与转换中，尤其是在当代工业技术文明的巨大成功中得到了极为充分的展示。与之相应，尊崇理性、张扬理性、发展理性成为长期以来的主导性思想潮流。理性的这种超常发展和理性主义的过度张扬，带来了人性结构内部的严重失衡状态，在一定程度上是对非理性方面的抑制、压抑，甚至是以牺牲非理性方面为代价的。理性的极度张扬造成非理性的极度失落，人的片面化、平面化、单调化成为普遍现象，人性不健全和不完整带来人的个性的丧失或减弱，造成非常广泛而又深刻的个性问题，如吸毒、暴力等。

人本主义思潮关注和重视人的生存意义和生命价值，要求尊重人的权利，保证人的自主地位，尤其是反对当代科学和工业技术文明对人的压抑造成的人性异化与沉沦，要求建立一种有利于人健康发展的社会，这对于促进社会的良性运行，消除各种形式的社会痼疾具有积极作用。

健全的理性要求把人视为理性、非理性的统一。人是“理性存在物”，离开理性就意味着走向原始和野蛮，这是人类自我认识的最基本的道理。但人又具有非理性特征，人是有感情、有欲望、有意志、有信仰、有个性的动物。针对传统理性对人的非理性因素的忽略，从 19 世纪下半叶开始，克尔凯郭尔、叔本华、尼采、柏格森等思想家便从各自不同的角度，对人的个体体验与感受、意志、直觉等非理性因素进行了深入的研究。弗洛伊德从心理学的角度对人的潜意识、本能等非理性因素进行了深层次的分析，在人类精神领域进行了一场“哥白尼革命”。哲学和心理学中的非理性思潮几乎贯穿于 20 世纪文学、艺术、戏剧、音乐、诗歌、绘画、雕塑等所有文化领域。肯定人的非理性因素并不是要否定人的理性特征，更不是不要理性，而是要扭转传统理性对人的片面理解，使理性与非理性完整地统一起来。罗素认为，过高地抬高理性与过高地抬高非理性都是危险的。加缪也认为，绝对地否认理性是徒劳无益的。理性在其特定范围内是有效的，人既非单纯的理性存在物，也非单纯的非理性存在物，单纯强调任何一个方面都是荒谬的。在健全的理性中，人的理性、非理性相互融合，在各自的范围内相互为用。

建立“人文性”体操教学观念，采用“人文性”体操教学，使人的理性因素与非理性因素完美地结合具有非常坚实的哲学基础。

### （二）现代教学论的人本主义教学理论为“人文性”体操教学观念提供了理论依据

人本主义是20世纪50年代末60年代初在美国兴起的一种反对行为主义倾向的心理学流派，其主要代表人物有马斯洛、罗杰斯、凯利等。人本主义心理学家把他们的理论观点扩展到教育教学领域，形成了独具特色的人本主义教学观。人本主义心理学家根据人类自身的发展特点，提出了人本主义的教育目标：培养能够适应变化的、知道如何学习的、个性充分发展的人。这个教育目标既包括知识教育和认识能力发展的教育目标，也包括情意发展的教育目标。人本主义教学观是“人文性”体操教学观念的先导，它为体操教学指明了向人本主义教学发展的方向，为体操教学注入了现代的气息，使体操教学焕发出勃勃生机。

作为现代教学论的开创者之一，洛扎洛夫的暗示教学理论认为，充分利用人的可暗示性，创造愉快轻松、感情融洽的教学情景，调动人的无意识功能，通过情景中的角色扮演等方法来学习，可大大增强学习效果。暗示教学使意识和无意识结合起来，开辟了现代教学利用无意识的广阔天地，对于充分挖掘人体潜能有重要启示。该理论高度重视并充分发挥人的非理性因素在教学中的作用，这无疑将促进学生非理性能力的提高。

罗杰斯也是现代教学论的开创者之一。他的非指导性教学理论把心理临床治疗的原理运用于教学之中，教师不对学生进行指示，而是进行平等的对话、交流，注重情感的适应性，双方都真诚、平等地进行沟通。这种教学注重学生的个性和情感，体现着学生的主体性。

洛扎洛夫的暗示教学理论和罗杰斯的非指导性教学理论不但为“人文性”体操教学观念提供了理论依据，也为“人文性”体操教学观念的实现提供了方法上的指导。

现代教学论从“人”是世界上最宝贵的财富出发，主张通过教学活动发展学生的认知、感情和理智、情绪和行为。其特点在于，学校的中心从大学学者书斋的学问知识转变为尊重学习者的本性要求；学校课程必须同青少年的生活及现实的社会问题联系起来，通过“人文性”教学来培养具有个性特征、富有创新等能力的人才。

“人文性”有两层含义：其一是礼教文化（相对于自然而言）。其二是“人文”“人道”“人性”（相对于神学而言）。其核心是“以人为中心”的思想体系，它追求人的价值和尊严，强调人的个性发展和自由等。

“以人为本”“以人为中心”“人文性”“人文精神”的实质是相同的，它们只存在少许差异，在探讨中这种差异可以忽略不计。

体操教学只有紧跟时代的步伐，以现代教学论为理论依据，将传统的教学观念转变为“人文性”体操教学观念，才能不断发挥自身的培养功能。

## 二、实现“人文性”体操教学观念的可行性

### （一）体操的健身价值、项目特点是实现“人文性”体操教学观念的有利因素

作为一门体育教育专业的专业课程，体操在实现人的社会属性、生物属性和心理属性方面具有其自身的有利条件。

1. 体操的健身价值符合“人文性”体操教学观念的目标

“人文性”体操教学观念的目标是培养具有全面素质的人才，健康的身体和心理包含于全面素质之中。人的健康是人的根本，是人得以生存和发展的物质基础。身心健康是每个人的愿望，而体操在实现人的身心健康方面具有独特的功效。

身体素质是指在日常生活及运动中表现出来的各种机能能力，包括力量、耐力、灵敏、速度、柔韧。身体素质是构成技能的重要因素，是衡量体质状况的一个重要标准。在各项体育活动中，体操在提高身体素质方面的效果较为明显。

人体的活动能力是人类生存所必备的本领，它的提高除表现为走得远、跑得快、跳得高外，还表现为人体活动过程中的轻便、灵活、敏捷，通过体操练习可以达到这一效果。这是体操提高人体活动能力的价值所在，也是个人实现自身价值的基础。

通过体操练习可以改善机能状况、提高适应能力。所谓适应能力是指人体受到外在环境的影响，在中枢神经系统的支配下，不断调节有机体，使之处于正常的稳定的机能活动状态。体操练习可以提高神经系统、心血管系统、内分泌系统、运动系统等各个系统的调节机能。

通过体操练习还可以使身体各部分比例更加协调，而且使动作、姿势更优美。由于体操动作和练习器材多种多样，所以要求身体的运动系统、神经系统、内分泌系统、能量系统等必须密切配合以适应动作技术对身体的要求。经过长时间的体操练习后，参与活动的各个系统就会产生适应性，主要表现为神经控

制肌肉的能力增强，使动作和姿势更加协调、优美。经常活动可以使肢体和躯干中的多余脂肪得到消除，肌肉增多，使它们的形态和比例更加优美和协调。

在体操课上，基于体操动作的难度价值和危险性以及动作技术的复杂性，要求学生必须具有良好的心理状态、顽强的意志、准确的感知觉、集中注意力的能力和良好的思维能力等心理素质，所以，学生的心理素质能得到锻炼。

2. 体操教学是实现人的社会属性的重要手段之一

社会属性需要人与社会的相互作用和交往来实现。个人是社会的细胞，人的精神发展必须从社会中汲取营养和力量。马克思认为人“只有在社会中才能真正发展自己的真正的天性，而对于人的天性的力量的判断，不应当以单个人的力量为准绳，而应以整个社会的力量为准绳。”人的适应形成的基础意识、自我意识以及人性，都是社会的产物，即孕育于社会关系和人际交往中。所谓交往是指：“人们为了调节生产关系和建立社会关系而进行的意识、思想、情感方面的彼此沟通、相互影响和确认活动，一般是通过语言、文字、形象、体式、信号等符号传递信息来完成的。在人类社会中，交往是人的生命活动的形式，是团结和发展个体的方式，是信息交流、情感交流、精神交流的手段。”

体操教学能培养人的社会适应能力就在于教学过程的本身，在上体操课时，学生之间、学生与教师之间通过讲解、相互帮助、相互提示、相互交流学习经验、相互提出建议和评论意见、对于理论知识的探讨会不断加深学生之间、师生之间的理解、友谊，也会提高学生的交往能力。社会活动原理与此相同，学生在体操课中应用的交流方法也应用于社会活动。教师应该创设情境，有意识地提高学生的交往能力，从而提高学生的社会适应能力。

体操教学和训练活动为学生的交往提供了丰富的内容、时间和空间，体操教学和训练活动的内容需要学生以集体的形式进行，这就为他们的交流提供了机会，因为他们必须相互配合并且步调一致才能完成学习和训练任务。即使是在传授动作时，同学之间的身体语言也会使他们的情感得到交流。无论是在教学课还是在训练课中，集体活动的时间都占很大的比例，这就为他们的交流提供了时间上的保证。此外，体操教学或训练活动的场所没有人为地将学生隔离开，学生在这种场所中可以自由地进行活动，这就使学生之间的交流范围不限于几个人之间，而是全班的所有学生都是交流的对象。

3. 体操项目的特点充分显示了它的人文关怀

由于体操内容丰富，形式多样，易于普及，所以体操可从不同群体与职业的需要出发，根据不同年龄、性别、身体条件和训练水平以及不同的设备，因人、因时、因地制宜。人们可以选择适合自己的项目与内容进行练习，这样体操便能满足每个人对于体操的需求，也就是说，体操可以平等地对待每个人，尊重每个人的需要。

体操中有一些动作危险性较高，对于某些练习者来说不宜掌握，极有可能发生伤害事故。因此，保护和帮助是避免伤害事故发生、消除恐惧心理，使练习者尽快掌握动作的最有效的方法和手段。这种方法和手段的使用不但能增强练习者的学习效果，还能促进同学之间的爱护和友谊，同时提高他们的交往能力。

体操的动作结果、完成动作过程的技术质量和技术姿态应充分体现出准确协调、幅度大、节奏感强、姿势优美的特点。练习者的动作美、形体美、音乐服装美、精神风貌美会给自己和观众以美的感受，陶冶他们的情操。这是练习者通过艰苦的训练而得到的自我实现，练习者会感到满足和喜悦，认为自己的价值得到了实现。

### （二）体操教学的特点有利于“人文性”体操教学观念的实现

体操的教学内容主要以学习动作技术为主，而其他课程则以理论课为主，这一特点要求教师不但会讲还要会练，有时还要手把手地教。教师的关怀和爱护充分地展现了人文性。

通过采用既能培养学生的理性能力又能培养学生的非理性能力的体操教学方法，使“人文性”体操教学观念得以实现。例如，采用观察法教学既可以完成技术教学任务，又可以培养学生的注意力集中能力。

体操教学组织形式多种多样，由于体操教学的过程属于相对的动态过程，并且空间的利用较大，再加上形态不同的体操器械和各种各样的动作以及动作组合，所以教学组织比理论课的组织更为复杂。然而，这正是培养学生自律和自觉精神、团结友爱的良好环境。

### （三）“人文性”体操教学能体现教师的职责和满足学生全面发展的需要

#### 1.“人文性”体操教学体现了教师的职责

教师的神圣职责在于不但要为学生提供有效的生活、学习方面的指导，还要把学生培养成全面发展的新时代的人；不但要将体操的科学理论知识、技术和技能传授给学生，还要身体力行地使学生的个性得到培养，使学生的社会适应能力、情绪控制能力、注意力集中能力、意志力得到提高，使学生形成民主、平等和博爱的价值观念。“人文性”体操教学充分体现了教师的职责，满足了教师完成历史使命的需要。

2.“人文性”体操教学能满足学生全面发展的需要

学生只有具备社会需要的各种素质才能立足于社会，而社会对学生的需要包括很多方面，如心理素质、身体素质、工作能力、知识水平、团结合作能力等。社会需要各种各样的人才，学生想成为什么样的人才，完全取决于自己的兴趣、爱好、能力、责任心以及社会为其提供的机会等。马克思认为人的本质在于人的社会属性，然而，完善学生的社会属性却又依赖于环境和其自身的努力。“人文性”体操教学以实现人的本质为出发点，以提高人的整体素质为根本任务，它为学生提供必要的环境和条件，使学生的理想成为可能。

## 三、实现“人文性”体操教学观念的具体措施

### （一）“人文性”体操教学观念中的关键要素

理性是指受人的目的和意志支配的一切精神属性和精神活动及按一定逻辑规则和逻辑程序运作的认知形式和认知能力。理性主要与科学和技术的发明和发现有关，包括各种理论知识、技术和技能。

非理性是指人的精神所特有的、与理性相对的，在心理上表现为本能意识，在认识上表现为主体的非逻辑认知形式和认知能力的要素的总称。它可以具体分为两类：一类是人的非理性的心理现象，包括人的意志、欲望、情感、情绪等；另一类是人的非理性的认知形式和认知能力，包括人的直觉、灵感、顿悟等。

根据“人文性”体操教学观念的内涵，体操教学不但要向学生传授知识、技术和技能，还要发展学生的认知、感情、理智、情绪和行为，实现学生的价值，培养学生的意志品质，突出学生的自由、平等、权利和个性特征，提高学生的社会适应能力，增强学生的心理健康和身体健康。因此，可以把“人文性”体操教学观念的内涵概括为理性因素和非理性因素，并进而将“人文性”体操教学观念的关键因素确定为知识、技术、技能（理性因素）和情绪、意志、注意、直觉和灵感等（非理性因素），而“人文性”体操教学的任务就是培养学生的理性因素（知识、技术和技能）和非理性因素（情绪、意志、注意、直觉和灵感）。

### （二）“人文性”体操教学观念的实现

体操教学过程是一个连续而又系统的按教学大纲和教学计划进行的旨在完成教学目标和任务的实际操作过程。体操教学既有理论课，也有技术课，在这里以技术课的教学为例来说明“人文性”体操教学观念的实现方法。

体操技术的教学方法丰富多样，每种教学方法都有其独特的优点和缺点。在教学中选择既利于动作技术的教学又利于培养“人文性”体操教学观念中的非理性因素的教学方法非常重要。

实现“人文性”体操教学观念必须精心设计教学方案，既要考虑完成教学大纲和教学计划的内容又要考虑非理性因素的培养。按照体操课的教学结构（准备部分、基本部分、结束部分）的划分，把观念中的非理性因素根据教学内容、教学时数有侧重地分别安排在每次课的各个部分之中，并且采用相应的教学方法，使每次课中需要掌握的技术和侧重培养的非理性因素都得到具体的培养。例如，某次课的教学内容是技巧和单杠，技巧和单杠的技术动作便是“人文性”体操教学内容中的理性因素，如果将重点培养学生的意志放到本次课中，那么学生的意志就是“人文性”体操教学任务中的非理性因素。

1.“人文性”体操教学观念的教学原则

每一种事物都具有自身的本质属性和客观规律性，只有掌握其本质属性和客观规律性，按照客观规律行动，才能获得成功。“人文性”体操教学观念的教学必须以“人文性”体操教学观念的目标为教学的目标，将“人文性”体操教学观念的体操教学任务作为自己的任务。根据“人文性”体操教学观念的内涵可以明确，在体操教学过程中必须将学生的主体地位充分体现出来，同时又要使学生的理性因素与非理性因素共同得到提高和发展，“人文性”体操教学的本质属性和客观规律性就在于此。针对这一本质属性和客观规律性形成的对于“人文性”体操教学具有指导意义的准则，体操教学必须遵循，才能完成“人文性”体操教学观念的目标和“人文性”体操教学的任务。

（1）以人为中心原则

以人为中心原则是指在体操教学中以满足学生的需要为出发点，将学生的全面发展和提高作为目标的教学原则。该原则是针对实际教学中的“以知识、技术和技能为本位”的思想而提出的。由于科学主义或功利性思想的影响，人们一般认为对学生进行某种精神方面的培养是政治等人文学科的事，很少考虑到体操教学也能实现某种精神的培养。然而，体操教学不但能向学生传授知识、技术和技能，还可以发展学生的认知、感情、理智、情绪和行为，实现学生的价值，培养学生的意志品质，突出学生的自由、平等、权利和个性特征，提高学生的社会适应能力，增强学生的心理健康和身体健康。可以说体操教学在满足学生的需要、促进学生的全面发展和提高方面具有有利的条件。在体操教学中贯彻以人为中心原则应该注意以下几点。

首先，要把学生的身份先定位在“人”上，因为学生有自己的人格、尊严，有自己的喜、怒、哀、乐，有自己的兴趣和爱好。然后再将其身份定位于学生。只有这样才能从人的本质出发，从学生的需要和全面发展出发来设计人性化的教学内容、布置人性化的教学环境、采用人性化的教学方法、实施人性化的评价手段。

其次，学生的成长和发育有其自然规律，教师要认识和尊重这种规律。只有掌握学生成长和发育的基本规律，才能科学、合理、高效地对学生进行培养和塑造。

再次，应该减少外部强制力量对学生的约束。人本主义心理学认为，学生有自主发展的能力和倾向，他们有能力在很大程度上按自己的愿望来塑造自己。从这一点来看，教师或者家长不应该将其自己的意志强加在学生的身上，不应该将学生看作自己的附属品或者可以由自己任意修改的材料。

最后，每个学生都具有区别于其他人的特点，这些特点使得每个学生在很多方面具有差异。教师在教学过程中应该充分考虑这些差异，因材施教。

（2）“科学精神”与“人文精神”相结合原则

该原则是指在体操教学过程中科学精神的培养必须与人文精神的培养有机结合。这一原则表明，一方面，两种精神都要在体操教学过程中进行渗透，不应有所偏废；另一方面，这种结合是有机的，不是两者简单地相加，而是通过恰当的教学方法使它们共同作用在学生的身和心上。这一原则的依据有以下几个方面。

第一，科学精神与人文精神在人们认识世界的过程中共同发挥重要的作用，两者有不同的认识形式。科学精神探求真理，追求理性，注重科学技术的作用，并认为科学技术是认识世界和改造世界的强有力的工具；人文精神以人为中心，推崇人的个性完善，追求人的个人价值的实现，强调人的非理性因素在认识世界和改造世界中的作用。这两种精神是人类认识世界和改造世界必不可少的，只有具备这两种精神，人类的实践活动才会丰富多彩，对世界的把握才更准确。

第二，体操教学具有把科学精神和人文精神结合起来并在教学过程中对学生进行科学精神和人文精神培养的客观条件。体操教学不但向学生传授科学理论知识，使学生在科学理论知识的指导下快速、准确地掌握专业知识、技术和技能，而且在教学过程中能够有计划、系统地对学生的人文精神进行培养，使学生的非理性因素得到很大程度的提高。

第三，人文精神和科学精神是体操教学的需要。体操教学离不开科学精神的支持，也离不开人文精神的积极参与。只有在正确的科学理论的指导下，体操教学的目标才能得以实现。与此同时，如果学生学习的情绪低落、注意力分散、没有克服困难的顽强意志，那么，体操教学将会毫无成效。

（3）体操教学过程的“人文性”原则

“人文性”体操教学观念要求体操教学必须以发展学生的整体素质为目标，既包括学生的理性因素也包括学生的非理性因素，使理性因素和非理性因素在学生的身上得到完美的结合，使学生成为知识渊博，技术熟练，富有个性特征，具有民主、平等价值观念，社会适应性强，道德品质优良的新时代人才。为实现这个目标，在体操教学过程中，就要时时处处运用既能培养学生理性因素又能培养学生的非理性因素的方法和手段，并且使教学过程中的各个要素都包含“人文性”思想，主要包括以下内容。

第一，使教学内容充满“人文性”特点。体操教学内容主要包括科学理论知识、技术和技能。但是，“人文性”体操教学观念指导下的教学内容还应该包括培养学生的非理性因素，即培养学生的情绪控制能力、注意力集中能力、顽强的意志品质、交往能力、适应能力、直觉能力等。因此，在实施教学过程中，必须将重点培养学生的某方面的非理性因素放到教学任务之中，与其他任务一样受到重视。

第二，教学方法和手段必须既能传授科学理论知识、技术和技能，又能培养学生的非理性能力。例如，运用信息采集式教学能够使学生在掌握科学理论知识、技术和技能的同时提高学生的注意力集中能力，而互助合作教学则有助于提高学生的交往能力等。

第三，教学环境的布置一定要具有“人文性”气息。要做到这一点必须使教学活动的场地、器材、服装等设施的设计、安排与设置体现出对人的关怀。如体操教学周围的活动环境必须卫生、安全，体操场馆的颜色、光线必须符合学生用眼卫生和视觉的要求，器材、服装和设施必须符合学生的生理特征等。

第四，建立和谐、融洽的师生关系。教学中的师生关系是一种特殊的人际关系，这种人际关系通过双方的认知情感沟通。人本主义心理学家认为，人类随着自我的形成，产生了希望得到他人关爱的需要，即一个人在生活中希望从有关系的人那里感受到温暖、关爱、同情、尊敬、认可等。有效的教育教学必须以融洽的师生关系为前提，因此，教师需要有真诚的感情，表现出对学生的信任、理解、关心，无条件地关注学生的身心健康、尊重学生的情感、欣赏赞扬学生的优点等，这样师生之间才能建立起和谐融洽的关系，这种关系能够满足学生希望得到他人关爱的需要，从而促进学生自发、愉快、积极地学习，学生的想象力和创造力也将得到充分发挥。相反，在应试教育中，教师是知识的化身，是科学真理的拥有者，教师教知识，学生学知识，教师是无可争辩的绝对权威；学生是客体，是被动学习者。目前，这种典型的教师权威感的师生关系仍在全世界大多数学校中盛行。在这种关系中，教师管理学生过于严格，频繁地批评、斥责学生，无视学生的尊严，引起学生对教师的敌意、怨恨，致使许多学生在这种师生关系中压抑真实的自我，易形成双重人格，导致教育的失败。

因此，情感化的师生关系实质上强调的是“爱的力量”，是“人文性”教学必须高度重视的方面。

2.“人文性”体操教学观念下的教学形式、教学方法、教学手段

“人文性”体操教学观念的目标是将学生培养成适应现代社会生活、具有全面素质和能力的现代人。而“人文性”体操教学观念指导下的教学任务则包括：向学生传授体操的知识、技术和技能；培养学生的非理性能力（情绪、意志、注意、认知、直觉等能力）；在教学过程中使学生的个性得到张扬，使学生的自我价值得到体现；加深学生对自由、民主、平等的认识和理解，使其形成科学的世界观和价值观。

由于“人文性”体操教学观念的目标与传统的体操教学观念的目标不同，“人文性”体操教学的任务与传统的体操教学任务也有区别，所以，传统的教学方法需要改造和创新以适应“人文性”体操教学。“人文性”体操教学观念指导下的教学方法是指在体操教学中既能培养学生的理性能力，又能培养学生的非理性能力的教学方法和手段。其实，传统的教学方法中也有很多方法既能培养学生的理性能力，又能培养学生的非理性能力。只是由于这些教学方法仅用来传授科学理论知识以及动作技术和技能，所以对于它们在培养人的非理性能力方面的潜力没有被挖掘出来。实现“人文性”体操教学观念的目标和“人文性”体操教学的任务既应该使用传统教学方法中利于培养学生的理性能力和非理性能力的方法，也应该创造一些新的方法和手段。

（1）自主选择教学内容

该教学组织方法以体现学生的主体地位为根本出发点，通过学生自主选择班级、教材内容和学习方法来激发学生的内在动机，增强学生对教学内容和过程的兴趣，从而加快体操教学过程，提高体操教学质量。

年级按大纲级别分班教学：首先，制订不同班级的三种大纲，A 级大纲为常规教学大纲，B 级大纲在 A 级大纲的基础上增加部分难度动作，C 级大纲以三级运动员规定动作为主要内容。其次，对应 A、B、C 三种大纲设置三个班级。这种教学的具体手段是，根据学生的要求将他们分在按三种大纲划分的班级里，分别以 A、B、C 三级大纲为标准组织教学。这种教学的优点在于，既能照顾对动作技术要求较高的学生，又能兼顾要求较低的学生，还能符合教学大纲的要求，可以说是一举三得。以人为本和"人文性"教学充分体现在这种教学组织形式之中。

班内按技术水平分组教学：针对学生水平制订不同的动作规格和标准，使每个学生在学习动作技术时都能体验到成功的喜悦。这种教学手段可以充分体现"人文性"体操教学观念的实质。

（2）信息采集

这种方法是指在教学过程中，充分利用学生的各种感觉器官，将必要的信息纳入大脑之中并进行储存，以备应用。这种方法的主要特点是充分发挥学生各种感觉器官的功能，并与思维紧密结合。信息的采集主要有三个途径：其一是通过视觉器官看到的动作形象、场景以及录像中的一些内容。其二是通过听觉器官听到的教师的讲解、指点、命令、建议或者同学之间的交流以及器械和做动作时的声音等。其三是通过学生自身的本体感觉器官得到的自己做动作时的时空感觉、用力大小感觉、动作中的节奏感觉等。

这些信息是掌握动作技术，正确理解动作概念，科学、合理、高效运用动作技术的先决条件。在信息的采集过程中，要高度地集中注意力，使有用的信息不被遗漏，同时，要积极思考，将无用的信息清除出去。

根据接收信息的途径将该方式分为以下三种教学方法：

①演示法。通过观看教师或者同学的动作、录像上的动作而进行学习的方法。它包括三种具体手段：模拟手段，是指通过观看技术动作后模仿技术动作；录像、图表手段，是指通过观看录像、图表上描述的动作而进行学习；示范，是指通过观看教师或者同学的技术动作而进行学习。

②语言法。运用第二信号系统的条件联系，促进动作技术掌握的方法。它

包括三种具体的手段：讲解，教师运用生动形象的语言，使学生理解动作概念、动作方法，从而促进学生的学习；提示，采用语言或者信号的方式使学生加快对动作技术的掌握；评价，通过对学生的动作技术进行分析和总结，并把结果告诉学生，而使学生改正错误，加快对动作技术的掌握。

③练习法。在练习过程中，充分利用本体感受器的功能，促进动作技术掌握的方法。它包括三种具体手段：间歇练习，完成动作后，间歇一定的时间，然后继续练习。学生在间歇时间里，可以通过回忆和体验做动作时的肌肉用力情况而促进学习；变换练习，通过改变练习时的运动负荷、练习内容、练习形式以及练习条件，不但可以提高学生的积极性、适应性，而且可以让学生体验到在变换情况下的各种感觉，经过分析、综合使学生加快动作技术掌握；重复练习，通过反复练习动作技术，不断总结练习时的肌肉用力感觉，及时调整用力的大小、方向、作用点，从而加快对动作技术的掌握。

信息采集法对学生的注意能力和思维能力以及意志力要求较高。因此，这种方法对于发展学生的注意力集中能力、意志力和逻辑思维能力具有积极的作用。另外，该方法充分发挥了学生的主体作用，对于挖掘其自身的潜力有着不容忽视的作用。

（3）互助合作

现代社会对人的竞争意识以及合作意识要求较高。如果一个人在社会生活中不具备竞争能力，没有合作精神，那么，他的处境将会非常不利。“人文性”体操教学观念的核心在于培养和提高学生自身的素质，使其更好地处理社会关系并且成功地完成任务。互助合作教学正是实现“人文性”体操教学观念的核心内容的有效方式。

在运用这一方式时，先进行教学分组，将班里的学生按体操成绩进行排名。然后将第一名、第二名与倒数第一名和倒数第二名分为一组，依此顺序把班里的学生全部分成四人一组的教学小组。经过如此分组后，每个小组中既有体操成绩好的也有体操成绩差的。在进行教学时，成绩好的同学不但可以指导成绩较差的同学，还能对他们进行保护和帮助。同样，成绩较差的同学也能在成绩较好的同学做动作时进行可靠的保护和帮助。

根据互助合作的形式将其分为以下三种教学方法：

①协作法。在同学之间采用相互帮助、相互指点、相互评价的方法来促进动作技术的学习。它包括三种具体手段：阻力，是指故意增加完成动作技术的难度，从而提高要求，使学生进步更快；助力，是指降低完成动作技术的要求，

促进学生掌握动作技术；保护帮助，通过保护和帮助，使学生消除恐惧心理，建立动作技术的本体感觉，从而加速学习。

②观察法。通过同学之间的相互观察、相互指点来加快技术动作的学习的方法。该方法包括以下具体手段：发现问题，通过观察发现同学动作技术中的错误或优点；纠正错误，通过纠正学生动作技术中的错误，促进学生掌握动作技术。

③鼓励法。在动作技术学习过程中，通过使用积极的语言和身体语言促进学生学习的方法。它可以分为以下手段：表扬，运用积极的语言称赞其学习；奖励，通过精神和物质奖励，激发其动机，加快学习。

通过运用这些方法和手段，不但可以促进教学，同学之间的友谊和爱心经过如此交流也会充满整个课堂，而学生的交往能力也会在不知不觉中得到提高。教师在这种方法中的指导工作会变得更加有力和有效，因为他可以腾出更多的时间进行观察和指导。

（4）激发兴趣

一位教育家曾经说过，“兴趣是最好的老师”。兴趣能够激发学生的内部动机，并且强化动机，使学生的学习成为自觉积极的行动，从而提高学习效率。

“人文性”体操教学观念提倡尊重学生的个性，激发学生学习体操的兴趣通过两个途径可以实现，即比赛法和游戏法。

①比赛法。是在创设竞赛条件下，组织教学的一种方法。教学比赛具有鲜明的竞争性和趣味性。利用比赛法组织教学能在较大程度上挖掘学生机能的潜力，锻炼学生在较复杂的条件下完成动作的能力和心理素质，培养学生的集体主义观念、敢于拼搏的意志品质以及良好的体育道德作风。比赛法的教学把学生带入一个充满竞争的情境，使学生的多种能力都得到展示，如稳定情绪的能力、注意力集中的能力、克服环境压力需要的顽强的意志力、适应紧张气氛的能力等。比赛在某种意义上来说就是生活的缩影，比赛成绩就是生活能力的象征。因此，这种教学法对于提高学生的适应能力具有重要的作用。它包括以下手段：专项素质比赛，利用比赛提高学生的身体素质，促进动作技术的掌握，从而提高教学效率；技能比赛，通过比赛提高学生的专业技术能力；专项技术比赛，通过这种比赛，使学生增长比赛经验，同时提高技术水平，激发学生学习的兴趣。

②游戏法。游戏是体育比赛的雏形。体操游戏内容丰富、形式多样、生动活泼，具有较强的趣味性，能发展学生的体操素质，培养良好的集体主义观念

和灵活机智、勇敢果断的心理品质。游戏法教学寓教于乐，体现了体育的丰富文化生活、提高生活质量的本质。在教学中应该根据教学目的和内容设计游戏的具体方式和方法，例如，为了提高学生完成动作的质量，将完成动作时身体的高度、距离、力度、转体准确性、落地稳定性、姿态优美性、动作节奏性、动作熟练性等作为游戏的内容。在体操教学中采用游戏法可以起到调动学生的积极性和兴趣，感染学生的情绪，消除由于激烈的竞争产生的精神紧张，宣泄学习和生活中的消极情绪，使学生的心理状态向良好的方向发展的作用。从这些作用来看，游戏法在实现"人文性"体操教学观念和体现体育的本质含义方面具有深远的意义。游戏法还可以用于准备活动部分来激发学生的学习兴趣，缩短进入工作状态的时间。用于结束部分可以使学生尽快消除上课所造成的生理和心理疲劳。该方法包括以下手段：热身，通过游戏的方式做准备活动。如在练习时，通过老鹰捉小鸡等游戏形式既提高了兴奋性，又能起到准备活动的作用；放松，课后的放松活动，可以采用游戏的形式来进行，可以提高专项身体素质，将专项身体素质融入游戏之中，使其得到发展。如在老鹰捉小鸡的游戏中，被捉到的学生必须做 5 次俯卧推手击掌等；巩固专项技术，将专项技术融入游戏之中。如在追逐游戏中学生必须在追逐过程中做前滚翻或侧手翻等动作才有效。

3. 运用"人文性"教学方法时应该注意的问题

"人文性"体操教学观念的目标要求，既要培养学生的理性能力又要培养学生的非理性能力。那么，在教学过程中就应该突出这一特点，根据各种教学方法的特点和优点、学生的特点以及教学任务来选择最适合的教学方法。例如，互助合作教学中的观察法既能培养学生的注意力集中能力，又能培养学生的自主性，还能使学生掌握体操的科学理论知识、技术和技能。

在某些情况下一种教学方法很难同时完成既培养学生的理性能力，又培养学生的非理性能力这一任务。那么，必须采用两种以上的教学方法，才能完成既培养学生的理性能力，又培养学生的非理性能力这一重要的任务。

选择教学方法时，首先要明确本次课的内容，然后根据本次课所要完成的教学任务确定使用哪些教学方法。例如，本次课的教学内容是前手翻（第一次课）、双杠前摆上（第三次课）和培养学生控制情绪的能力。那么，就可以选择信息采集法或互助合作法以及传授给学生调节情绪的方法，如呼吸调节、暗示调节、宣泄调节、转移调节等方法（这些方法属于心理学方法）。再如，本次课的内容是单杠的"直角悬垂摆动屈伸上"动作（第二次课）、跳马分腿腾跃（第一次课）和培养学生的意志能力。那么教学方法除了动作教学法外，还要使用培养意志能力的方法。

意志总是与克服困难相联系的，并在克服困难的过程中表现出来。困难可分为客观困难和主观困难两类。客观困难表现为不以人的意志为转移的客观事实，并对完成任务具有特定的阻碍作用。主观困难则表现为人对待完成的任务所抱有的主观态度方面的困难，有时称为心理困难或心理障碍。克服客观困难教师可根据学生的特点、任务的困难程度、学习或者练习需要的意志品质等，有意识地增加困难的难度因素，并根据学生的特点逐渐提高其难度，使学生需做出相应的努力才能克服。克服主观困难可以采用说服教育、榜样作用、自我命令等方法。此外还可以在各种条件下进行训练和比赛，使学生适应比赛条件和积累经验，培养冷静的自制能力，以便应付学习和生活中出现的各种挫折和障碍，迅速做出和执行决定。意志总是与果断和坚毅相联系而与优柔寡断相抵触，所以，教师有意识地创设特殊情境使学生能当机立断、迅速采取措施来完成学习和练习任务，久之，学生的果断性就能得到培养和锻炼，从而使学生学会自我培养意志能力。意志的培养在很大程度上取决于学生的积极主动性，因此学生要养成自我培养意志的习惯。首先，学生要明确学习和练习的目的、任务和意义，明确目的可激发学生克服困难的自觉性和主动性，在学习中积极开动脑筋想办法完成学习任务，表现出坚强的意志；其次，学生要了解意志培养的原则和方法，学会对自己的意志品质进行分析，结合实际有针对性地进行磨炼，努力克服自己意志品质薄弱的方面，同时严于律己，努力养成遵守各项规章制度的习惯。

### 四、“人文性”体操教学观念的教学评价

评价的目的是更好地增强教学的效果，为教学目标的实现提供具体的反馈信息。作为一种观念指导下的教学，应该有与其相适应的评价措施。“人文性”体操教学观念与传统的教学观念有根本性的区别，因此评价手段也会有所不同。“人文性”体操教学观念是根据现代社会学和哲学等学科的研究成果对传统的体操教学观念的丰富和发展，它包含着传统的体操教学观念没有涉及的一些内容。因此，在评价时既要结合传统的体操教学观念的评价方法，又要采用“人文性”体操教学观念的特有评价方法。“人文性”体操教学观念强调体操教学不但要向学生传授知识、技术和技能，还要发展学生的认知、理智、情绪和行为，实现学生的价值，培养学生的意志品质，突出学生的自由、平等、权利和

个性特征，提高学生的社会适应能力，增强学生的心理健康和身体健康。针对“人文性”体操教学观念中的知识、技术和技能应用传统的定量方法评价比较客观现实，而学生的认知、理智、情绪、行为、价值、意志、自由、平等、权利、社会适应能力、心理健康、身体健康等因素则需要进行定性和定量的评价。

美国芝加哥大学的布鲁姆教授是当代倡导教育革新的著名学者，他提出“以目标完成度为中心，注重适应并发展每个人的能力”的教学评价理论，认为教学评价是以教学目标为依据，制订科学的评估标准，运用科学的技术和手段对教学活动过程及其结果进行测量、比较、分析，并给出价值判断的过程。教学评价的好坏直接影响教学质量的高低。

他把一门学科的教与学的过程分为教学活动开始、教学过程、教学目标三个阶段，并根据三个不同阶段提出了诊断性评价、形成性评价、终结性评价的评价方法。

### （一）诊断性评价

布鲁姆强调，学生之所以在学习各门功课上存在差异，很大程度上是由于学生在各方面的不同履历造成的。因此，先对学生进行初始状态的诊断（包括认知能力、情感的稳定性、意志的坚强程度、注意的稳定性等），就能根据学生的特点进行有目的的教学，并且，在一个阶段教学实践之后再次诊断时能够了解学生的进步情况，为进一步提高教学质量反馈有价值的信息。

传统的摸底考试只是为了了解学生掌握知识、技术、技能的情况，而对于学生的非理性因素却不加考虑，这种做法漏掉了最有价值的东西。虽然通过考试可以知道学生的知识、技术和技能水平，但是，对于隐藏在知识和技能背后的观察能力、组织能力、计划能力、情感的稳定性、注意力的稳定性等对学生毕业后的社会适应能力有重要影响的因素却不能了解。对学生的全面了解利于教学方法、教学内容的选择；利于教学计划的制订；利于学生自己掌握自己的学习进度。针对全面了解学生，设计出能够全面评价学生的方案显得非常重要，方案既要反映学生对知识、技术和技能的掌握情况，又要反映学生的非理性能力。学生的知识、技术和技能通过传统的考试方法就能了解，而学生的非理性因素则必须通过精心设计的方法才能掌握。学生非理性因素中的关键因素情绪、意志、注意和直觉通过心理评定方法可以了解。

### （二）形成性评价

形成性评价是指在教和学的过程中对教学效果和学习效果进行评价。评价的指标为授课过程中所要掌握的知识、技术、技能以及所要培养的非理性能力中某一方面的内容（注意力集中、情绪稳定、意志顽强、直觉准确等）。教学过程的每一个环节、每个内容、每个教学方法都是评价的对象，通过评价为进一步做好教学工作提供必要的反馈信息。

1. 教师的“教”的评价

教师教学方法的选择是否针对全体学生的实际情况，是否采用有区别对待的方法，备课情况、组织过程、讲解示范、教学态度是否端正等都是评价的对象。作为教学过程的主导者有责任和义务接受这种评价，无论评价结果好坏，对教学能起到积极的促进作用就是进步。“以人为本”和“人文性”体操教学观念的根本就在于尊重学生的学习权利，只有把教师的“教”真正落实到位，确实在教学过程中起到主导者应有的作用，才不负作为教师的光荣使命。

传统的方法是通过学校管理部门对教师进行评价，由于管理者不能每时每刻观察教师的教学活动，所以对教师的了解不如与教师一起上课的学生了解的全面。因此，在评价教师的教学方面，学生更具权威性。

2. 学生的“学”的评价

学生在教学过程中的主体地位决定了学生应该以学为主，然而由于每个学生的知识基础和身体素质以及心理素质不同，所以学生的学习成绩不会相同。评价学生的学习态度、注意力集中、意志努力、情绪稳定、直觉把握等情况可以了解学生的个性特征。通过向学生提问、让学生做动作就会了解学生的知识、技术和技能的掌握情况。将学生的知识、技术和技能的掌握情况作为结果，那么，造成这种结果的原因便可以很容易地找到。如果学生在上课过程中学习态度端正、注意力集中、意志顽强、情绪稳定、直觉把握准确，取得好成绩就理所当然，否则便是身体素质差或基础差的原因。如果学生的学习态度不端正、注意力不集中、意志不顽强、情绪不稳定、直觉把握不准确，取得好成绩则是因为基础扎实或者身体素质好，否则学习态度、注意力、意志、情绪、直觉便是造成成绩不好的原因。既然找到了学习成绩不好的原因，那么根据这些原因寻找解决的途径便会轻而易举。

### （三）终结性评价

终结性评价一般在学期末进行，目的是了解学生一个学期的全面发展情况与教学预期的目标有无差距，并做出对学生比较全面的评价。终结性评价的作用体现为预测学生今后的学习成效；确定此后的教学起点，为下一个教学过程提供诊断依据；对教师和学生起反馈作用。

### （四）评价方法

传统的评价方法主要包括测验、考试和观察，“人文性”体操教学观念指导下的教学评价应该采用能体现以人为本的评价方法。根据“人文性”体操教学观念的核心思想，总结出以下几种评价方法。

#### 1. 自评与互评相结合

学生的能力不仅体现在学习成绩上，还体现为能根据需要不断调整和改变自己的实践活动。在教学活动中，学生的主体作用能通过自己发现问题和解决问题体现出来。教学过程中学生个体的因素起主要作用，是教与学矛盾的主要方面。充分发挥学生的主体作用包括提高学习兴趣、强化学习动机、注意力高度集中等。教学过程是信息的传递和交流过程。学生接收信息的过程受个体主观条件和客观条件的影响，由于影响而使信息在传递过程中可能出现偏差，因此学生要不断地根据目标及时调整自己的主客观条件。主观条件包括认识能力、理解能力、观察能力、学习态度以及学习兴趣、学习动机、注意力稳定性、意志努力程度等，而客观条件包括基础知识掌握情况、身体条件、身体素质、健康状况等。

每个学生的基础不同、个性特征不同，所以对某些问题的认识程度就不会一样。因此，在教学过程中，学生之间的评价会起到很大的作用。在动作技术的教学过程中，由于教师只有一个而学生却有十几个甚至几十个，教师不可能在同一时间观察每个学生的技术动作，因此，学生之间的相互评价就是非常必要的反馈信息。反馈信息反馈给做动作的学生，可以使做动作的学生根据反馈信息调整自己的动作技术。在理论和技术教学过程中，学生针对某个问题会有不同的见解，学生之间的辩论和评论不仅能使问题更加清晰，使问题得到解决，还能拓宽学生的知识面。

#### 2. 动作技术定量描述

这是一种结构化的评价标准，往往是从与评价目标相关的多个方面详细规定评级指标，具有操作性强、准确性高的特点。

在传统的教学评价中，特别是在评价非客观性的试题和任务时，人们已经不自觉地应用了这种工具。例如，教师对学生技术的评价，往往会分别就动作技术完成情况、完成动作技术时的身体姿态等方面所占的分数给予规定，以便更有效地进行评价，又如，教师在期末评价学生一学期的表现时，也往往会从学生的作业成绩、劳动与纪律、同学关系等多个方面进行综合考虑，给出优、良、差的等级评定。只是教师使用这种方法的自觉性和规范性还远远不够。

在评价学生的学习时，应用这一方法可以有效降低评价的主观随意性，不但可以教师评，而且可以让学生自评、同伴互评。如果事先公布动作技术的定量描述，还可以对学生的学习起到导向作用。此外，让学生学习自己制订动作技术定量描述也是很重要的一个评价方法。

3. 样本法

所谓样本展示，就是在布置学习任务之前，向学生展示符合学习要求的学习成果样本，以便为学生提供清晰的学习预期。例如，在动作技术的教学中，常常会要求学生通过做某个技术动作完成学习任务，教师或者学生所提供的示范就是一个样本，它一方面可以启发和拓展学生的学习思路，另一方面还能在技术和某些课题上对学生的学习起到引导作用。科学的样本展示不但可以避免拖沓冗长或含糊不清的解释，帮助学生较为轻松地完成学习目标，还会对学生日后的独立学习起到潜移默化的引导作用，使他们在必要的时候，可以通过各种途径寻找可参考的样本来规范自己的努力方向。

4. 建立学习档案法

学习档案是按一定目的收集的反映学生学习过程以及最终成效的一整套资料。这种档案在客观上有助于促进个人的成长，而学生也能在自我评价中逐渐变得积极起来。

学习档案中可包含各种形式的学习材料，如录像带、动作技术的进步情况、理论知识的掌握情况、徒手操的创编等。学习档案可以帮助学生在一段时间后检查自己的成长，从而成为自身努力的更有见识、更善于思索和善于反思的评估者。学习档案提供具体的参考资料，凭借这些资料，教师可以辅导和支持学习者达到自己的目的。

5. 图标法

图标是一种图表，可用来指示课、单元和知识领域的组织。在识别与某一课题有关的概念后，学生可通过沿着空间等级层次和时间先后顺序的维度，创建心理模式，以此识别和标识概念间的相互关系。学生可通过绘图将概念联系起来，以表述这些概念对于他们个人的意义。由于图标提供了对于知识的了解和区分概念的能力，所以，它们提供了提高学生认知成长水平的有用途径。在实际应用中，教师可以和学生在进行“头脑风暴”的基础上织就一个图标，这一显示主题和有关子主题的网对于学习活动的进行和评价有重要的意义，有助于学生以具体和有意义的方式表征概念。例如，将跳马中的踏跳与推手相互联系就可以帮助我们理解推手也是一种踏跳，它们的力学原理和作用原理是相同的。单杠的“长振屈伸上”与双杠的“长振屈伸上”以及吊环的屈伸上属于同一类型的动作，它们遵循同样的力学原理。根据这些动作技术的特点我们可以建立许多类似的图标，这些图标不但能用于对学生理解知识和概念进行评价，而且可以用于指导教学和训练。

6. 成绩评定法

在“人文性”体操教学观念指导下的教学中，学生个人或小组针对某一问题，独立完成任务，并以成果，如创造成果、解决方案、研究报告等方式来提交作业，已经成为一种普遍认可的学习模式，在这种学习模式中，作业（成果）评定这种评价方法显得尤为重要。作业评定涉及学生创造成果或完成所要求的既定任务的过程。并且需要一整套的辅助工作，如学生作业的观察、展现、评述、访问等。通过作业评定，使学生意识到学习不仅是记忆的演习，而且是发展既有具体训练的深度，又能适应所学领域的复杂性的一种感悟。例如，给学生布置下创编一套适合老年人的健身操，并且将其应用于现实生活之中的任务，然后，再根据实际完成这一任务的情况进行客观评价。

## 第二节　自由体操落地下肢负荷及影响因素分析

### 一、体操落地损伤调查

体操的落地或下法，往往伴随着高难度的空中转体动作，给下肢带来极大的身体负荷，极易诱发急性损伤；高频率的落地冲击（每周约 200 次的落地），给下肢软组织带来严峻考验，容易引发慢性损伤。

#### （一）自由体操落地损伤调查

在体操的所有项目中，由于较低的落地成功率，相对较高的落地垫刚度，数量较多、从较高落地高度进行的高难度空翻、转体动作，高频重复的落地冲击，落地时运动员下肢需要承受相当大的重复冲击力，是 8 ～ 17.5 倍自身体重

（body weight，BW），承受的冲击负荷相对最大，自由体操项目有最高比例的损伤，这在业内早已达成共识。例如，据报道，所有体操项目导致 89 例损伤，其中落地诱发的膝、踝部损伤为 63 例。男子运动员膝关节损伤 13 例，其中自由体操落地损伤 9 例；踝关节落地损伤 26 例，其中自由体操落地损伤 11 例。女子运动员膝关节损伤 12 例，其中自由体操落地损伤 6 例；踝关节损伤 12 例，其中自由体操落地损伤 7 例。再比如，伊朗 40 名 8 ～ 11 岁的优秀女子体操运动员在自由体操项目中共发生了 1004 例损伤，主要损伤类型为下肢肌肉损伤（约 41% 的肌肉痉挛和约 32.4% 的肌肉拉伤）、皮肤损伤（16.4%）、下肢关节损伤（8.6%）。皮肤损伤短期内可以恢复，肌肉损伤和关节损伤则会严重影响运动员的训练时间和比赛成绩。

### （二）体操落地损伤影响因素分析

近年来落地冲击引发的下肢损伤逐渐增加，使落地冲击负荷与下肢损伤的机制研究逐渐成为运动生物力学、运动医学、运动训练学等领域的研究热点，很多学者做了大量的探索性工作，但仍然没有得出令人信服的研究结论。流行病学的调查只能提供体操运动员损伤概况的数据，引起教练员和运动员在思想观念上的重视，而要做到合理预防损伤，就必须深入剖析并理解体操损伤的诱发机制。有研究建议建立损伤风险因素和损伤信息的模型，通过模型化的方式来调整潜在损伤风险的内部和外部因素。

落地冲击的频率（膝关节软骨变形随着不同频率的冲击负荷幅度发生变化，膝关节冲击力峰值与高频冲击的 GRF、身体重心、足的位置有关）（GRF 为地面反作用力），较高的冲击力（GRF 峰值与落地高度成指数关系，落地高度增加，GRF 峰值增加，前脚掌着地时跟腱承受较大的拉力，踝关节损伤风险随之增加），重复性的冲击负荷（直至疲劳的落地反跳动作研究提示，疲劳容易降低膝伸肌的能量吸收能力，导致踝关节承受更大的冲击负荷；重复负荷导致下肢的过度使用会引发急性或过度使用损伤，但没有充足的临床证据说明重复的冲击力是损伤的主要原因），较快的减速（较大的力作用下容易诱发下肢关节的急性损伤），肢体的不对称，腿的刚度，膝、踝关节角度以及运动范围（体操空翻起跳和落地中频繁地使用踝关节，当踝关节发生过度强力内翻或外翻活动，冲击负荷过大致使踝关节角度经常会偏移正常的运动范围，诱发内侧或外侧踝韧带损伤，甚至撕裂或骨折），双脚落地的评分规则，落地动作失败或者稳定性较差导致的低落地成功率，落地过程中身体姿势稳定性下降，肌肉疲劳

（髋、膝关节肌肉质量大，对冲击吸收的功率和离心功也就较大，可以较好地吸收冲击能量，踝关节肌肉质量小，损伤风险较高；当肌肉活动的大小和频率超过骨骼调整适应的能力或者劳累导致肌肉疲劳造成活动方式的改变和骨骼应力传递的分布变化，造成能量吸收传导的减慢、肢体协调能力下降或者肌肉吸收力的无效时就会引发损伤；单一重复的肌肉疲劳会影响落地冲击力对足跟部位峰值力的大小，增加损伤风险），肌肉的能量耗散能力和幅度（落地过程中髋、膝关节的伸肌对关节能量吸收起主要作用，可以降低落地冲击的负荷；下肢关节不同肌肉对冲击能量耗散的贡献可有效减轻落地冲击的负荷；下肢肌肉对冲击负荷的降低存在性别差异，但没说明矢状面的能量吸收与冲击力幅度的关系），神经肌肉控制机制（落地过程中，神经肌肉的疲劳程度、个体关节运动学姿势、性别差异的易损伤风险与膝关节损伤之间存在较大关系；初次落地和后续落地之间，由于落地表面刚度、落地高度等因素的影响改变了落地的神经肌肉控制机制；神经肌肉控制对关节起重要作用，落地冲击后的 150 毫秒，踝关节达到最大位移，踝关节背伸速度和内部扭转速度分别为 1240° / 秒和 580° / 秒，损伤一般发生在 105 ～ 160 毫秒之间），软组织的固有频率和冲击力的频率发生共振等和体操运动员损伤有较大的相关性。因此，肌肉和软组织的负荷对落地冲击诱发损伤的风险评估具有重要作用，可以考虑使用实验测试和仿真模型评估结合的方式量化落地过程中人体下肢环节真实的内力。

## 二、体操落地冲击负荷机制研究

### （一）落地冲击负荷机制

冲击负荷对人体结构有较大的影响，日常的步态、跑步、跳跃动作，足与地面接触方式的不同、接触时间的长短差异均会导致地面反作用力施加于人体的冲击负荷发生变化，从而引发人体下肢动力学响应的差异。描述和定量分析冲击负荷与损伤风险关系的生物力学方法，在确定损伤原因及机制方面起着重要作用。生物力学方法将体操落地冲击负荷机制分为内在机制和调节机制。内在机制主要和运动员先天性的身体条件有关，包含运动员本身的身体状况，膝、踝关节刚度，下肢肌肉组织力量，足骨骼刚度，下肢的神经肌肉控制能力和协调性，膝、踝关节承受冲击后的移动范围和松弛度等。也有研究把性别差异归于内在机制，认为不同性别的运动员落地时的姿势和运动类型不同，冲击损伤也存在差异，但运动员的落地姿势是可以自我调整的。而体操运动员的落地技术熟练程度，落地时下肢关节的弯曲程度，足触地时的部位、角度，空中动作所到达的最大重心高度，同样高度不同动作导致落地时人体方向不同，落地瞬间身体的垂直和旋转速度，落地表面（落地垫是体操运动员足所接触最多的表面）的力学特性等则属于调节机制的范畴。虽然有些机制（如相同体重运动员不同环节的质量不同，每个运动员膝关节和踝关节刚度不同，完成相同动作时身体姿势不同导致承受的冲击力存在差异）对落地冲击的潜在损伤有贡献，但未获得业界的一致认可。

目前，虽然离体研究方法可揭示和定量分析损伤机制以及运动员不同的身体条件、状态，但所获得的生物力学信息十分有限，导致诸如落地频率、幅度与损伤的关系无法确定。用于研究落地冲击负荷调节机制的生物力学方法有实验研究和建模仿真研究。

### （二）落地冲击负荷机制的实验研究

落地冲击负荷的生物力学实验研究可加深对落地冲击负荷调节机制的理解。研究显示，影响冲击负荷机制的主要因素有落地高度、下肢运动学特征、冲击表面力学特性、性别差异等。但具体的实验研究往往涉及多种因素，如落地高度和落地经验，落地高度和冲击表面力学特性的相互作用，落地高度与性别，性别与下肢运动学特征，落地高度与下肢运动学特征等。

落地高度与冲击负荷：随着落地高度的增加，落地冲击带来的垂直 GRF 峰值随之增加，即落地高度与垂直地面反作用力峰值为正相关（多为三个不同高度）或者指数关系，并且不论落地高度还是落地垫的力学特性，影响垂直 GRF 最主要的因素均包含体操运动员的膝关节运动学特征。落地冲击产生的内部和外部负荷由下肢运动学技术决定，运动员自我选择的落地技术对髋、膝、踝关节的运动学调整，对减缓冲击负荷起着重要作用，下肢各关节之间的协同作用，也可以有效减少落地时的冲量。同样的高度，膝关节屈曲角度对落地冲击幅度有重要影响，落地过程中，增加膝关节屈曲角度可以减小地面垂直反作用力峰值，同时也会加大腿的冲击加速度峰值。如 30 厘米高度的落地，膝关节屈曲较大时柔软状态承受的冲击力比屈曲较小时僵硬状态的冲击力小 55%，80 厘米高度的落地，前者的冲击力比后者小 32%。

不同高度的落地，垂直 GRF 峰值、胫骨加速度、下肢关节肌肉做功数据提示，膝关节运动学角度对减缓冲击负荷作用明显。但受限于体操规则，比赛中运动员的落地不能使用较大的膝关节屈曲力，而且带有连接动作的第一次落地，需要下肢关节具有一定的刚度，否则很难完成后面的连接动作。此外，在不同的落地高度，由于采取的测试条件不同，如是否裸足、落地垫力学特性存在差异等，使得测试结果存在一定的差异性。0.6 米的高度半蹲跳落地中，不同的落地表面对足底部位的冲击差异较大，较大刚度的表面导致第一至第四跖骨和足中位置产生较大的足底压力，第五跖骨压力较小，并且达到最大足底压力的时间较短。较高高度（1.28 米），对比其他项目运动员，体操运动员落地的垂直 GRF 峰值（11BW）要高于其他项目运动员（9.1BW），而较低高度（0.32 米、0.72 米），垂直 GRF 峰值则相差不大，但受日常体操训练的影响，落地时体操运动员需要保持身体平衡，对踝、髋关节伸肌需求较大，落地过程中，踝关节是主要的冲击能量吸收部位，吸收了约 44% 的能量，膝、髋关节为 34% 和 22%，而对冠状面的研究结果提示，随落地高度增加，髋、膝关节对冲击能量吸收起关键作用，建议增加冠状面能量吸收、降低踝关节能量吸收，从而规避踝关节冠状面损伤风险。此外，落地高度不同，双脚同时落地和分开落地存在较大的运动学和动力学差异，双脚同时落地的膝关节屈曲角速度、膝关节峰值功率要高，但垂直 GRF 峰值会大大降低，双脚分开落地，主受力腿的踝关节背伸和外展的峰值角速度明显高于次受力腿，致使踝关节存在较大的损伤风险。三个高度（0.2 米、0.4 米、0.6 米）双脚落地中，平足的落地冲击高于正常足，但可以采用髋关节的运动学调整来减小冲击力。大多数实验研究，较低落地高度（大约 30 厘米）时使用测力台或者压力板获取 GRF，而较大高度（大约 60 厘米），较少采用裸足方式落地，也很少使用测力台，尤其是体操正式比赛，无法直接测量 GRF 数据。另外，对空翻带转体、接近 200 厘米以上的高度以及实际比赛中高难动作落地的研究较少，从而导致实验研究对体操落地冲击负荷调节机制的深层次剖析仍然存在局限性。

落地表面力学特性与冲击负荷：相较于其他体育运动项目，体操运动员无法使用鞋来减缓落地冲击，除体操鞋（袜）（仅为美观或防滑，一般不穿）外，体操落地垫是体操运动员足与地面接触的唯一介质，国际体操联合会（FIG）对体操落地垫的材料和力学特性有着严格的规定。由于自由体操落地垫包含 5 ～ 10 厘米泡沫平板的设计可以减少脊柱 20% 的最大压力，所以，落地垫的力学特性对减缓运动员落地冲击的作用尤为关键。尽管 FIG 采取了标准化测试的方式统一国家体操比赛用的落地垫的材料和力学属性，但由于落地垫材料的制造商没有统一的材料标准，对落地垫的力学特性（如恢复速度、表面刚度等）也没有完全统一，这就需要运动员去熟悉和适应落地垫表面的刚度。近年来，科研人员试图通过更改器械材质，尤其是落地垫的材料，减小运动员落地时的冲击力，从而降低落地中骨骼肌肉损伤的发生率。基于落地垫的重要性，落地冲击过程中下肢关节和不同落地垫表面交互作用的研究也相应较多。落地垫表面变形的增加可以诱发运动员腿和关节刚度的增加，下肢关节合力做功下降；随着落地表面刚度的增加，运动员会通过增加膝关节屈曲角度来适应落地垫较大的变形率，这样绝大多数冲击负荷得以被肌肉肌腱系统吸收，从而保护骨和关节组织免受潜在的破坏性压力。也有研究表明，落地表面刚度的增加会减少脚与地面接触时的髋和膝关节的屈曲，改变腿的刚度，刚度变化对地面冲击负荷有较大影响。落地表面（软垫、硬垫、无垫）的刚度系数不同，落地过程中运动员双脚落地时的运动学特征（膝、髋关节峰值角速度）和动力学特征（垂直峰值力及到达峰值时间）不同。落地时体操运动员脚趾骨内侧和外侧区域的压力不同，不同回弹、减速属性的垫子对冲击的吸收特性不同。软垫容易引起前脚掌关节内侧和外侧的外翻，从而引发更高的损伤风险；硬垫表面的冲击吸收能力较低，会导致下肢的生物组织（如韧带、肌肉张力、骨、软骨等）的负荷增加，引起前脚掌关节内侧和外侧的内翻，如果超过了承受极限，可能会导致跖骨和舟骨骨折；而介于软、硬垫之间且表面有弹性的落地垫，有助于运动员提高运动表现力，可以有效降低关节软骨损伤的风险。改变体操落地垫材料特性（如增加阻尼）可以减小 GRF、大腿和小腿的弯曲力，同时可能增加前足部分在跳马触地初期的负荷。

性别差异与冲击负荷：竞技体操中，落地冲击负荷性别差异（见表 4-1）的研究结果表明，男女运动员的落地技术存在明显差异。女子运动员的腾空时间和高度都低于男子，为获得比赛中的高分，女子不断尝试并完成接近男子水平的空翻与转体动作，必然会增加损伤风险。研究表明，女子运动员下肢承受的冲击负荷（体重标准化之后的 GRF）分别比男子运动员高 9%（单脚落地）和 34%（双脚落地），膝、踝关节所承受的地面反作用力冲击分别高 20% 和 39%。落地时女子运动员往往采取直立的落地姿势，更大的髋、踝关节运动范围最大化地吸收落地冲击能量，在矢状面，主要依靠膝关节伸肌、踝关节趾屈肌来吸收冲击能量，而男子运动员往往利用膝、髋关节伸肌来减缓矢状面的冲击负荷，但是在冠状面，女子运动员具有更大的膝、踝关节的运动学不对称性，且向前跳的落地比垂直跳的落地具有更大的髋关节内收和膝关节外翻的不对称性；在落地冲击后期缓冲阶段，女子运动员的膝、髋关节伸肌力矩和膝、髋伸肌等长力量比均明显高于男子运动员。但也有研究显示，落地过程中脚的不同位置接触落地垫时，下肢关节屈曲角度不存在性别差异。尽管体操损伤的流行病学调查结果表明，在落地冲击过程中女子运动员的损伤率高于男子运动员，但是关于性别的落地技术和负荷机制的研究尚未见确切报道。因此，针对不同性别的落地调节技术与冲击负荷机制的生物力学分析应该成为未来的研究趋势之一，在基于性别的落地技术差异与损伤机制之间搭建桥梁。

**表 4-1　落地高度与性别差异对冲击负荷机制影响的研究**

| 落地高度 | 研究结果 |
|---|---|
| 30cm | 女子的垂直 GRF 峰值比男子高 |
| 静止起跳最大高度，无具体高度数据 | 女子的垂直 GRF 峰值比男子高 |
| 原地起跳最大高度，无具体高度数据 | 女子的膝关节伸展和外翻力矩比男子高 |
| 30.5cm ～ 45.8cm | 女子的下肢肌肉峰值高于男子 |
| 50cm | 无性别差异或差异不显著 |
| 60cm | 垂直 GRF 峰值、时间无性别差异或差异不显著 |
| 单腿跳，无具体高度数据 | 女子的垂直 GRF 峰值比男子高 |

其他因素的实验研究：下肢关节屈曲角度的运动学差异对冲击负荷有明显影响，增加膝关节屈曲角度可以延长落地冲击负荷的时间，但受限于生理解剖结构，膝、踝关节变化范围有限（膝：79°～89°，踝：25°～30°）；体操评分规则要求体操运动员使用硬落地的落地策略，其膝关节屈曲角度小于63°，对比髋关节，膝、踝关节承受着较大的冲击负荷。是否带负荷跳的落地对比数据提示，非负荷条件下，髋关节的屈曲角度较大，其他运动学和动力学变量则没有明显差异；落地过程中使用低屈曲的膝关节的落地方式，其膝关节外翻角度大于使用高屈曲的角度，且膝关节内收力矩增加，膝、髋吸收冲击能量的能力下降。落地跳初次落地和二次落地的对比研究提示，GRF 峰值没有明显差异，但初次落地的重心要低于二次落地；而初次落地的髋关节内收角、膝关节外展角、膝关节外展力矩特征要低于二次落地，但二次落地的髋、膝关节屈曲角度和伸肌力矩要低于初次落地，在水平面和冠状面，膝关节出现明显的不对称特征。不同的落地方向对 GRF 峰值略有差别，如前空翻、后空翻、垂直落地跳三个不同方向的落地时 GRF 被测量和评估，后空翻两周的 GRF 峰值约为 8.8～14.4BW。不同的落地方式（落地站稳和带跳步后站稳）对比研究说明，GRF、关节反作用力（JRF）、肌肉力矩等动力学数据和髋、膝、踝关节角度的运动学数据没有显著性差异。

此外，体操运动员采用不同的落地技术，下肢各关节承受的冲击力大小也迥然不同，脚不同位置与落地垫的接触决定着下肢各关节的冲击负荷大小：脚跟落地时膝、髋关节承受更多的负荷；脚尖落地时踝、膝关节承受更多的负荷，踝关节高达 10.5BW，膝关节高达 8.5BW。不同的压力中心位置，对下肢各关节的冲击负荷大小也不同，脚跟落地到达 GRF 的时间和峰值都远大于脚尖落地，因此体操运动员一般采用脚尖落地的技术，也就是触垫时踝关节处于背伸状态。

### （三）落地冲击负荷机制的建模仿真研究

受学术伦理道德和体操比赛规则的限制，单纯的实验方法很难捕获高难度体操动作落地冲击（尤其是比赛时）的 GRF 数据，因此不少学者建议使用建模仿真方法，结合实验研究的数据，开展进一步的研究。

冲击负荷分为外部负荷和内部负荷。由于内部负荷很难直接通过解剖学测量，因此，很多研究利用外部负荷变量 GRF 代替内部骨负荷和损伤评估。此外，垂直 GRF 峰值、到达垂直 GRF 峰值时间、水平 GRF 峰值、冲量、峰值负荷率等也被作为外部负荷评估指标，因为较大的 GRF 和不良的下肢姿势是体操落地中下肢损伤的主导性因素。有研究发现，GRF 负荷率比 GRF 更适合评估胫骨负荷和应力性骨折风险。然而，只有部分研究采用关节反作用力、骨弯矩、肌肉力、肌肉功等指标对内部冲击负荷进行评估。如使用肌电图方法，确定了逆向动力学分析中单块肌肉对落地冲击负荷减缓的贡献；使用逆向动力学方法对比分析软、硬落地过程中膝关节屈曲角度差异后，发现软落地可以减缓 19% 的动力学能量；采用肌电图和逆向动力学的方法，结合实验研究收集的运动学、人体解剖学、GRF 数据，对内部冲击负荷进行评估。因此，量化产生于踝、膝、髋的关节力矩，有利于加深对身体内部冲击负荷的理解，有助于更好地理解冲击负荷调节机制。

体操落地垫的力学特性是冲击负荷调节机制的重要外部因素之一，诸多聚焦于体操落地垫力学特性的研究推动着 FIG 对体操落地垫材料的改进。计算机建模仿真方法相较于单纯的材料实验测试方法有着先天性优势，只需提供材料的主要属性，如刚度、阻尼、密度、尺寸等数据，即可迅速构建符合要求的体操落地垫模型，然后结合冲击器实验数据进行仿真模拟，并可方便地调整落地垫材料参数，寻找最符合体操比赛需求的落地垫力学属性值。常用的体操落地垫模型有简单的线性的弹簧阻尼模型、非线性的弹簧阻尼模型以及综合使用的更复杂的模型。也可以使用有限元方法进行建模，但假如冲击力大小相同，有限元方法不能处理落地垫泡沫层的能量吸收问题，而非线性的弹簧阻尼系统更适合处理能量吸收问题。通过创建不同力学特性的落地垫模型，仿真了运动员落地冲击时的力—时间特征，在关键参数上（如垂直 GRF 峰值、到达 GRF 峰值时间、最大冲击负荷率、初次最小力、到达初次最小值的时间等），计算机仿真结果与实际运动表现结果是一致的。在此基础上，创建多层落地垫计算机仿真模型和七连杆颤摆质量人体模型，采用单纯算法优化落地垫的刚度和设计阻尼的上下界，仿真落地过程中落地垫刚度和阻尼变化对 GRF、关节反作用力、关节力矩的影响。此外，采用视频分析方法，结合不同力学特性的体操落地垫，对落地垫的变形和有效质量进行计算，结合落地垫下面的测力台测量落地冲击时的 GRF，使用逆向动力学方法计算运动员落地冲击的内部关节应力，但该方法很难用于真实比赛中对落地冲击负荷的评估。尽管建模仿真方法优势明显，但仍离不开实验方法数据的支持，因此体操落地垫的冲击器实验测量结合体操运动员真实的落地表现，结合建模仿真方法开展研究，无疑会推动落地垫力学特性对减小冲击负荷的发展。

计算机仿真的研究加深了对人体内部环节的了解，很难在实验室设置和控制的操作（如软组织分布对冲击负荷的影响），也可以通过计算机仿真方法来实现。人体运动的计算机仿真方法把人体假设为刚体模型或颤摆质量模型，结合运动学数据和人体测量学数据，采用逆向动力学方法，对人体落地冲击进行仿真，并和实际运动表现进行一致性检验。刚体模型把人体假设为若干个刚体环节，环节之间通过铰链连接。使用不同刚体模型开展计算机仿真研究，对内部关节负荷进行评估已成为研究热点。创建 3 个不同的刚体模型对前空翻和后空翻动作落地的冲击力进行仿真研究，评估落地过程中下肢各关节的内部受力，分析仿真模型复杂性对评估落地冲击负荷的影响。4 环节刚体模型的研究结果显示，落地过程中，运动员采用的落地策略和内在身体条件对冲击负荷影响较大，尤其是落地策略的选择对 GRF 峰值影响高达 103%。创建 7 环节刚体模型结合体操落地垫模型，对 GRF 和关节反作用力进行评估。创建 8 环节刚体模型，研究了落地过程中肌肉共收缩对地面冲击力降低的作用。创建体操运动员骨骼肌肉模型，仿真运动员在腾空阶段如何控制反作用力的影响，如何调整降低膝关节的伸肌力矩，减少落地冲击的 GRF 峰值幅度。

人体是一个复杂的生物体，落地冲击过程中，除了受 GRF 外力冲击外，人体本身的骨骼、肌肉、韧带等对冲击负荷有重要的缓冲作用。因此，刚体模型对冲击负荷的评估存在一定的局限性，有研究提出使用颤摆质量模型代替刚体模型，把软组织对减缓冲击负荷的贡献归因于软和硬质量调整的耦合以及对肌肉活动能力和肌肉调控能力的调节。质量耦合表示软组织（如肌肉、皮肤、皮下脂肪等）相对刚体环节（如大腿和小腿）运动，具有弹性和阻尼。从一定高度落地到刚体表面，因为详细的 GRF、关节力矩、关节肌肉合力冲击能量耗散都有软组织参与并发挥作用，从而建议创建人体模型时包含颤摆质量。体操落地冲击中利用颤摆质量模型分析软组织对冲击负荷的作用的研究已经见诸报道。体操的落地冲击过程中，降低软组织和刚体环节之间的阻尼系数，可以降低 0.13BW 的冲击负荷。利用颤摆质量模型，获得的 GRF 数据更接近测力台测量值。利用个性化的参数分析落地冲击过程中，刚体模型和颤摆质量模型对负荷评估的差异。刚体模型中得到的脚跟和地面接触的 GRF 峰值为颤摆质量模型计算结果的 1.5 倍；若前脚先接触地面，随后脚跟接触地面，则刚体模型计算的垂直 GRF 峰值高估约 14%，而使用颤摆质量模型，可以更好地模拟肌肉软组织功能，使地面反作用力峰值时间和大小更接近于实际数据。落地冲击前期，颤摆质量模型是有效的，由于体操的落地冲击过程需要身体变得刚性化，随着冲击过程中肌肉的激活，颤摆质量模型消散 GRF 效果的百分比逐渐下降。此外，颤摆质量模型仿真分析落地冲击中关节运动学策略及时间对负荷的敏感性的结果显示，膝、踝关节角度时间变化特征对 GRF 峰值影响高达 1.5BW 和 3.9BW，而髋关节角度时间变化特征对 GRF 峰值的敏感度相对较低。同时，人体落地策略选择和局部质量分布的调整对冲击负荷的降低作用明显，尤其人体运动策略选择可以让 GRF 峰值增加 103%。采用颤摆质量模型和多层落地垫模型联合仿真的研究发现，通过落地策略调整降低 GRF 峰值来减少冲击损伤并不合适，因为可能会导致骨弯矩、关节反作用力、肌肉力等人体内部冲击负荷的增加。软组织对于降低冲击负荷峰值有明显作用，颤摆质量模型的理论应用到冲击负荷的调节机制中，虽然会提高模型复杂性和增加仿真时间，且缺乏真实人体内部软组织和刚体质量的真实信息，存在一定的局限性，但在评估体操落地损伤风险时，仿真模型可以有效确定人体各关节之间的真实的内部应力。

### （四）落地冲击负荷机制与损伤风险应用研究

有学者指出，运动员的跳跃能力、转体技术、落地急停能力、肌肉力量、爆发力、身体状态、精神状态与落地冲击损伤的预防存在较大关系。最近的生物力学研究试图对落地损伤进行干预，如使用生物力学手段测量膝关节运动屈曲范围，结合临床医生友情提示方法预防落地可能引发的膝关节前交叉韧带

（ACL）损伤。虽然对运动损伤预防干预的应用研究较少，但可喜的是，已有研究使用生物力学方法确定临床实践与落地损伤潜在因素之间的关联，为生物力学领域专家学者进一步深入研究提供了指引。

建模仿真研究可提供冲击负荷调节机制的系统改变时可能出现的情况，冲击负荷与落地损伤之间的"因果关系"理论（即冲击负荷过大，就会引发损伤，或者损伤是由冲击负荷引发的）已被业界认可。在判断冲击负荷是否会引发损伤时，首先要鉴别损伤部位的结构，确定目前的负荷对损伤是比较危险还是已经超过身体部位的压力限制，确定各个身体部位关键的压力限制，识别影响压力的因素，确保压力低于关键压力限制位。在实验研究中，无法有效调整运动员身体环节质量和关节刚度，因此软组织特性和质量耦合特性的调节机制无法确定，而建模仿真研究可以有效解决上述问题，同时利用运动员自己确定的落地技术，达到有效减轻高速度冲击的目的。例如，体操的落地冲击过程中，改变膝、踝关节的运动时间，可以使外部冲击负荷（GRF）分别改变 1.5BW 和 3.9BW。此外，由于个体的生理、运动能力、身体状态、落地姿势等存在差异，不能把冲击负荷参数具体量化，计算机仿真方法对一定阈值范围内的负荷可能造成的损伤风险进行评估，这比实验方法仅对损伤的可能性进行评估的研究要有深度。因此，对自由体操落地损伤机制的进一步研究将会使运动员在落地时处于有利地位，同时也会影响体操规则的调整，有利于预防下肢运动损伤的发生。

## 第三节　自由体操前手翻成套动作技术教学指导

### 一、动作技术分析

#### （一）从运动学角度分析前手翻

运动学研究的内容主要包括运动时间、空间、速度、加速度、角速度、角加速度等矢量的合成与分解，分析人体位置的变化和时间的关系，也就是从空间和时间的角度和观点来描述人体运动。

直线的运动在前手翻过程中是短暂的，但是很重要。在前手翻这个动作中，助跑是直线运动，首先助跑要自然，目视前方，时间越短越好，当然也要考虑助跑的作用，即提供后面动作的动力，所以也不能过于松散，要把握好一个度。

助跑过程并不是匀速运动，要有适当的加速，这就要考虑加速的时机和力度。加速时机是接近起趋步时之前的几步，一般是一到两步时。这个加速是均匀的加速，助跑尽量保持重心在一个水平面内，上下起伏尽可能小些，来减少动能的损失，控制身体的平稳。根据实验和比赛视频的分析观察，前手翻的助跑以 2 ～ 4 步为宜，初学者可适当增加。

#### （二）从动力学原理分析前手翻

1. 牛顿第二定律

利用公式 $F$=ma，可根据力的质量推算加速度，进而推算高度；也可根据质量和速度，推算高度，确定需要的加速度后，推断用力。据实验验证，在前手翻推手时，手臂在伸直的情况下，在垂直上升的过程中推离地面 5 到 10 厘米。

2. 作用力与反作用力的关系

作用力与反作用力大小相等，方向相反，这个定律对画受力分析图十分重要。如前手翻在推手时，手给地面一个力 $F_1$，地面就会给手一个反作用力 $F_2$。对人体进行受力分析时，只能画出对人体的反作用力，不能同时画出对地面的反作用力。在推手过程中，人体通过手给地面一个向前下方的力，地面则给手一个向后上方的力，这个力的方向取决于入射角的方向，而这个角度间接决定了腾空的高度。入射角在一定程度上决定着腾空的高度，并不是入射角越大或者越小越好，而是有一个适当的入射范围，前手翻在 75 ～ 85 度之间。

### 二、前手翻的技术要领及训练方法

#### （一）趋步

趋步的作用相当于为翻转提供一个预摆。一是趋步的高度，尽量高是指身体舒展，不能过高，过高说明起跳角度是垂直向上蹬起的。由于后面要接身体下压的动作，所以为了便于下压，起跳角度应稍向前倾，重心在身体的前面越远，向前翻转越容易，但也不能过度前倾，超出身体的控制范围，所以助跑要轻巧，根据后面动作适当加速，趋步自然大方，身体微向前倾。二是手臂的摆动，由于生理解剖的关系，人向前摆手是一种肩角的变化，如果运动员肩角开得比较好，会有利于接顶肩推手的动作。

对于趋步，首先可进行高度和原地练习，增加腿部的蹬力。练熟后开始加短助跑，两步一趋，连续趋步。然后慢慢增加助跑距离和力度。要注意的是，趋步一定要自然放松，不能太僵硬。

### （二）上体下压

上体下压注意的主要有以下几点：第一，手的位置，也就是肩角的问题，在上体下压的过程中，肩角要保持无角度，也就是打开的状态。第二，下压要从腰部开始，就相当于腰部以上是一个固定的个体，要全部锁住，尤其是肩角。第三，头的位置，在肩角打开后，一般处于夹耳朵的位置，尽量保持这个位置不变，便于后面的顶肩推手。

上体下压是一个过渡环节，但既然是过渡，是连接，单独做容易，但是将前后两部分连起来就比较困难，所以一般做起来不会分解，可以借助一些相似的动作模仿练习，如摆倒立。摆倒立动作有上体下压的过程，也有顶肩推手动作，可以看作过渡辅助练习动作，在做前手翻时，可以将此动作作为准备活动。

### （三）腿的蹬摆

腿的蹬摆几乎和上体下压动作是同时的，在这个过程中上体积极下压，上半身形成一个向下的运动趋势，腿的蹬地反作用力向上，摆腿反作用力向下又加剧了蹬地的力度，使蹬地更有力，下半身有了一个向上运动的更大的趋势，这样就形成了一个转动惯量，使身体有了一个翻转的动力，腿的蹬摆越有力，翻转趋势就越大。这里要注意一下方向，蹬地腿一般是左腿，蹬地的方向是前下方或正下方，一般不可向后。

蹬地角度开始触地时，前下方给腿一个缓冲的空间，然后当身体下压时，蹬地腿积极蹬地，方向为后下约 100 度，这时高度最高，舒适度级别最高。摆动腿摆动的方向应该是前上方，这样不仅可以增加向上的腾空高度，而且可以增加以肩为轴的翻转。练习时可以增加腿的摆动练习，如扶横杆腿后摆、摆倒立、靠墙摆倒立砸墙等。

### （四）顶肩推手

顶肩推手是前手翻中最重要的环节，也是难点。要注意以下几方面：一是时机，推手的时机是蹬完地的瞬间，在摆腿之前或同时。二是直臂顶肩，肩角要始终打开着，而且是完全打开，这样做的目的是不至于移肩。如果有肩角，顶肩时势必会需要提供多余的力来保持身体腾空，影响动作质量。要注意方向是前下方，在上面已分析过原因，入射角为 90 度左右。

练习时，先做摆倒立顶肩推手动作，注意不要摆过垂直面，主要体会顶肩推手的感觉，注意尽量感觉顶肩。然后把蹬地摆腿砸墙和倒立顶肩动作连接起来练习。当然还要额外练习肩部的力量，如倒立推起和上推杠铃等。

#### （五）腾空

腾空应该是一个自然完成的过程，但对于初学者来说是最难的过程。它是承接上一个动作的过渡性动作，是很难单独体会的，不宜进行分解练习。一是顶胯，在腾空后，对于初学者来说，不要屈胯。二是手臂要尽量由头上带上来。腾空过程中，上体要刻意积极前带，不要低头，要保持稍微后仰。

#### （六）落地

落地时上体要留住，不要过早地迁移，前脚掌着地，手保持在上，可微屈臂，在着地的瞬间微屈膝缓冲，便于站稳。

## 三、发展自由体操能力的训练方法

### （一）徒手进行锻炼的方法

#### 1. 发展上肢及肩带力量的方法

①跪撑臂屈伸；
②俯卧撑；
③俯卧撑推起；
④推小车。

#### 2. 发展腹背肌力量的方法

①仰卧两头起；
②俯卧两头起；
③双人仰卧起坐；
④俯卧起上体。

#### 3. 发展下肢力量的方法

①单腿蹲起；
②交换腿蹲；
③单腿跳；
④双人摆腿蹲起；
⑤双人跳；

⑥仰卧蹬伸。

4. 发展速度爆发力的方法

①跳深练习；
②加速跑。

（二）利用器械进行锻炼的方法

1. 发展上肢及肩带力量的方法

①引体向上；
②摆动臂屈伸；
③向上攀握。

2. 发展腹背肌力量的方法

①悬垂举腿；
②挺身练习；
③斜板起上体。

3. 发展下肢力量的方法

①蹬伸练习；
②开合跳。

## 第四节　基于迁移规律的自由体操前滚翻成套动作教学

迁移是指已经获得的知识、技能，以及方法和态度对学习新知识新技能的影响。迁移是使学习过程中习得的经验得以概括化、系统化，并形成一种稳定的整合的心理结构，利于知识与技能的掌握。学习的迁移是一种学习对另一种学习所产生的影响。从迁移结果来看，可分为正迁移和负迁移；从迁移的情境来看，可分为横向迁移和纵向迁移；从迁移的内容来看，可分为一般迁移和特殊迁移。在体育学习过程中，教学辅助手段的运用实际上是合理运用迁移规律高效完成教学的手段和策略之一，因此，合理地运用迁移规律，正确地、实时地采用教学辅助手段增强学习效果值得研究和探讨。

## 一、体操教学中辅助教学手段运用的误区及问题

在体操教学中，教师运用辅助手段过程中的问题包括以下几种：

第一，教学辅助手段的运用，没有考虑或没有充分考虑学生的学段特点，有过程，无效果。

第二，教学辅助手段的运用，不是基于解决学生学习中的问题，而是为了完成教学任务，造成辅助练习方法没有针对性。

第三，辅助练习的次数过多或过少，有的辅助练习只做 1 次（没有达到辅助练习的效果），教学组织时间长，教学效果不佳等。

第四，辅助教学手段的运用，不能针对部分学生学习的具体问题或个体差异解决个性化问题，常常是全体学生一起做辅助练习，导致不能满足技能强、领悟好的学生的学习需求，同时也导致技能弱、领悟差的学生得不到教师的重点指导。

第五，教师教学设计与备课的重点放在了如何使教学“新颖”、辅助教学手段和措施如何“多”上，考虑学生学习过程中问题解决效果少，导致教学效率低、教学流程多、教学手段多、教学效果差、学生实际收获少。

因此，根据学生的学习特点和规律、体操动作形成规律、技能形成的迁移规律等，科学合理地设计和运用教学辅助手段，帮助学生掌握学习方法、学习规律是促进学生学习与发展的重要内容，是体育教师应该关注和研究的教学问题。

## 二、迁移认知理论与辅助教学的手段

奥苏贝尔认知结构的迁移理论（同化理论）是由有意义言语学习理论发展而来的，他认为，学生原有的认知结构是实现学习迁移的“最关键因素”，学生认知结构的三个变量影响新的学习，即可利用性、可辨别性、稳定性。从广义的角度来看认知结构，其是学生头脑中的知识结构，即学生已有的观念的全部内容及其组织；从狭义的角度来看，认知结构是学生在某学科的特殊知识领域内的观念的全部内容及其组织。学生在学习体育技能的过程中，其身体素质基础、认知能力、已有的知识与技能基础是学习新内容的重要条件，对学习新内容有重要意义。在学生学习体操新知识、新技能的过程中所运用的辅助教学手段，应依据学生已有的知识和技术、技能基础及结构，身体、心理素质状况，学习内容内在的结构和联系等科学地、合理地选用，使学习结果发生正迁移，提高学习效率，帮助学生形成知识体系、技术与技能结构，促进学生学会学习、

掌握学习方法。人们将当前的动作与个体过去以及未来的动作联系起来，就变化的各个要素（即质的、序列的、累积的、有方向的、多因素的和个性化的）来看待变化。在学生学习运动技能的过程中，应结合学生的学段特点、认知能力，学习内容的结构特点，教学情境等科学、合理、有序、系统地采用教学辅助手段，促进学生知识与技能体系的形成，进而培养学生的运动能力和体育学习能力。

## 三、体操动作的特点及辅助练习的运用策略

### （一）体操动作特点及动作规律

身体练习的技术（或运动技术），指合理有效地完成动作的方法，其技术结构指身体练习的各个组成部分及其顺序，包括技术基础和技术细节。技术基础是按照一定顺序和节奏组成的运动技术的各个部分（技术环节）；技术细节是构成技术环节的具体动作，以及在不影响技术结构的情况下所表现出来的个人技术特点，与学生的个性特点有关。

按照田麦久教授项群理论的观点，体操项目属于技能主导类项目，运动员在比赛中力求完成高难度的精彩动作，同时着力展示运动美、人体美，包括徒手、持器械的项目，表现难、美的项群。体操动作的存在形式相对复杂，包括动作结构、动作时间、动作空间的复杂变化，其中体操动作的联结方式也相对系统和复杂，如单个动作、复合动作、联合动作、成套动作。一般体操动作的要素包括开始动作、动作方向、身体姿态、动作形式及做法、结束姿势；动作时间包括动作间的连续性、间隔性、顺序性；动作空间包括动作与器械的关系，如器械高度、宽度、长度、角度、部位、辅助手段、改变动作结构等。因此，体操动作辅助练习手段的选择要根据学生的学段特点、体操动作的结构特点、技能形成规律等合理安排、科学设计。

### （二）体操动作教学辅助手段运用的原则

基于迁移规律的辅助教学手段的运用应遵循以下原则：

①教师与学生明确体操动作的基本概念、基本方法、基本规律、基本技术特点，如前滚翻动作，学生要了解滚动的基本要求、滚动的过程、滚动的方法、滚动及前滚翻动作的价值等，并通过练习（辅助手段及一定数量的完整动作练习）体验、感悟，理解动作内涵。

②教师合理安排教学内容，教材安排要结构化、系统化、一体化、立体化、网络化，便于学生根据动作内容之间的联系，科学运用迁移规律，帮助学生有效、

快速地掌握技术动作，并获得积极的情感体验。因此，教师应在整体把握滚翻类教材的体系和内涵的基础上设计教学辅助手段。如技巧的滚动与滚翻、鱼跃前滚翻动作、双杠的杠上前滚翻动作及倒立前滚翻动作的结构及动作之间的联系，学生学习动作阶段的基础及身心素质状况，教学条件与资源等，教师应研究和分析，然后根据教学情境、学情、学习内容特点、技能形成阶段及教学阶段等，确定采用哪种教学辅助手段和教学策略。

③教师在设计教学策略的过程中，应根据学生的学段特点、认知特点和个性差异创设情境，通过一个个环节的学习（科学运用迁移规律，合理运用辅助练习手段），帮助学生“水到渠成”地掌握体操动作，在技术技能形成的同时，使学生体验体操学习的快乐。

④教师在教学过程中，应重视教法与学法的研究与运用，并针对不同年龄段学生的特点采用有效的辅助教学手段，关注“教”的手段和“学”的策略，帮助学生在掌握技能的同时学会学习，如从滚动到滚翻，从单个前滚翻到连续前滚翻，从垫上前滚翻到箱上前滚翻再到杠上前滚翻，教师在单元设计过程中应考虑滚动与滚翻在体操动作内容体系中的价值、要求及学生学习知识、技能的学段特点，帮助学生掌握知识、技能体系学习中的系统学习方法。从学生学习的角度来看，需要教师在设计辅助教学环节上多下功夫。

# 第五章　单杠高级成套动作教学与实践

## 第一节　相关知识综述

### 一、单杠技术的历史及发展现状

#### （一）世界单杠的历史

单杠运动的起源可以追溯到原始人类在丛林中进行的各种爬升、翻越、摆动、摆荡等，但在当时的生存环境下都只是一种生存生活实用技能。随着社会的进步和生存环境的变化，人类不仅有最基本的生理需要，还逐渐有了更高层次的需要，单杠运动逐渐成为一种锻炼身体的手段。早期的单杠只是一根悬挂的木棒，只能练一些基本的动作。

现代单杠源于杂技的表演。19 世纪初，单杠运动的始祖、德国体操学派的创始人杨不仅把体操从学校推向了社会，更是在柏林的市郊设立了史料记载的第一副木质的单杠。19 世纪中叶，将木杠换成铁杠，并设计了可以升降的立柱，这是史料记载的最早的现代单杠。这一时期的主要单杠动作是大回环，同时也逐渐产生了上法、屈伸、腾越、转体和下法等。

#### （二）世界体操三大赛的形成与发展

1896 年在希腊雅典举行了第一届奥运会，体操就是其中的主要项目，在体操项目中，单杠凭借动作连贯、惊险刺激、变化多样等特点，赢得观众的青睐。从此以后，除第一次世界大战和第二次世界大战期间（6、12、13 届）奥运会体操比赛未能举行外，单杠一直位列奥运会项目之中。

世界体操锦标赛是国际体操联合会组织的规模最大的世界性体操比赛，第一届世界体操锦标赛于 1903 年在比利时的安特卫普举行。1903 年至 1915 年间每两年举行一次，第一次世界大战期间暂停。当时的体操世锦赛仅男子参加，每队 9 人，比赛项目除单杠、双杠、吊环、鞍马外，还有 150 米跑、跳高、举重等体操以外的项目。1922 年恢复举办后直到 1978 年间每四年举行一次，在 1934 年增设女子体操比赛项目；1942 年和 1946 年由于第二次世界大战的原因再次暂停。现代体操六项是从 1954 年第 13 届世界体操锦标赛开始实行的，单杠位列其中，这也使竞技体操走向了专业化，同时，单杠的大发展时期也是从这个时代开始的。

世界杯体操赛开始于 1975 年，前 7 届世界杯体操赛是没有规律的，20 世纪 70 年代末国际体操联合会把世界上重大的比赛做了统一的安排，决定世界杯体操赛每四年举行一次。四年为一周期，安排为：奥运会—世界体操锦标赛—世界杯体操赛—世界体操锦标赛，这个决定一直维持至 1990 年。1990 年后，国际体操联合会决定停止举办世界杯体操赛。2005 年国际体操联合会又恢复了世界杯体操赛，并命名为世界杯决赛，2008 年 5 月，国际体操联合会于南非开普敦会议上决定，因没有国家承办新一届的比赛，由 2009 年 1 月开始暂停举办任何有关体操世界杯的赛事。

### （三）单杠项目的发展现状

进入 21 世纪以后，单杠迎来了新时代，已由几个国家的竞争，变为多个国家的竞争，成群雄并起的局面，大部分国家的运动员的竞技水平相差不大。特别是 2006 年取消 10 分满分制，这是前所未有的，这一规则的出现使单杠的竞争更加激烈，追求难度的同时求稳定、求创新、求变化，单杠迎来了复杂多变的时代。

## 二、单杠项目技术动作的演变过程

### （一）20 世纪 50 年代以前的技术特征

这一时期是单杠技术的基础发展阶段。早期的单杠是一种无序的状态，各种各样的动作，没有统一的标准和规则，这一状态一直持续到 1912 年的第 5 届奥运会，淘汰了静止姿势和用力动作，形成了以摆动为主要特点的单杠。从 1812 年德国的杨氏创造了世界上的第一副单杠起，大回环就是单杠运动的代表动作，同时也是 20 世纪 50 年代之前的顶尖的难度动作。这一时期单杠的主要特征是动作的数量少，动作类型也单一。这一时期早期代表性动作是 1912 年在斯德哥尔摩奥运会上，意大利选手的动作：正反握悬垂—弧形转体 180° 成正握悬垂—中穿腿接向后弧形摆成后悬垂—前摆上成后撑—后倒接屈伸上—后回环成悬垂—前上成后撑—后倒接屈伸上成手倒立—向后大回环转体 180° 成反握倒立—向前大回环后摆上同时屈腿摆越接前回环—脚站立杠向后跳下。

由于当时条件有限，单杠技术动作主要是一些现代单杠的基本动作，在现代的单杠比赛中，有些动作作为连接中的一个技术出现，而不作为单个技术出现。

### （二）20 世纪 50 年代到 70 年代的主要技术特征

这一时代的前十年，也就是大回环的更新时代，由原来的“粘”着单杠做的大回环变为一种“盖帽”式的大回环和大回环“振浪”技术，这两个技术的产生直接促进了 70 年代飞行动作的大发展，同时也引起了当时的规则的改变。

50 年代早期，连续出现了一些创新的动作，而且逐渐显现了现代单杠的特征，如在 1952 年的第 15 届奥运会上单杠冠军得主根特哈德的成套动作：正握起摆—后摆分腿向前摆越成后撑—后倒弧形前摆转体 180° 成正反握悬垂—前摆—换反握—屈伸上成倒立—向前大回环一次—倒立前翻—换正握—后摆直角摆越成悬垂—屈伸上成反握倒立—向前大回环转体 180° 成正握—向后大回环成分腿立撑—弧形转体成反握—向后大回环—交叉握转体 180° 成反握倒立—向前大回环一次—分腿燕式腾越下。

从这套动作中可以看出大回环已经运用到连接、腾越和下法，已经由顶尖的难度动作转变为主要的连接动作，可以看到已经有了现代单杠的特征。到了 60 年代中期完全形成“盖帽”式大回环和“振浪”技术，这两个技术的出现也造就了 70 年代的单杠技术的大发展，出现了各种各样的飞行动作。

### （三）20 世纪 70 年代到 90 年代的主要技术特征

时光飞逝，到了 70 年代，由于产生了“盖帽”式大回环和“振浪”技术，引起了下法和飞越动作的大变迁。这一时代产生了很多新动作，例如，1977 年各种飞行动作几乎同时出现，其中一些动作至今沿用，如马凯洛夫创造的后摆上转体 180° 向后分腿腾跃、特卡切夫创造的向后大回环接分腿越杠、京格尔创造的向后大回环前摆后空翻转体 180° 成悬垂等，这些动作至今仍然是经典的单杠动作。1978 年在斯特拉斯堡举行的世界体操锦标赛上日本选手笠松夺得冠军，他当时的代表性动作是：反握起浪成倒立接反握—反转正—特卡切夫腾越—屈伸上换反握倒立—向前大回环接中穿腿上—反吊大回环一次—反吊跳转 180° 成倒立—正掏—倒立双手换反握接反掏—猫跳—屈伸上换反握倒立—反转正—向后大回环一次—团身后空翻两周转体 180° 下。

这也是大回环技术改变之后，单杠成套动作的特征，即动作增多，难度增大，出现了少量的、难度稍低的飞行动作。

到了 90 年代后期，成套的飞行动作已经屡见不鲜，难度增大，动作增多至 20 多个，强调难美中有稳，这十年的代表动作是 1999 年天津世界体操锦标赛西班牙选手卡瓦略的成套动作：正握起摆反掏转体 180° 成倒立—向后大回环—正掏转体 360° 直接屈体特卡切夫腾越—向后大回环—并腿正掏跳换反握成倒立—中穿—后撑前回环分腿后切成单臂倒立转体 180° 接单臂向后大回环—单臂京格尔后空翻转体 180° —屈伸上跳转 180° 成倒立—并腿正掏跳换反握成倒立—中穿前上成扭臂倒立—反吊大回环一次—跳转 180° 成正握倒立—向后大回环—跳转 180° 成正握倒立—向后大回环两次—直体后空翻两周转体 720° 下。

从这套单杠技术动作中可以看出技术难度大、动作类型多，连接复杂，这也是这一时期单杠主要的特点。

### （四）21 世纪单杠主要技术特征

进入 21 世纪以来，单杠各种各样的技术已经屡见不鲜，各种技术向着纵深发展，技术更加细节化，各国均从小技术中寻求突破。单杠的基本技术、普遍技术水平相差不大，但根据各地区的不同，又有各地区的主流的技术特点，单杠冠军的争夺更加激烈，已经不再由几个国家独揽，传统强队依然强势，西欧和北美有崛起的趋势，各国对科研的投入加大，单杠的强国与弱国对比，优势已不再明显，都在为 0.01 分努力做到高质量、高完成。

现代单杠技术的特征是：难度逐渐加大，注重细节，编排多样，连接复杂，以多样的飞行技术为主流技术。

## 三、单杠技术发展的影响因素

单杠技术发展的影响因素如图 5-1 所示。

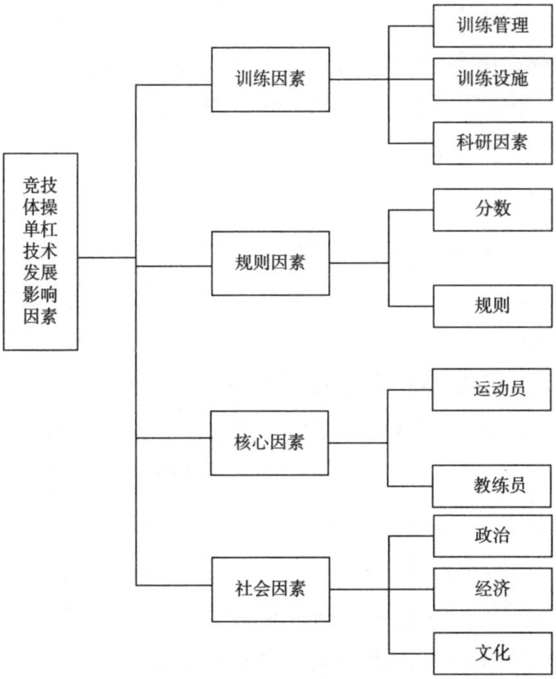


**图 5-1　影响因素示意图**

### （一）训练因素对单杠技术发展的影响

影响我国竞技体操单杠技术发展的训练因素主要有训练管理、训练设施、科研因素三个方面。

#### 1. 训练管理因素

训练管理主要是从竞赛制度管理、反兴奋剂管理等方面展开的。马克思在《资本论》中对管理有过论述：一切规模较大的直接社会劳动或共同劳动，都或多或少地需要指挥，以协调个人的活动，并执行生产总体的运动——不同于这一总体的独立器官的运动——所产生的各种一般职能。我国把体育管理定义为：体育管理是体育组织中的管理者，通过对体育管理客体实施计划、组织、协调、控制等职能，协调他人的活动，发挥各种资源的作用，实现预定目标的活动过程。

（1）竞赛制度管理

训练的主要目的是比赛，有好的竞赛制度才会有好的竞争环境，才能推动体操的进步，世界三大赛都非常正规，有了公平的竞争环境，才会有好的成绩，对于全世界的体操发展都起到了巨大的推动作用。单杠项目从第一届奥运会开始就是竞技体操中的重要项目，随着三大赛制度的不断完善，各个类型的大奖赛，以及各大洲的比赛，都对单杠的发展起到了积极的推动作用。随着各种类型的单杠的竞赛制度的不断完善，单杠技术也在不断地进步。

（2）反兴奋剂管理

竞技体育的一个重要目的就是取得优异的成绩，所以世界竞技运动总是和兴奋剂联系在一起，竞技运动可以不断挖掘人的潜能，提高运动水平，但是有些运动员为了取得优异成绩，去欺骗观众。1999 年 11 月，世界反兴奋剂机构在洛桑成立，主要任务是负责审定和调整违禁药物的名单，确定药检实验室，以及从事反兴奋剂的研究、教育和预防工作，这标志着国际反兴奋剂协调行动的开始。在历届奥运会的药检中，合成固醇类激素滥用的情况比较严重，占到一半以上。历届违禁的运动员中，绝大多数从事的是体能主导类的项目，特别是优秀的运动员。体操属技能主导的项目，虽然兴奋剂不能起绝对的主导作用，但也有服用的情况发生。在国际上近年来违禁的体操运动员呈上升趋势，不过相对多数项目情况较好。在世界反兴奋剂机构和各国的反兴奋剂机构的大力检查下，相信体操和所有运动项目的反兴奋剂管理都会更加规范。

2. 训练设施因素

单杠作为竞技体操的一个单项，一直对竞技体操具有先导的作用，一些动作被移植到高低杠、吊环、双杠上，所以单杠有“器械体操之王”的美誉。从 1812 年德国的杨氏在柏林的郊外设立的第一副木质的单杠开始，单杠的材质就不断进步，由于木质的单杠在硬度和安全上不够理想，于 1850 年，随着技术的发展，将木棍换成了铁棍，并设计了可升降的铁立柱，这也是最早的现代式铁单杠。当时练习单杠是在户外，地上没有很好的保护措施，主要的动作是大回环，还有一些用力和静止的姿势。1951 年国际体操联合会规定单杠长 204 厘米，直径 2.8 厘米，为了降低单杠易断的危险，加入了特别的核心钢缆绳。由于在单杠上运动员的动作幅度很大，所以很难固定单杠，以前的皮拉条被可以调整的铁链取代，这就很好地固定了单杠。由室外到室内，消除了天气状况对运动员的影响；单杠的材质由木质到铁质再到现在的碳素，这些都给运动员向高难度技术挑战提供了可能。保护措施一直是单杠技术发展的一个重要的影响因素，到了 20 世纪 60 年代，科学技术应用到了体操中，单杠器材的变化促使保护与帮助的场地、器材也发生了较大变化，辅助训练器材出现了新式保护滑车、保护腰带、弹网、蹦床、海绵坑等，这些保护器材的出现，极大地保障了运动员的安全，运动员在创新动作时，没有安全上的顾虑，这极大地促进了单杠技术的创新。大护掌的出现，使运动员的握力加大，可以更好地加大离心力，向更高难度的技术发展。总之，单杠比赛器材以及训练辅助器材的研制和运用，加速了保护与帮助方法的创新，完善了保护与帮助的方法体系，这些都是运动员追求高难度技术的保障。基于此，在 20 世纪 70 年代以后，体操进入了大发展的时代。

3. 科研因素

对于现代的竞技体育而言，科研已经属于其中的一部分，各个国家都有专门的科研团队在为竞技体育服务，现代的竞技体操，从选材到训练都有研究人员的身影，科研攻关实际上也是训练的一部分，从本质上来说，就是进行创新训练活动，科研人员对单杠比赛的录像、技术动作进行研究，并对一些关键的技术进行力学、生物学的分析，给予教练员和运动员训练可行性的分析报告，对新的规则进行研究分析，对未来的发展方向给予意见和建议，包括对个别的运动员进行全面的分析，找出弱点并分析弱点，给予心态调整帮助。各国的科研力量的增强，使单杠技术得到了极大的发展。从实践中来，到实践中去，科研的资料来自训练，再回到训练中，给予了单杠技术动作指导，深受广大运动员的欢迎。

综上所述，在训练管理方面，主要是训练管理、训练设施、科研三个因素影响技术的发展。世界三大赛已经是较完备的比赛，要提高国内的单杠技术水平，就要使国内的体操比赛更加完整化、系统化；随着科学技术的发展，单杠的训练环境还会改善，整体训练环境改善，特别是各种辅助器械的发明，会使单杠技术发展在训练上得到保证；“科学技术是第一生产力”，科研力量投入是体操单杠项目技术发展的理论基础，不论是新技术的产生还是老技术的变迁，都要有理论依据，这是单杠技术迅速提高的基础。

### （二）规则变化对单杠技术发展的影响

每一次评分规则的变化都对单杠技术的发展产生了或推动或制约的作用。评分的变化指导单杠技术的变革，不同时期的评分规则会有不同的技术难度的主导方向。根据新的规则，会有新的训练方向，加之有新的训练方法的出现，就会有新的技术，同时也会存在新的规则对一些技术产生制约的情况。国际体操的规则两年修订一次，是由国际体操联合会根据体操的发展情况来做的修订，每次修订会作为今后两年的指导，教练员会根据新规则制订有针对性的训练计划。

1. 1950 年以前的体操规则对单杠技术发展的影响

由于现代体操男子六项是在 1954 年第 13 届世界体操锦标赛才定下的，所以在 20 世纪 50 年代以前，体操的规则没有一个统一标准，裁判来自不同的国家，各个裁判根据自己对体操单杠的理解进行评判，这就造成了评判的不公平，这种情况从 1896 年的第一届奥运会体操比赛开始一直持续着。随着参加体操比赛的人数的不断增加，这种没有统一标准的评分规则，引起了运动员、教练员和观众的强烈不满，在 1948 年的伦敦奥运会上，这个问题已经到了十分严重的地步，裁判受到了前所未有的指责和批判，这使国际体操联合会认识到制订一套统一的评分规则的必要性。

在 1950 年第 12 届世界体操锦标赛前夕，国际体操联合会制订了历史上第一个评分规则，其中包括难度、编排、完成情况三部分内容，并设有一个裁判长和四名裁判，有效分是去掉最高分和最低分取中间分的平均分，这种方法也沿用至今。由于这个规则不能满足当时技术发展的需要，于 1954 年又做了修改，首次全面包括了所有难度动作，分为 A、B、C 三个难度组别，也就是低、中、高级难度。1956 年墨尔本奥运会开始进行单项比赛，评分规则又做了进一步修改，增加了单项决赛的内容。随着这个评分规则的制订以及随后的 1954 年和 1956 年的两次修改，体操规则的结构已基本形成。

第一个规则的出现促进了体操的大发展，单杠作为其中的一个重要项目，也得到了很好的发展，有了统一的规则，运动员向着更难、更美发展。由于这一评分规则得到了大众的认可，所以在之后二十几年内都没有修改。

2. 20 世纪 70 年代到 90 年代的规则变化对单杠技术发展的影响

这样一直到 70 年代，苏联东山再起，我国重新回到了国际体操大家庭，加之美国的异军突起，在这个大前提下，体操竞争更加激烈，所以在 1976 年规则发生了一次重大的变革，这次的修改，除了在一般性的内容上有修改外，原则上将难度、编排、完成情况重新划分为 3.4 分、1.6 分和 4.4 分，起评分为 9.4 分，并增加了独特性、惊险性和熟练性每项 0.2 的加分因素。这一变化对竞技体操技术的发展起到了指导作用，从而有力地推动了体操技术向更难更新更好的完成方向的发展。“独特性”要求运动员要有创新的技术动作，不能一味地模仿，这极大地促进了新技术、新动作的产生；“惊险性、熟练性”则要求运动员不仅要有较高难度的动作，而且要较好地完成。1976 年规则制订的“独特性、惊险性”，对竞技体操技术创新起了积极的推动作用，涌现出了一大批世界著名运动员和引导体操技术创新发展方向的创新动作。特别是在单杠项目上创新的动作很多，到现在依然沿用的，有苏联运动员特卡切夫创造的“特卡切夫腾越”，还有京格尔创造的“京格尔空翻”、德尔切夫创造的“德尔切夫空翻”、马凯洛夫创造的“马凯洛夫腾越”。同时，我们也应看到由于过度地追求难度和创新，也使很多优秀的运动员加大了受伤的可能性，很多运动员受到伤病的困扰。

随着新难动作的不断出现，A、B、C 三个难度组别难以适应日新月异的技术发展要求，1985 年评分规则中出现了 D 组难度，而且将编排分中的 0.6 分加到难度上，其难度、编排和完成情况分分别是 4.0 分、1.0 分和 4.4 分，“三性”加分因素不变。可以看出规则导向仍然向难的方向发展。

随着时代的发展，竞技体操单杠技术越来越复杂，1993 年规则中出现了 E 组难度动作，加分因素增加至 1.0 分，加分条件取消原来的“三性”加分改为 D 组以上难度动作和 C 组以上难度动作连接。加分的分值也从原来的 0.4 分增加到 1 分。这次的修改使加分的因素更加细化，无疑这又是竞技体操史上一次重大的变革，使竞技体操向更高级别发展。这对运动员综合能力的要求大大提高，要想夺取金牌必须具备超人的能力，难度非凡。值得一提的是，这次修改增加了连接的加分，这也是当时的新的指导思想，这一重大改变促进了竞技体操单杠的全面创新，使单杠更加注重连接，单杠的观赏性也更强。

在 1997 年，规则修改变化比较大的有以下几点：首先，在世界体操锦标赛和奥运会上不再进行规定动作比赛，只进行自选动作比赛；其次，对团体赛上场和记分的人数进行了调整，团体决赛记分办法由 6—6—5 制改为 6—5—4 制，即每队可报 6 人，但每个单项只能派 5 人上场，各项成绩较优的前四名为团体成绩；最后，这次规则修改出现了 SE 组难度，加分为 0.3，还修改 C 组难度动作连接 C 组难度动作有 0.1 分的加分。这次规则的修改促使竞技体操技术开始向着“力、美、难、新、稳”的方向发展。

3. 21 世纪的规则变化对单杠技术发展的影响

2001 年修改规则，对连接加分的要求又提高了，只有 D 组和 D 组以上动作的直接连接才能获得加分。难度动作的发展和创新是竞技体操技术发展的必然规律，这是毫无疑问的。在 2001 年规则的修改中，竞技体操单杠技术创新已不单纯是难度系数的增加，而是更加重视动作技术发展的多样化和动作连接的难度，增加了成套动作的难度和对动作的要求。高难度动作的连接的加分和有关增值的规定以及对连接动作难度组别的提高，进一步引导技术向纵深和横向发展，为竞技体操单杠技术的发展开辟了广阔的天地。在2001年的新规则中，飞行动作连接加分更多，使教练员和运动员一心一意地向高难度飞行动作发展，创造出了更加新颖的动作和连接，这也是竞技体操单杠的项目特点。

由于体操的快速发展，规则于2006年再次修改，这次修改的一个显著的特点是突破了10分满分的限制，规则规定完成、编排、技术错误从10分起扣，难度分没有上限，一套动作中选择难度最高的十个动作难度分之和，按照动作难度组别，A、B、C、D、E、F(SE)组动作分别可以获得加0.1、0.2、0.3、0.4、0.5、0.6分的加分，但是下法动作的难度又有特殊的规定，C组难度的下法只能获得0.3分的加分，D组以上的难度下法可获得0.5分的加分。这次规则的修改使单杠发展不仅要有高难度的动作，而且要有很高的完成度。

2009年规则再次修改，在这次修改中，先是有了难度的升组，出现了第七个组别G组，G组动作有0.7的难度价值分。有十四个动作进行了升组，在单杠项目上的变化：双手扭臂握由D组升为E组，直体科瓦斯转体360° 由F组升为G组。另外，重要的一点是未完成或不被承认的动作由原来的扣0.8分升为扣1分。可以看出2009—2012版的体操新规则导向是要求运动员发展难度、追求难度，但也应该看到在发展难度的同时，运动员也应该考虑自己的承受范围，要兼顾完成，发展难度的同时也要兼顾稳定性。

总之，这个时代是发展的时代，技术动作出现横向和纵向的迁移，引起规则对难度组别的不断变化和细化，例如，经典的单杠飞行动作“特卡切夫”纵向的发展，由最初的分腿到并腿、转体，再到直体；横向的迁移，由男子单杠到女子高低杠，发展成蹬杠特卡。由一些经典动作衍生而来的技术动作较多，规则一定要跟上技术发展的步伐，所以，体操规则将向着明确化、细致化发展。规则的细化作用在单杠技术上就要求一套动作要细致化、细节化。

### （三）核心因素对单杠技术发展的影响

核心因素也就是事物发展的内因，主要是运动员和教练员两个方面，这两个单杠技术发展的核心因素决定着单杠技术发展的总体方向。

#### 1. 运动员因素

运动员因素主要是运动员的天赋、对取得优异成绩的需求程度、运动员的自信心、运动员的文化素质。运动员是一项运动的主体，所以运动员对单杠技术的发展具有至关重要的作用。运动员有天赋是创新技术的一个前提，在单杠技术上，有自己独特的方面，再有刻苦的努力就会有好的技术动作组合产生，文化素质也是运动员不可或缺的，有了文化素质，能更好地理解技术，才能更好地发展技术，运动员是技术发展的主体，技术的发展首先是运动员的创新。

2. 教练员因素

教练员因素主要是教练员的执教能力、科研能力、文化素质。执教能力在这里指作为一名优秀的教练员从事训练和竞赛工作所应具备的能力，主要包括训练计划安排调控能力、创新能力、准确的观察判断能力。其中训练计划安排调控能力是教练员根据训练原则和运动员技术、素质特点，制订出正确科学的训练计划，并控制各种训练因素，调动运动员的训练积极性，完成训练计划的能力。教练员只有具备十分高超的训练计划安排调控能力，才能根据运动员的具体情况和训练实际情况进行随时的调整，保证训练的科学性，才能因人而异，合理地安排好运动量和强度之间的关系，最大限度地挖掘运动员的潜力，从而达到逐步、有效地提高运动员成绩的目的。作为教练员，具备良好的训练计划安排调控能力是十分重要的。

教练员的创新能力主要体现在技术创新、训练方法创新和战术创新上，优秀的教练员还应具有超前的意识，使自己在竞技体操单杠发展中始终处于领先地位。我国优秀的单杠教练员十分注重创新，国际体操联合会中以中国运动员命名的动作共 33 个，男子 17 个，其中单杠 2 个：一个是邹利敏在 1984 年洛杉矶奥运会上独创的邹利敏空翻（向前大回环转体 360 度成单臂扭臂握前翻转体 360 度成反握）；另一个是 1987 年肖瑞智在澳门第 3 届太平洋联盟体操锦标赛中，在单杠比赛中所做的正握向后大回环前摆反方向分腿前空翻成反抓悬垂动作，以其惊险新颖的特点被国际体联所重视，命名为“肖空翻”。

由此可见，教练员的创新能力对于单杠竞技水平的发展是至关重要的。体操是一门艺术，体操训练也是一门艺术，教练员敏锐的观察和判断能力对于把握训练环节以及运动员的竞技状态是十分重要的。

随着单杠训练的发展，教练员科研意识的逐渐增强表现在三个方面：积极探索，逐步加深对单杠项目本质的认识；积极和科研人员配合，主动将科研工作纳入训练工作中；一些教练员开始主动参与科研工作。

### （四）社会因素对单杠技术发展的影响

整个社会对竞技体操单杠项目技术发展的影响来源于三个方面：社会的政治、社会的经济、社会的文化。

我国著名的学者周西宽在《体育学》中指出，体育一经形成，便具有相对独立的发展轨迹，有自身的发展规律。但体育发展的历史表明体育和其他人类活动一样，从来就不是一种孤立的社会现象，它的发展是受一定社会的政治、经济、文化制约的，并在同各种社会的相互影响中体现其规律。政治的需要制约着体育的目的性质，政治制度制约着体育的发展。体育的发展，尤其是竞技体育的发展在很大程度上还受到社会经济发展水平的制约。高凤山等人的研究表明，高水平竞技运动的发展受国家总体经济实力的制约。

1. 社会政治环境

在一定程度上，竞技体育是国家政治发展的需要，世界各国都大力发展竞技体育的一个重要原因，是竞技体育的强大是国力强大的一种表现，现如今世界各国都把发展竞技体育作为一项重要的任务。竞技体操作为竞技体育的一个重要的组成部分，也同样受到了各国的重视。在 2008 年北京奥运会一共设立了 302 块金牌，其中体操 18 块，约占金牌总数的 6%，还有很大一部分的技能主导类表现难美性项群的项目，都要有一定的体操基础，所以各国都比较注重体操的发展。

从体操发展的历史来看，世界政治平稳，才会有体操的发展。如在第一次和第二次世界大战期间，奥运会体操比赛中断了三届：1916 年的第 6 届、1940 年的第 12 届和 1944 年的第 13 届；世界体操锦标赛中断两届：1913 年第 6 届之后直到 1922 年才举行了第 7 届、1938 年第 11 届之后直到 1950 年才举行了第 12 届。在两次世界大战期间，竞技体操比赛停止，对整个体操的发展有一定的影响，特别是在第二次世界大战期间，体操停止了交流，整体出现了停滞不前的局面，但在这之后有了 20 世纪 50 年代后期的体操技术大发展。单杠技术在这期间同样停滞，对单杠技术的发展的影响是巨大的。

我国竞技体操单杠技术的发展也同样受政治环境的影响，中华人民共和国成立之初，在举国体制的作用下，在于 1958 年 7 月举行的 14 届世界体操锦标赛上，团体仅获得第 11 名，仅仅过了 4 年，在第 15 届世锦赛上就获得了团体第 4 名的好成绩，我国的进步让世界刮目相看。“文革”期间，我国刚刚缩小的与世界竞技体操的差距又被拉开，体操和所有的体育项目一样不能进行完整的训练，我国体操又一次陷入了低谷，同时在 1964 年因“两个中国”的问题，我国退出了国际体联，直到 1978 年才恢复我国体操协会的合法席位，14 年后重新返回国际体操大家庭。在这 14 年中由于没有参加国际赛事，导致我国的单杠水平与体操强国又有了一定的差距。

2. 社会经济环境

一个地区经济环境的好与坏，对于给予竞技体育的支持是有直接影响的，给予体育的经济支持主要是场地、训练保障的投入、科研经费的投入。一个国家的经济发展水平制约着一个国家的竞技体育经费的投入水平，而一个地区的区域经济发展水平也同样制约着这个地区的体育经费投入水平。通常，一个地区的经济发展水平越高，政府和社会投向体育的经费就越多。因此，一个地区的体育经费水平，取决于这个地区的经济实力。同时应当指出的是，不同竞技项目的经费投入水平还受重视程度的影响。我国经济发展程度不同地区的政府的体育事业经费状况就说明了这一点，如我国东西部经济水平的差距，导致东西部地区的竞技体育的水平的差距。

3. 社会文化的导向

一个地区的文化导向对竞技体操单杠技术的发展有十分重要的影响，特别是整个社会的文化氛围对裁判的判罚、规则的制订、运动员动作的编排都有一定的影响。裁判生活地域对体操技术喜爱的不同，会导致裁判个人喜好的不同。文化的氛围还体现为观众对评分的影响，如 2004 年雅典的奥运会体操比赛的单杠决赛，由于观众对裁判的评分不满，现场爆发了长达十几分钟的嘘声，导致比赛无法继续，虽然最后裁判仍然对俄罗斯的著名男子体操运动员涅莫夫的单杠比赛分数保持原判，但是观众对体操的编排和技术创新还是有一定的影响的。

综上所述，社会的政治环境和经济环境，对竞技体操单杠技术的发展起到了外部的推动和保障作用。历史表明，只有政治环境稳定才会有竞技体育的发展，社会的政治环境对竞技体操单杠技术的发展起到了间接的作用；社会的经济环境对竞技体操单杠技术的发展有制约作用；社会的文化氛围对单杠技术的发展有一定的间接影响。

## 四、单杠技术演变的一般规律研究

一般规律，指事物或现象普遍具有的共同规律。一般规律只包含同类事物的本质，它不能离开特殊规律而单独存在。因此，必须注意将一般规律同特殊规律相结合。

现代的哲学思想认为，规律是事物内在的本质的必然发展趋势，人们既不能创造规律也不能消灭规律，只能去发现规律和利用规律。自然界的万事万物都有自身的发展规律，竞技体操单杠技术的发展也一样有自身的发展规律。现代哲学认为事物发展一般符合以下三大辩证规律：对立统一规律、质量互变规律、肯定否定规律。这三大规律是事物发展的基本规律，以三大辩证唯物主义规律为基础，可以看出竞技体操单杠技术发展的基本规律。

### （一）单杠技术发展的对立统一规律

矛盾是事物发展的基本动力，有了矛盾的双方才能推动事物的发展，单杠也同样有很多对立统一的关系，这些对立统一的关系共同推动着单杠技术的发展。

#### 1. 单杠技术发展“难”与“美”的对立统一关系

在单杠比赛中制胜的因素是“难、美、稳、新”，要有一定的惊险性，动作要飘逸。“难”是指一套动作在技术上要有难度；“美”是指技术动作要有美感；“稳”指做动作的稳定性；“新”指技术动作要新颖。在这些因素中“难”和“美”是单杠发展的重要因素，是推动单杠技术发展的内部动力。“难”的要求是技术的复杂和完成的困难程度，它并不单是表现在某一个动力或静力性动作上，也体现在动作与动作之间的连接上。“美”的要求是技术质量与艺术表现力。“美”不但要求动作的高度、远度、幅度、角度、速度等都达到高标准，而且要求动作姿态优美、轻盈飘逸、节奏分明、富有韵律感。“难”与“美”就是单杠技术中的一种对立统一关系。动作要求既难又美，这的确是矛盾的。如“特卡切夫”如果并腿去做难度大，动作漂亮，但是不易完成，如果分腿去做难度小，动作却不够美观。但是在单杠中“难”和“美”又是不能分开的，高难度动作的表演，本身就是一种有难度的美，而在做高难度动作时高标准地完成动作并且很好地控制身体姿态和动作节奏这就更难了。单杠的技术就是在运动员对“难”和“美”的统一中不断地进步和创新的。使“难”与“美”统一于一体并且达到很高的境界就要求运动员具有超过常人的天赋和非凡的毅力。

#### 2. 单杠技术发展“险”与“稳”的对立统一关系

这是在单杠技术发展中的又一对矛盾，这对矛盾在单杠技术的发展过程同样起着至关重要的作用。在一套单杠动作中，要有一定的惊险性，同时又要稳定地完成。“惊险性”在单杠的技术中是十分重要的，因单杠中有很多飞行的技术，故有一定的危险，飞行动作多能获得裁判更多的青睐，这就要求单杠动作要高难度、惊险、刺激。“稳定性”就是在做单杠动作时，要稳定地完成。“险”

和“稳”要同时存在是很矛盾的，但同时又统一于单杠动作中。在单杠技术当中很多的难度动作都有一定的惊险性，同时作为运动员又要将其做得很稳定，单杠技术就是在统一“惊险性”和“稳定性”当中发展的。

### （二）单杠技术发展的质量互变规律

事物的发展最终是通过质变来实现的，没有质的变化就没有发展。单杠同样遵循这个原则，在训练中要注重点点滴滴的量的积累，艰苦训练，脚踏实地、埋头苦干，相信坚持努力训练最终会取得优异的成绩，平时训练不断积累，才有“质”的飞越，才会有新的单杠技术的产生。任何单杠新技术的产生都来自训练中“量”的积累。

### （三）单杠技术发展过程中的肯定否定规律

肯定否定规律揭示了事物由肯定到否定，再到否定之否定的发展过程，它是事物完善自己、发展自己的一个有规律的过程，在这个过程中事物的发展表现出周期性，即每一个事物的发展都是从肯定到否定，再由否定到新的否定，似乎又回到了原来的起点，即完成了一个周期。单杠的技术也同样有这样的规律，一个新的技术动作的产生，在最新的技术出现时，经过了最开始的不协调动作的僵硬，然后经过训练否定原有技术，再经过训练肯定新技术，就是新的技术动作成型的过程。

## 五、竞技体操单杠技术发展的特殊规律研究

特殊规律，反映与一般规律相区别的特殊事物的根本特征和发展运动的规律，与一般规律相对应。自然界、人类社会及人们的思维活动都有自己的特殊规律，各门自然科学和各门社会科学又有各自研究的特殊规律。特殊规律和一般规律是相对的，特殊规律和一般规律又是相互联系的。正确认识客观世界，就要在一般规律的指导下研究和把握事物的特殊规律。

从历史和人文等方面来认识单杠技术发展的特殊规律，首先要从不同层次分析影响因素和其对单杠技术发展的影响的相互作用，从而揭示单杠技术发展的特殊规律。

### （一）多种因素协同作用规律

多种因素协同作用规律，是指多种因素是共同且有序地影响单杠技术发展的。影响单杠技术发展的因素是多样的，总结起来，可以分为四种，即训练因素、

规则因素、核心因素和社会因素，如图 5-2 所示。

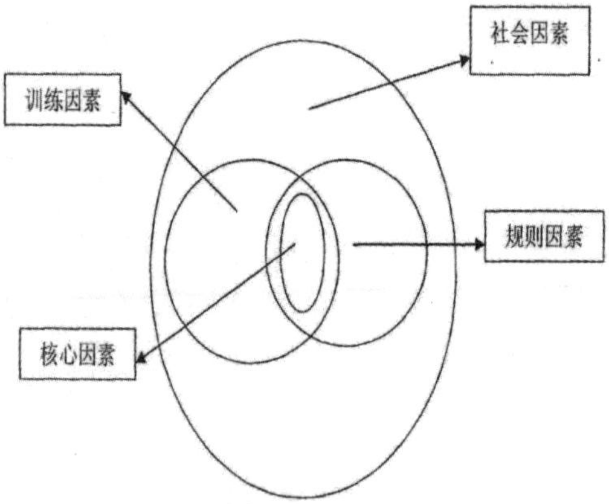


**图 5-2　影响单杠技术发展的因素**

协同作用是指单杠技术水平的发展依赖于各影响因素发展方向的导向。尽管不同要素的发展是不同步、不同向的，但是其合力方向应指向利于整体单杠技术的发展，这样才能保证系统有序地发展。

事实上，整个系统的发展方向受系统内部这四种力量的影响，当一方占据优势时，技术系统就会向这一方发展。系统结构的稳定性使系统总是趋向于保持某一状态，而结构的动态稳定性则是非平衡系统能够自我保持并发挥功能的一个必要条件。一旦这种动态稳定性被破坏，系统的结构性就会遭到破坏，系统就会产生质的变化。在单杠技术的影响因素系统中，各层次之间、各系统要素之间都保持着动态的稳定状态，例如，国家社会体制与竞技体操管理体制之间、教练员与运动员之间、科研水平与教练员和运动员之间都存在着相对稳定的，同时又是动态的联系。正是这种动态的相对稳定促进了单杠技术的变化和发展。但是，当影响单杠技术发展的因素的系统内部要素的发展不协同时，系统的结构就会遭到破坏，系统就会朝着不健康的方向发展，如政治经济动荡、兴奋剂问题严重时。

尽管在不同的时代、不同的地区，单杠技术发展的主要影响因素有所不同，但研究表明，当单杠技术健康稳定发展时，都表现为四个因素协同作用的结果。

四个影响因素还表现出不同的影响方式。规则因素是推动单杠技术发展的主要的外部动力，对单杠技术的发展具有导向作用；训练因素是教练员和运动员完成训练过程的条件保障，其内部各因素的发展和变化首先作用于核心因素，然后对单杠技术的发展产生影响。如训练场地条件的改善、交流情况以及训练管理的改变经过一定时间，同样会对未来单杠技术的发展产生影响。核心因素是单杠技术发展的内部原动力，所有的影响因素都作用于核心因素并产生影响。社会因素是单杠技术发展的外在环境条件，它的变化先是对训练和核心层次各因素产生影响，继而影响技术的发展。如社会因素影响了我国竞技体育训练管理的体制、科研保障的水平、对外交流等因素；在“文革”期间，社会因素对教练员和运动员的训练、比赛产生了直接的影响。

综上所述，社会因素首先作用于规则因素和训练因素，然后三个因素共同作用于核心因素，即所有的因素最后作用于教练员和运动员，从而使整个单杠技术获得发展，如图 5-3 所示。

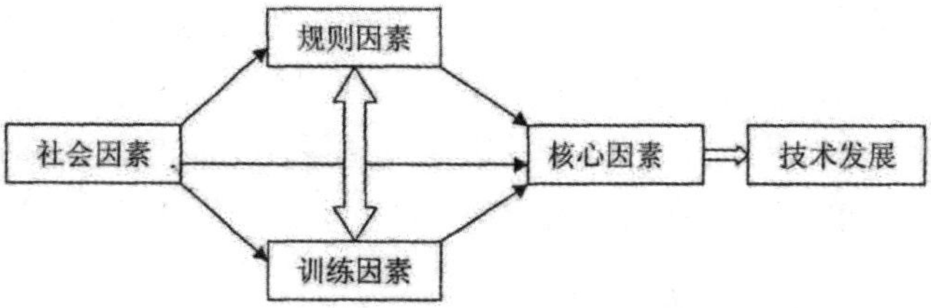


**图 5-3　影响因素的影响方式示意图**

### （二）核心因素主导规律

核心因素主导规律是指教练员和运动员始终是推动单杠技术不断发展的主要的和直接的影响因素。

系统科学理论认为，系统具有层次性，层次性是系统结构的一种基本特征。系统具有层次性是因为组成系统的诸要素存在着种种差异，这些差异包括结合方式上的差异，因而使系统组织各要素（或要素群）之间在地位与作用、结构与功能上表现出等级秩序，呈现出具有质的差异的系统等级，系统层次的概念反映的就是这种具有质的差异的不同系统等级或系统中的等级差异性。

根据上述系统的基本理论，影响单杠技术发展的四大因素在系统整体结构中的位置和等级秩序不同，四大因素对单杠技术的发展也会起到不同的作用。如每次规则的修改就是规则对单杠技术的发展起主导作用，但规则最后的作用还是由裁判员和运动员去适应规则，单杠技术水平的发展最后还是取决于单杠的主体——运动员，尽管核心的因素受到其他各种因素的制约，但是不可否认的是，在这一过程中运动员和教练员是主要因素。同时，教练员对运动员的训练又是以训练场地、科研理论与方法为媒介来实现的，因此，核心因素对技术的发展起到了重要的推动作用。

核心因素是推动竞技水平不断提高的内在动力，其内部各部分的变化直接推动着单杠技术水平的发展和变化。单杠技术的发展过程表明，教练员、运动员是单杠技术水平发展的决定性因素。教练员、运动员是训练过程中相互依存的两个方面，缺少任何一方，都无法构成运动训练过程。教练员、运动员都是训练的主体。在运动训练过程中，教练员通过训练对运动员进行改造，从而提高运动员的竞技能力，达到提高单杠技术的目的；同时，训练过程必须由运动员自身去完成，技术的提高又是通过运动员在比赛中的表现反映出来的。这一规律提示我们，要想使单杠技术水平不断提高，除了要重视其他各相关要素的协调发展外，最为重要的是要重视教练员和运动员队伍的发展和完善，工作要围绕着教练员、运动员这两个核心因素去展开。教练员对运动员技术的训练是训练过程中教练员与运动员之间重要的联系“媒介”，单杠技术水平的提高和飞跃最终都是由单杠运动员的技术表现出来的。

### （三）周期性突变规律

周期性突变规律是指在竞技体操单杠技术发展过程中，每一次先进技术的产生都会带来新技术潮流，然后经过一段时间的平稳期，再出现新的技术潮流。

纵观单杠技术发展历史的突出发展阶段，都是由一个或几个诱因，引发技术潮流出现，整个单杠技术的发展，如 20 世纪 50 年代第一个体操规则的出现、20 世纪 60 年代“振浪”技术和大回环“盖帽”技术的出现，造就了 70 年代的多种技术的出现，而后出现平稳阶段，再有特卡切夫技术的横向、纵向迁移，都产生了先进的技术，然后又是一个相对的平稳期，单杠技术的发展就是在诱因—发展—平稳—诱因这个模式下不断地前进的，这当中有小的诱因也有大的诱因，器械的改进，保护、辅助器材的发展，就会带来单杠先进技术的一个小的进步，小技术的突变带动大技术的突变，然后是整个单杠技术的发展。总之，单杠的技术就是在突变—平稳—突变中前进的。

### （四）规则因素导向规律

从来没有项目的规则和技术发展关系如此的密切，每一次规则的改变都会带来单杠技术的变革，单杠与规则的关系是适应—导向—适应的过程，可以说规则的修订，是体操运动的一大特点，单杠技术与规则是相互作用的关系，每次规则的修订都会有不同的侧重点，直接导致运动员和教练员训练的重点的改变，最后导致技术的改变，如2006年的规则的修订，难度分没有封顶，这个修订，使单杠技术更加追求难度。每一次单杠评分规则的修改，调整了导向的方向，单杠技术动作的难度、连接难度和编排要求不断变化和提高，极大地促进了单杠技术动作的发展；评分规则的导向是技术动作发展的最直接动力，正是在单杠评分规则对单杠技术动作的不断作用、促进下，单杠技术才能快速发展。评分规则的导向作用，是单杠技术动作发展的诱因，也决定了技术动作的发展方向，评分规则对成套动作中动作难度、类型的要求逐步提高，对编排多样化要求的变化，使单杠技术动作朝着高难度、高稳定、全面的方向发展。

## 六、单杠技术的阶段规律

### （一）20世纪50年代前单杠技术发展规律

在这一时期，由于多种原因单杠技术发展一直是一种自由的状态，没有规定的动作，没有具体的打分模式，有的只是根据个人的喜好和能力的不同，做一些基本的单杠动作，可以说这一时期单杠技术是自由发展的。

### （二）20世纪50到70年代单杠技术发展规律

这一时期是体操历史上变化的时期，第一个评分规则的出现、大回环技术的革新、振浪技术的出现，之后又引出了很多飞行类的技术动作，确定了单杠技术的主流技术飞行动作，这是一个过渡的时代，基本确立了现代单杠技术流，技术的突变引领着时代的潮流，这个时代单杠技术的发展体现了突变性规律。

### （三）20世纪70年代以后单杠技术发展规律

从大回环技术改进和“振浪”技术产生以后，单杠产生了很多新的飞行技术，在以后的岁月里，技术的发展处于技术更加精湛，难度加大，力求完美的阶段，规则的作用越来越重要，在规则的范围内，运动员可以做个人相对强的难度技术，在冠军争夺越来越激烈的现代单杠比赛中，运动员要想获胜就必须要有突出的制胜技术，所谓“制胜技术”，就是在一套动作中要有高难度或个人的独创技术，以保证取得胜利。这个时代规则的作用越来越重要，在规则的指导下，单杠技术的重点不同，引领技术发展方向的转变，每次规则的改变都会带来新的方向。

## 七、单杠练习器的设计对体操教学的影响

### （一）单杠练习器的设计思想

随着我国《全民健身计划纲要》的实施，单杠也成了健身锻炼者喜欢的项目之一。人们利用单杠进行各种动作练习的锻炼活动十分普遍，有效地促进了大众的身体健康。体操发展的生命力在于不断创新，但创新不仅是技术上的创新，还应该包括器材上的创新。

单杠学习应先由低杠过渡到高杠，动作由简单到复杂，由单个动作过渡到整套动作。在体操教学中单杠项目训练一直存在一些重要问题：一是单杠项目较高的动作质量要求与初学者较差的身体素质之间的矛盾；二是传统的单杠器械较低等级的安全保护措施和用户友好性与使用者对器械耐受度的要求之间相矛盾。这些矛盾给使用者带来了运动损伤、心理恐惧等问题，严重影响了使用者对单杠动作的习得效率和质量。作为长期从事体育训练的人员，我们对体操单杠专项练习中遇到的种种困难有深刻的体会。因此我们将研发新型单杠练习器作为创新课题，旨在提高传统器械的安全性、提高使用者的接受度、减少运动损伤、加快高质量动作的习得速度。这样，一方面，对使用者来说可以提高身体素质；另一方面，也可以提高广大体操运动教练员的教学效率，对于整个单杠运动的教与学都有积极的影响。

### （二）单杠练习器的特点

1. 结构特别，辅助练习两用

单杠由四个立杆和一个横杠组成，所以有四个交接点，其中两个交接点用螺丝固定，螺丝是可以调节松紧的，另外两个交接点用摩擦盘和阻力调节器固定，可以调节阻力。在进行辅助练习的时候把第一个交接点的螺丝调松，让摩擦盘和阻力调节器来控制杠转。在进行普通练习时把第一交接点的螺丝调紧，这就是一个普通的单杠。此外，单杠的四个立杆都可以调节高度，这样可以适应不同身高的人群，从而更利于用户使用和普及推广。

2. 单杠练习器具有较好的安全保护措施和较高的用户友好性

在单杠上加上腰部和腕部保护套可以在练习者出现失误的时候起到保护的作用，减轻学习者在学习单杠过程中的恐惧心理和落杠过程中造成的伤害。初学者在进行单杠练习时容易脱手或磨破手，但是使用单杠练习器在进行辅助练

习的时候单杠练习器的轴承是滚动的，几乎隔绝了练习者的手与杠面的直接摩擦，从而提高了用户友好性。

3. 练习过程循序渐进，尽快建立动力定型

单杠练习器的轴承摩擦力小，练习者极易完成动作，多次练习之后可促进大脑皮层感觉中枢与运动中枢之间的相互作用，能够较快地建立相应的肌肉感觉，促进和加速运动条件的分化过程。阻力调节装置能够控制转动速度，逐步增加练习难度，保证练习器上练习动作的阻力感和节奏感与单杠上的实际动作相符，通过运动技术的迁移，尽快建立动力定型。

4. 减轻工作负担，增强教学训练效果

单杠练习器能够加快技术动作的学习进程，在较短的时间内学生就能独立完成动作，有效地减轻了教师、教练员的工作负担。教师和教练员可以集中精力纠正学生完成动作过程中的错误以及提高完成动作的质量，适时反馈信息，增强教学训练效果。

5. 适用于多种人群，利于普及推广

单杠练习器的四个竖杠可以适当调节高度，从而利于不同身高的人练习使用，练习单杠的人群往往年龄比较小，身体素质相对较差，身高比较矮，使用普通的单杠对于初学者难度较大，合理地调节单杠的高度既利于学生较快地完成动作，又利于提高动作质量，减少恐惧心理。

### （三）单杠练习器的发展前景

1. 体育产业纳入国家新兴产业，发展潜力巨大

目前，我国的体育产业在整体上还处于起步阶段，规模比较小，与国内的同类产业以及西方发达国家相比还有较大的差距，体育产业在国内生产总值中所占的比重还比较低，尚没有发挥出新兴产业的潜力和优势，但是体育产业作为国民经济产业中的动力产业，具有成为国民经济新的增长点的潜力。我国国务院、国家发改委的战略性新兴产业培育与发展政策，对将体育产业纳入我国战略性新兴产业的必然性进行了探讨，并基于“十三五”中国体育事业、战略性新兴产业未来发展趋势的判断，提出了将体育产业纳入我国战略性新兴产业框架的具体进入策略。

2. 体操运动员的单杠学习需要辅助器材

1989 年国家体委颁布实施的《男子体操教学训练大纲》适时提出单杠训练 6 岁开项，7 岁学习大回环。运动员在开始学习单杠的时候无论是力量、耐力还是身高都达不到成年人的水平，而翻身上、大回环是少年体操运动员较早练习的基本动作，在进行单杠练习时虽然采用护腕、护腰等器械，但是练习效果却差强人意，普通单杠用户友好性差，使运动员在练习过程中受伤的概率比较大，从而产生恐惧心理，不利于后期单杠动作的学习，但是单杠练习器针对初学者的身高问题采用的竖杠可以调节高度，针对练习者在练习过程中容易磨破手的问题采用的横杠可以转动，从而提高了用户友好性，必然会被大多数人接受，所以单杠练习器的发展潜力巨大。

## 第二节　竞技体操单杠支撑后回环教学指导

### 一、单杠支撑后回环的保护与帮助

竞技体操这项运动与其他运动项目有所不同，是一项在规定的器械上，完成复杂、协调动作的运动项目。它所呈现出的器械上的动作是必须在系统的练习下熟练掌握动作要领才能完成的。在练习体操运动技术时，练习者会在有一定高度的器械上完成有难度且复杂的运动动作，所以保护与帮助在体操的学习过程中是必不可少的。当然，保护与帮助也是需要一定技巧的，好的保护与帮助可以使练习者更好、更迅速地掌握这项技术。相反，保护帮助不当，会给这项运动技能的学习增加困难，更严重时，会对练习者、保护者造成伤害。单杠支撑后回环在单杠技巧教学中，是一个难度较高、技术较复杂的动作，并且在练习过程中具有一定的危险性。正是这种客观存在的危险性，导致练习者在学习这一技术时，会产生较大的恐惧心理，不能严格按照教练所教的动作规范进行练习。所以，笔者提出一种较为科学合理的保护与帮助动作，并对这一动作的站位、手法、力度等进行简单分析，从而更好地保证练习者的安全，在更大程度上消除练习者的恐惧心理，使练习者可以更高效率地学习掌握单杠支撑后回环这一技术动作。

#### （一）保护与帮助的站位

单杠支撑后回环是练习者由单杠上支撑开始，两腿先前摆，上体稍前倾，接着两腿向后上方积极后摆，直臂顶肩撑杠，上体稍前移，直臂直体下落，当腹部接近上体时迅速后倒并直臂拉压杠。当回环至杠前水平时，制动两腿并迅速抬上体同时翻腕成支撑。这一技术的站位要求保护者站在杠前、练习者侧方的位置，在保护时为了避免意外的发生以及发生意外时可以第一时间进行保护，保护者应该有较为灵活的移动，所以，在站立时不可双脚并齐站立，应左右或前后站立，重心应随着被保护者所做的动作移动。

（二）保护与帮助的手法

单杠支撑后回环的技术动作可以分解成两部分。第一部分为直臂支撑，双腿前摆接后摆，然后直臂直体下落，腹部贴杠，也就是我们通常所说的辅助动作。这部分的练习很有必要，是避免学生在完成完整动作时脱杠的重要练习，也是学生在初次接触这项技术时的重要环节。为了减少学生的恐惧心理，保护者的保护显得尤为关键。保护者按照站位站立于练习者侧前方，远杠手五指并拢微扣，置于练习者肩部，固定练习者肩部防止前冲或后撤；近杠手五指分开拖住练习者的腿，帮助练习者训练前后摆动的高度；在后摆完成之后，保护者要注意继续保持之前的保护动作，直到练习者完成直臂直体下落并腹部贴杠，防止练习者过速回落导致受伤。在训练初期对于练习者肩部、腿部的帮助以及后摆直臂直体下落的保护，都应给予较大的力量，一方面可以帮助练习者较好地感受动作的要领，另一方面可以消除练习者的心理障碍。当练习者反复练习并熟练掌握辅助动作之后，便可以尝试做完整动作。

第二部分就是我们通常说的完整动作。完整动作的保护站位与辅助动作是相同的，只是保护手法差别较大。练习者在单杠上支撑，保护者站位要靠后，近杠手从杠下反握住练习者的手腕，防止练习者在练习过程中因为自身原因或由于回环速度过快而双手脱杠；远杠手置于练习者的膝关节上方，在练习者做双腿前摆后摆时给予练习者双腿向前和向后的辅助力量，帮助练习者提高摆动高度，同时确保练习者下落时腹部贴杠；在练习者完成回环后迅速换手，远杠手托住肩部，近杠手托在膝关节上方，其中保护者应尤其注意保护时手反握这一要领，避免练习者动作速度过快保护者换手不及时而受害，这样一个完整的单杠支撑后回环技术动作就算完成了。值得注意的是，做动作前练习者与保护者之间应做好详细的沟通交流，随着练习者对动作的掌握越来越娴熟，保护与帮助的力度也应逐渐减弱，直到练习者可以脱离保护完成该动作。

## 二、单杠支撑后回环的教学研究

近几年来，随着科技水平的不断提高，体操的技术水平也在不断发展，相继出现了一些比较难的新动作，同时也有一些人喜欢研究这些新的难动作，但是却忘了那些基础动作研究得还不够精确，而且也很少有这些基础动作的专门论述。支撑后回环是体操教学中的主要的基础内容之一，完成这一动作过程短，技术环节多，特别是在人体进行回环时需要完成标准的动作，因此，人体的各个环节需要协调配合，从而提高动作质量。在竞技体操运动项目中，单杠是一项非常具有代表性的弹性器械运动，它其中的支撑摆动、回环、腾越、脱手再握等都是这个项目中具有鲜明特征的动作。通过利用运动生物力学的一些原理对这些具有代表性的动作进行一定的探讨和详细的分析，可以帮助我们加深对这些弹性器械运动项目的理解和认识，也有利于我们根据生物力学的原理去解决一些技术上的问题和寻找出一些合适的方法，从而可以更有效地提高动作的质量和竞技水平。

### （一）相关知识概述

1. 支撑后回环

支撑后回环整个动作的结构是由双臂支撑单杠开始，双下肢先进行前摆，上体保持抬头挺胸微微前倾，之后两条腿一起迅速向后上方摆起，此时两臂要直臂顶肩支撑单杠，双腿到达最高点进行下摆时，上半身要微微向前移动，整个身体直体下落，等到腹部将要贴近单杠时迅速倒肩并直臂顶肩拉压单杠，当身体回环至与单杠平行时，抬头挺胸两腿使劲向后蹬进行制动，最后迅速抬头翻腕成开始的支撑姿势（见图 5-4）。

**图 5-4　支撑后回环**

在学习支撑后回环这个动作时也要注意它的一些技术要点：第一，当下肢开始前摆时，整个身体是放松的状态，但是回摆时要直臂顶肩直体下落，而肩要一直保持在单杠上的垂直位置上。第二，在腹部将要贴近单杠时，两下肢立刻迅速地往前摆，与此同时迅速梗头倒上体，直臂顶肩直体进行回环。第三，当直体回环刚刚摆过单杠垂直面位置时进入制动阶段，两腿两脚迅速向后伸，抬头挺胸，拉大身体的长度。这个支撑后回环动作的教学还要有一定的规格，也就是要求后摆身体高于肩水平，直臂直体，回环连贯。

教法提示：

①在教师或者同学的帮助下练习支撑后摆到落下成支撑的动作。

②根据教师的讲解和说明在同学的帮助下多次练习快速翻上支撑单杠的动作，从而去体会回环过程中如何背腿制动、翻腕顶肩、抬头挺胸的一些主要动作要领。

③教师讲解完动作要领后，在同学的帮助下进行慢回环的动作练习，用来体会回环的整个动作过程中那种时空的感觉。

④当基本熟悉每个动作环节的动作要领之后，每个同学都要慢慢地独立完成每个环节的动作。

支撑后回环这个动作最主要的技术要点是当人体后摆至最高点开始下摆至什么位置时才可以进行倒肩进入回环动作，并且在回环动作进行到什么位置时才是最佳的开始进行制动的动作，这两点内容是整个支撑后回环的关键点，通过进行详细的运动生物力学分析就可以得出清楚的答案，这样整个动作才可以有一个完美的过程。

### 2. 运动生物力学

运动生物力学主要研究人体处于运动状态时所表现出来的运动规律。针对体育运动的动作进行运动生物力学分析，从而得出所需要的一些数据，并通过数据的呈现特点建立不同的变现形式，从而让教练者和训练者都清楚地知道每个动作的正确形式，同时也要了解错误动作是如何形成的，然后归纳总结出该动作的技术原理，利用原理探讨出解决问题的办法，进而对训练者经常出现的错误进行纠正，使他们快速提高自己的技术水平，运动生物力学就是这样的一门技术科学。此外，运动生物力学还要结合人体解剖学、运动生理学中的一些原理理论和方法，再针对人体的运动器官所呈现出来的特征和规律性的特点进行研究与分析，最终得出相应的结论。

## （二）研究对象和研究方法

### 1. 研究对象

选取某大学体育专业的 7 位同学作为受试者，所选取的 7 位受试者动作的技术水平相近，从而针对每个受试者的技术动作进行对比研究，运动员的基本情况如表 5-1 所示。

**表 5-1 测试者的基本情况**

| 姓名 | 性别 | 年龄 | 身高（cm） | 体重（KG） | 成绩 |
|---|---|---|---|---|---|
| 王 XX | 男 | 20 | 172 | 67.5 | 9.2 |
| 崔 XX | 男 | 18 | 173 | 72.5 | 9.5 |
| 魏 XX | 男 | 18 | 170 | 68.0 | 8.0 |
| 蔺 XX | 男 | 19 | 173 | 54.0 | 7.2 |
| 逯 XX | 男 | 19 | 168 | 55.0 | 7.0 |
| 李 XX | 男 | 20 | 175 | 80.0 | 8.6 |
| 石 XX | 男 | 19 | 168 | 54.0 | 8.3 |

### 2. 研究方法

（1）文献资料法

文献资料法是论文撰写与做研究时最常用、最普遍、最直接又十分有效的方法。笔者主要是通过图书馆和中国知网以单杠支撑后回环的运动学分析以及支撑后回环的教学分析为主题查阅搜索相关文献资料，从整体上有效把握支撑后回环的相关研究现状，将其作为研究的理论支撑；利用自己平时参考的相关资料与积累的经验进行一定的归纳与总结，从而使研究结果更有意义。

（2）实验法

①实验仪器。

一台专业高速数码摄像机，两个三脚架，手电筒一个，电脑一部，白色反光贴一卷，一米长的标志杆一个。

②实验步骤。

调试摄像机，调整焦距使成像大小位置适合，拍摄频率为 50 赫兹，曝光时间为 1/100 秒，主轴光高度为 1.35 米，光圈设置为手动对焦，以准确识别身体关节点为依据，调整完成后固定不动。

摄像机高度和主轴光高度保持水平，放置三脚架，固定摄像机。摄像机与研究对象的距离要适中，夹角不要超过 7 度。

为了便于在进行二维录像解析时观察主要关节的运动轨迹，安排实验对象穿紧身衣，并将反光标志贴于主要关节的中心，包括两只手的腕关节处、肘关节处、肩关节处、髋关节处、膝关节处、踝关节处以及脚尖和脚跟处。每个测试者做三次动作，选取动作技术和质量最好的一次进行分析。

将准备好的比例尺放于单杠的正前方中央位置进行拍摄。

测试者做好热身活动，准备拍摄。

拍摄结束，整理和归还器材。

③解析视频。

将摄像机拍摄的视频一一放入电脑里面，利用转换格式的软件对视频进行转换和剪辑。

打开人体运动视频处理软件，依次将剪辑好的视频放入，分别进行关节点描点并输入比例尺。

每个视频描点完成后再建立所需关节所形成的夹角，并且对研究中所需要的各个重要动作阶段进行划分，从而分析出需要的数据。

④数据处理。

笔者利用人体运动视频处理软件将上杠过程中每个动作的变化形态以数据的方式显示出来，对所获取的合理数据进行统计和绘图，并对相关内容加以详细验证。

### （三）结果与分析

#### 1. 个人位置点的运动学分析

（1）支撑静止时刻的运动学分析

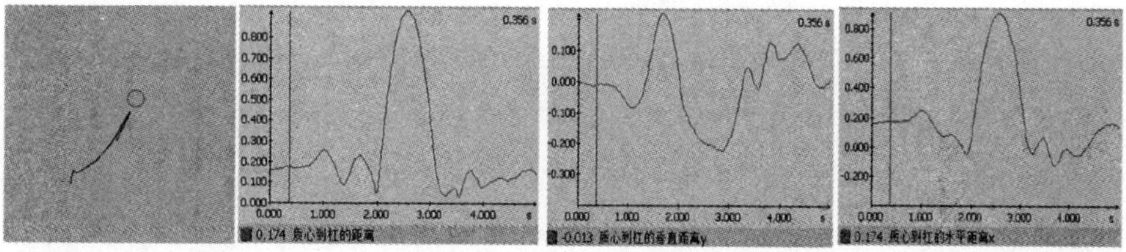


**图 5-5　人体支撑示意图**

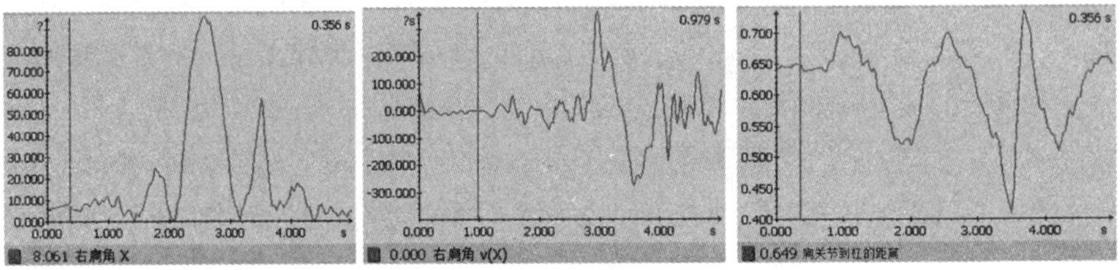


**图 5-6　支撑静止时刻的变化趋势**

如图 5-5 所示，人体处于开始的支撑位置时，两臂顶肩支撑单杠，上体稍前倾，抬头往前看，腹部贴于杠前，双下肢夹紧，脚尖绷直，整个身体都处于紧张的状态，为接下来的前摆做好准备。在这个时候人体的质心距离单杠的实际距离是 0.174 米，而质心到单杠的水平距离和垂直距离分别为 0.174 米和 0.013 米。从这三个数据中我们可以看出，人体在支撑状态时质心到单杠的实际距离和水平距离是一样的，而垂直距离的数值也很小并且在单杠的左边位置，说明人体的质心在单杠的左边。从质心到杠的这三个距离图中可以看出距离的变化曲线基本处于平行状态，也就是说人体在支撑状态时是静止不动的。

所谓的肩角是由肘关节、肩关节和髋关节组合而成的。如图 5-6 所示，人体处于这个支撑静止状态时的肩关节角度为 8.061°，肩角的速度为零，而肩关节到杠的实际距离为 0.649 米。由于人体处于支撑静止状态，此时的肩角并没有打开，因此角度数值很小。而此时的肩角速度为零，说明人体并没有开始运动，而是正处于一种特别紧张的状态，正在为接下来运动做准备的动作。从肩关节到杠的实际距离变化曲线中可以看出人体运动是静止的，并没有大幅度的变化。综上所述，当人体处于支撑静止状态时，不管是距离还是角度和角速度都不会发生明显的变化，此时的做功是储存能量为接下来的动作做准备。

（2）前摆到最小角度时刻的运动学分析

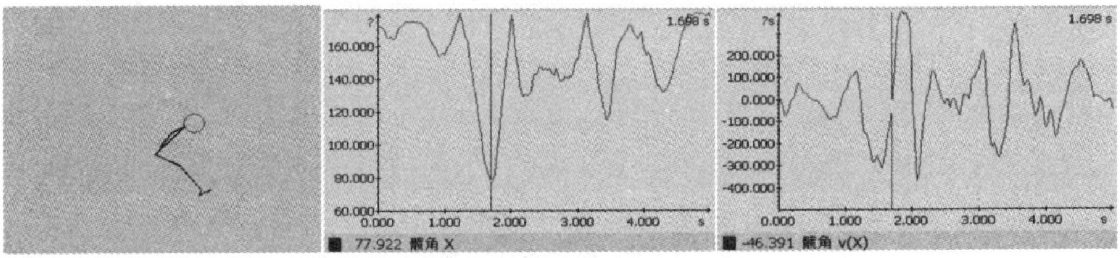


**图 5-7　人体前摆示意图**

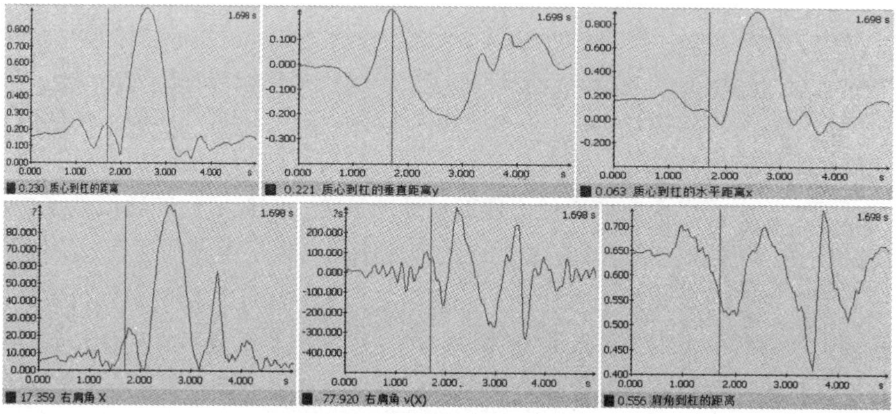


**图 5-8 前摆至最小角度的变化曲线**

如图 5-7 所示，当人体做前摆这个动作时由肩关节、髋关节和膝关节组成了髋角。此时伸髋肌群（臀大肌、腘绳肌）被动拉长，储存势能，髋角的速度也迅速升高，为接下来的伸髋和后摆做准备，并且此时的髋角为 77.922° ，达到最小值。如图 5-8 所示，质心到单杠的实际距离由低慢慢增加到一定的高度再开始慢慢降低，但是质心到杠的垂直距离在前摆这个位置时达到了最大值，而水平距离却处于下降的状态。而此时肩角的变化正处于一个上升阶段，此时的肩角为 17.359° ，而肩角的速度变化不是很大，但是肩角到杠的实际距离正处在快速下降状态，当人体开始伸髋后摆时，距离才会慢慢地加大。总之，当人体处于前摆位置时，髋角应该是最小的，此时最适宜的角度应是 77.922° ，也就是说运动员的髋角在这个位置时是前摆位置最佳的时候，相对应的肩角应该是 17.359° 。

（3）后摆到最高点时刻的运动学分析

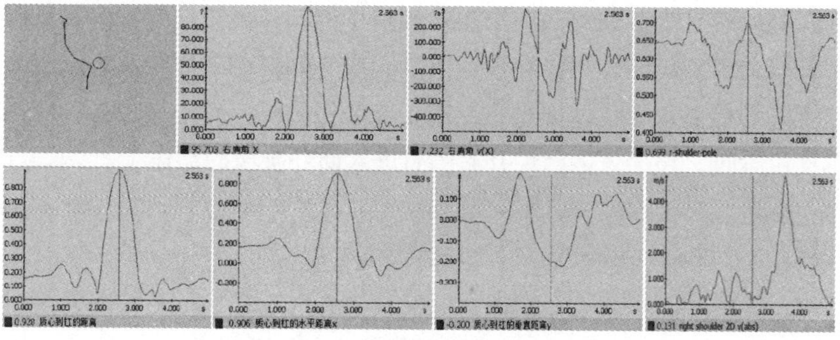

**图 5-9 后摆到最高位置的变化曲线**

如图 5-9 所示，这个位置是人体势能最大的位置，从这个位置开始，势能开始转化为人体的转动动能。此时的躯体速度处于较低的位置，但从这个位置开始躯体的转动惯量慢慢变大，动力矩也会逐渐变大，因此速度也会加快，以便于做接下来的回环动作。当人体处于后摆这个位置时肩角完全打开达到最大值 95.703° ，由于整个躯体正处于速度最低的位置，因此肩角的速度处于快速下降的位置。但是质心在这个位置到杠的实际距离和水平距离却是最大的位置，而质心到杠的垂直距离接近最小值。总而言之，人体处于后摆的最高位置时是肩角最大的时候，此时的最大肩角是 95.703° ，这也是运动员在后摆位置的最佳角度；而此时质心到杠的实际距离和水平距离也是最大的时候，分别为 0.928 米和 0.906 米。对于运动员来说，肩角达到最大值和质心到单杠的距离达到最大值时就是后摆位置最高的地方。

（4）人体下落至接近单杠时刻的运动学分析

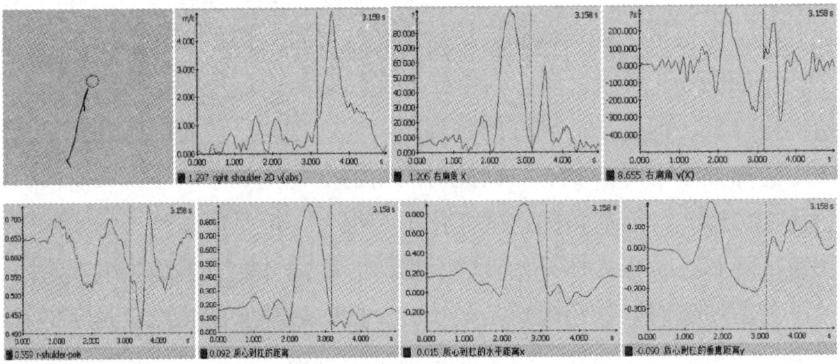


**图 5-10　腹部贴杠时的变化曲线**

如图 5-10 所示，当人体腹部贴近于单杠位置时，整个躯体的速度处于正在快速升高的位置上。而此时的肩角达到最小值，速度正在慢慢升高，为回环做准备。肩关节到杠的距离正在快速下降，质心到杠的实际距离和水平距离已经快速下降到接近最小值，而垂直距离正在慢慢升高，整个迹象都说明当腹部贴近单杠位置时，整个人体已经开始倒肩进入回环阶段的动作了。

（5）头的速度达到最大时的运动学分析

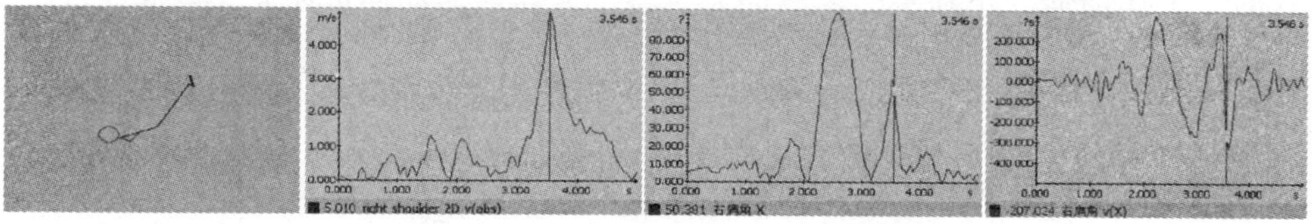

图 5-11　头的速度最大时人体示意图

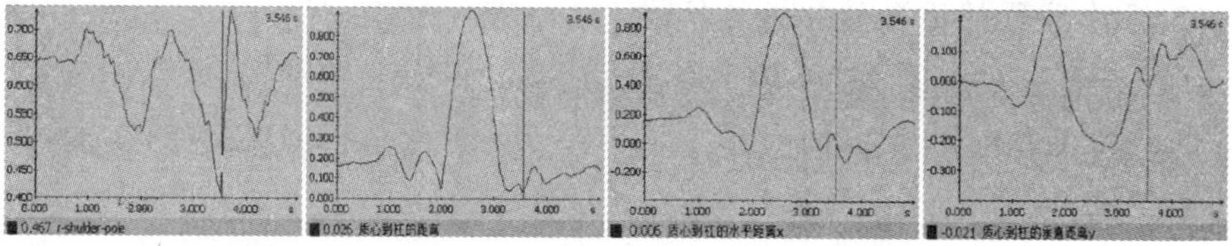

图 5-12　头的速度最大时的变化曲线

如图 5-11、图 5-12 所示，当人体处于这个位置时，整个躯体的速度达到最大值。一般来说，当人体回环至与单杠垂直位置时躯体速度才会达到最大值，但是经过对实际数据进行分析得出的结论是，当躯体回环至将要与单杠垂直时速度达到最大值。此时的肩角也会达到一个比较大的角度，肩角的速度迅速降到最低点，肩关节到杠的距离也达到了最小值。从图中的变化曲线可以看出，质心到杠的实际距离已经是最小值，甚至接近于零，而且到杠的水平和垂直距离都在下降，说明这个位置的质心距离单杠是最近的位置。

（6）杠前水平时刻的运动学分析

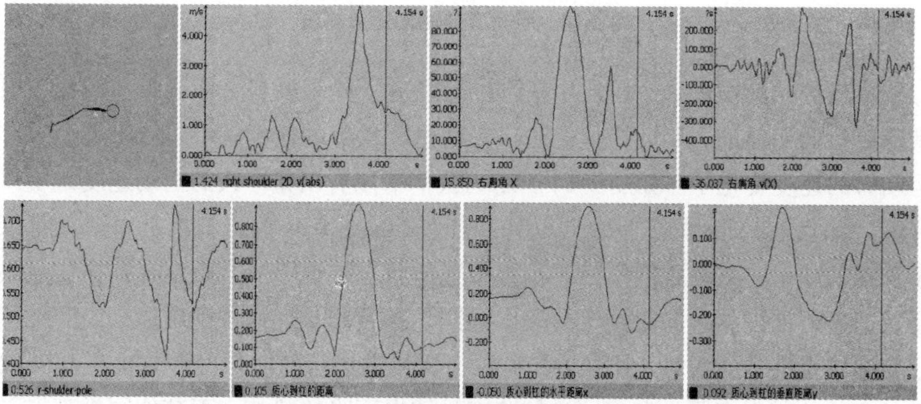

图 5-13　杠前水平位置的变化曲线

如图 5-13 所示，此时人体正处于杠前水平位置，速度还处于快速下降中，这时，上体前伸，足和头的距离加大，整个人体的转动惯量加大，根据动量矩守恒定律，人体的角速度会下降。肩关节的角度还是处于一般的位置，但是速度已经开始下降了，并且肩关节到杠的距离已经下降到一个相对较低的距离。质心到杠的实际距离较近，到杠的水平距离也处于较低的位置，但是到杠的垂直距离却是比较高的。根据分析可得，当人体回环刚刚转过杠下垂直面位置时，人体的转动速度已经开始下降，说明人体已经开始进行制动了。

2. 各个阶段的运动学分析与教学

（1）两臂支撑到前摆阶段运动学分析与教学

①踝关节的速度变化特征分析。

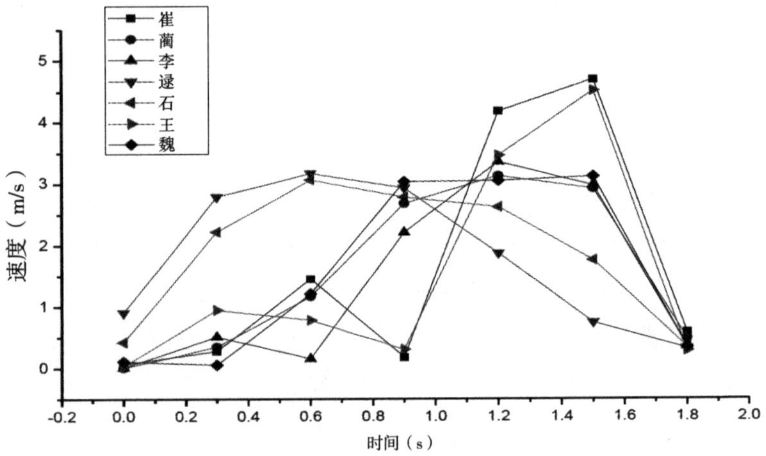


**图 5-14　踝关节的速度变化曲线**

从支撑到前摆的这个阶段中头部的运动并不是很明显，而踝关节的速度表现却是最为明显的，因此在这个阶段中通过踝关节的速度就可以看出整个人体运动时的速度变化了。如图 5-14 所示，我们可以看出每个人的运动速度是不一样的，并且差距很明显。从一开始的时间段 0s ～ 0.3s 内，基本上每个人都处于加速的状态，只有魏同学处于稍微减速的状态，说明一开始他在支撑位置不是快速进行前摆的。同时这个阶段中逯同学和石同学加速特别明显，说明他们在支撑位置进行前摆时是快速的，并没有缓慢地进行前摆。再看 0.3s ～ 0.6s 之间的变化，其中李同学和王同学的速度是缓慢下降的状态，而其他同学都在进行加速，这说明这两个同学在慢慢地进行加速，在进行前摆之前有一个过度的阶段。而接下来的 0.6s ～ 0.9s 中只有评分最高的崔同学和王同学呈现的是快速下降趋势，说明他们两个为了前摆在储存能量，在接下来的时间段中就可以很明显地看出来。在时间段 0.9s ～ 1.5s 中，只有崔同学和王同学的速度变化趋势是先加速再缓慢加速的，而其他同学呈现的都是缓慢减速的趋势，正好与他俩相反。在最后的阶段中，所有同学的速度都缓慢地降下来了，说明都在为接下来的后摆做准备。

②肩角和髋角的变化特征分析。

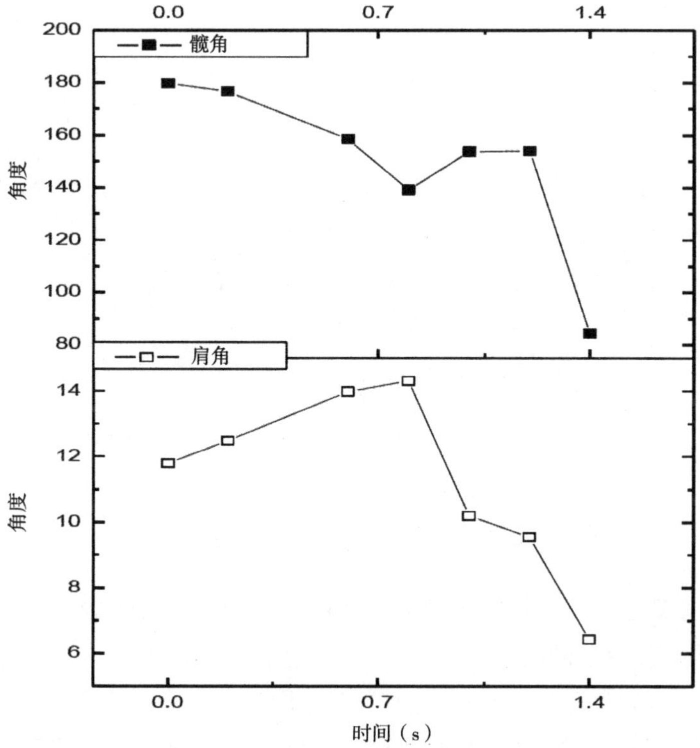


**图 5-15　肩角和髋角的变化曲线**

在支撑到前摆的这一阶段，有两个角的角度发生着变化，即肩角和髋角。肩角是由身体的肘关节、肩关节和髋关节依次连接而成的；髋角是由身体的肩关节、髋关节和膝关节依次连接而成的。以评分最高的崔同学为例，如图 5-15 所示，当身体处于静止状态速度为零的时候，他的肩角角度是 11.787°，处于很低的位置，但是髋角的角度为 179.827°，接近于 180°，说明这个同学的身体是处于完全伸直的状态的，并没有出现屈髋的问题。在 0s ～ 0.9s 时间段中，他的肩角角度处于缓慢增长的状态，角度增长到最大为 14.308° ，可是髋角却在快速减小，一直到达到一个比较小的值 139.056° 。在 0.9s ～ 1.4s 期间，肩角处于快速减小的状态，达到了最小的角度 6.422° ，而髋角却出现了缓慢增长的趋势，达到 153.992° 之后又快速下降，直到达到最小值，此时的角度为 84.349° ，这一段可以说明这位同学已经前摆到髋角最小的位置，也就是前摆的最佳位置，而这时的肩角也是最小的位置，这一阶段的运动都是在为接下来的后摆储存能量。

③质心速度的变化特征分析。

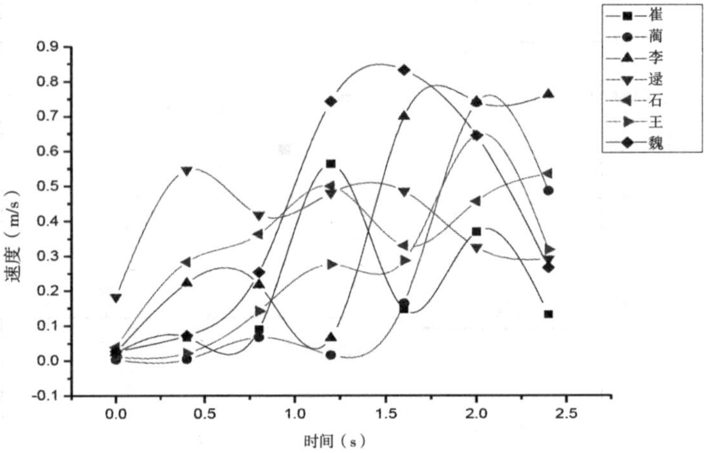


**图 5-16　质心速度的变化曲线**

图 5-16 是支撑到前摆阶段质心速度的变化趋势，从图中我们可以看出每个人的变化程度是不同的。在 0.1s ～ 0.5s 期间，有四个同学在缓慢加速，其中逯同学的加速特别明显，同时他也是这几个同学中评分最低的同学，虽然他的质心速度很快但是后摆的高度是最低的，这说明速度的快慢也决定不了后摆的高度。在 0.8s ～ 1.2s 时间段，蔺同学和李同学呈现的是下降的趋势，也就是他们在这个时间段中是在减速，与人体的整体速度相比较，他们正好是与之相反的，而其他五个同学却是在加速，并且随着身体整体速度的增加而增加，呈现一个正相关关系，其中评分最高的两位同学在这段时间里的质心速度是迅速提高的，可是在接下来的时间段里他们的变化却不太一样，从图中我们可以看到，崔同学在前一段时间里的质心速度已经达到最大值，接下来才会出现减速的趋势，而王同学在前一段时间里的质心速度并没有达到最大值，而是在 1.2s ～ 1.6s

这段时间里继续加速至最大值后再缓慢减速。接下来看一下 2s ～ 2.5s 期间，由于受到重力和阻力矩的影响，几个同学几乎都在减慢质心速度，也有同学在加快速度但也只是稍微改变，这就说明他们已经后摆至最高点了。

④质心到单杠距离的变化特征分析。

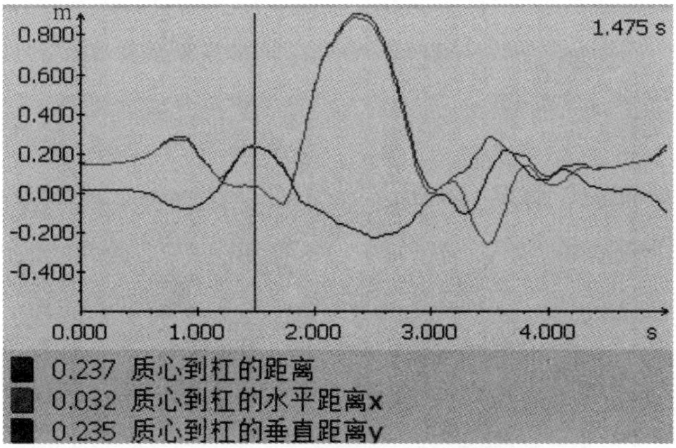


**图 5-17 质心到杠的距离变化曲线**

如图 5-17 所示，随着身体运动的变化，不但质心速度发生着变化，质心到单杠的实际距离和水平、垂直距离也在变化。在开始支撑到 0.6s 的时间段中，这三个距离基本保持不变的趋势，而在 0.6s ～ 0.8s 这段时间中，实际距离、水平距离呈现缓慢增长的趋势，而垂直距离则是缓慢减小的。0.8s ～ 1.5s 是人体接近前摆位置的时候，这时质心到杠的实际距离为 0.237 米，水平距离为 0.235 米，两个距离都处于下滑状态，但是在 1.2s 的时候，三个距离相交到了一个点上，过了这个点后质心的实际距离又跟垂直距离重合了，随后质心到杠的垂直距离慢慢变大直到达到一个最大值，此时的垂直距离是 0.232 米。

⑤支撑到前摆阶段的教学。

总之，人体从支撑到前摆这个运动阶段在一定的时间内人体的位移是随着运动而发生变化的，人体的髋角达到最小值时正是前摆的最佳位置，并且发力特点不同，每个人在每个时间段的速度和关节的角度是不一样的。

通过对变化曲线的观察分析可得，质心的速度在人体支撑到前摆这一阶段的变化是与人体运动速度的快慢有一定关联的。由于支撑到前摆的过程并不是很大幅度的运动，所以质心到单杠的实际距离、水平距离和垂直距离的变化趋势并不是很明显。而在教学的过程中，对于初学者来说根本不会前摆，此时保护者应该站在受试者的一侧一手抓住受试者手腕一手拖住其腿部，帮助受试者体验如何让自己的肩角和髋角达到最合理的角度，并且体会质心离单杠的距离是怎样的一个变化。

（2）前摆到后摆最高点阶段运动学分析与教学

①踝关节的速度变化特征分析。

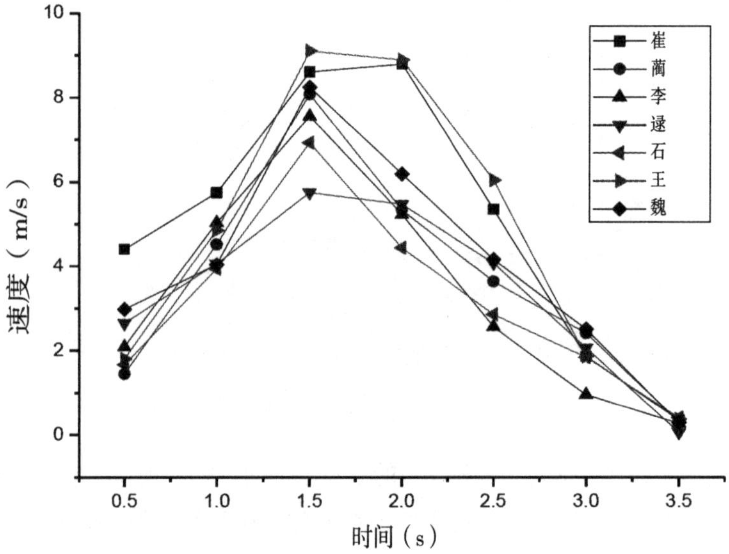


**图 5-18　踝关节的速度变化曲线**

在前摆到后摆阶段，踝关节的运动速度代表了整个人体速度，因此将踝关节的速度作为观察对象。如图 5-18 所示，所有同学在前摆到后摆阶段中踝关节的速度都呈现出先加速再减速的趋势。在 0.5s ～ 1.5s 期间，所有同学呈现的都是上升的趋势，说明在进行后摆的过程中一开始是加速状态，目的就是使自己快速达到后摆的最高位置。但是在 1.5s ～ 3.5s 的时间段中所有人又开始减速了，其实在这个时候并不是已经达到后摆的最高点，而是由于高度越来越高，同时受到的阻力也越来越大，因此踝关节的速度就会变得越来越慢。在最后的这个阶段中，成绩最好的崔同学和王同学虽然也是减速状态但是他们两个的速度却是高于其他同学的，说明他们在对速度的控制上是有一定把握的。

②肩角和髋角的变化特征分析。

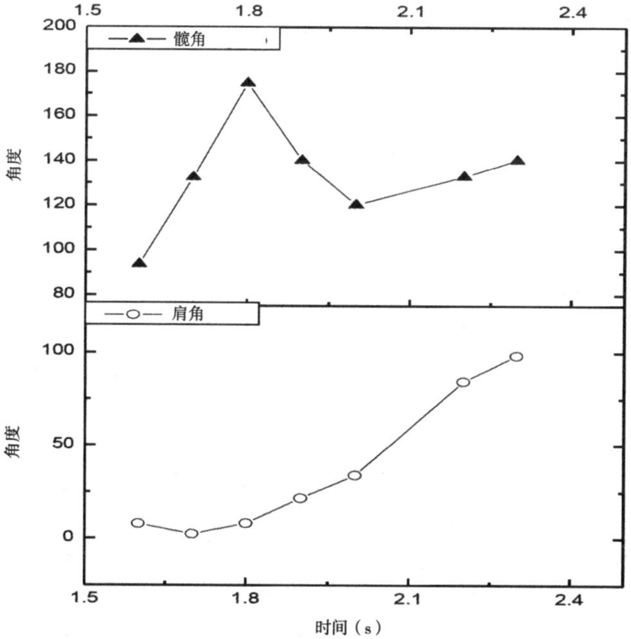


**图 5-19　肩角和髋角的变化曲线**

在前摆到后摆的这一过程中，肩角和髋角的变化是最明显的，以评分最高的崔同学为例来进行分析。如图 5-19 所示，当人体从前摆开始后摆的时候，在前摆位置的肩角角度为 7.891°，处于肩角最小的位置上，但是图中一直是呈上升趋势的，说明从前摆到后摆肩角在慢慢变大，直到后摆到最高点时肩角达到最大，此时肩角度数为 98.277°。但是髋角的变化却呈先增大后减小再变大的趋势，在前摆的位置时髋角最小为 93.621°，随着人体的后摆高度越来越高，髋角也应该慢慢变大，但是从图中的变化曲线来看并不是一直增大的趋势，而是有减小的趋势，也就是说这个同学在后摆过程中肯定有屈髋的动作，才导致髋角呈现这样的趋势。事实上，从人体后摆开始髋角就是不存在的，整个身体应该处于紧绷直线的状态，髋角也应该接近 180°。

③质心速度的变化特征分析。

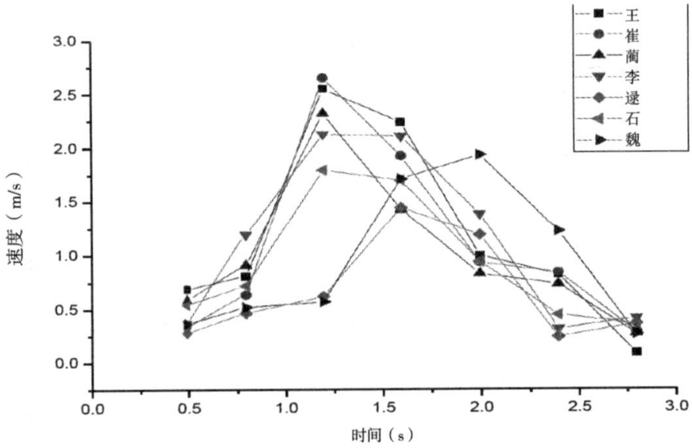


**图 5-20　质心的速度变化曲线**

图 5-20 是人体从前摆到后摆过程中质心的速度变化曲线，开始前摆的 0.5s ～ 1.3s 之间每个人的质心速度都是加速状态，只是每个人加速的程度不一样。其中成绩最好的崔同学在这段时间的速度是迅速加快的，而逯同学和魏同学却是在缓慢加速，这就说明在接下来的时间段 1.3s ～ 1.5s 中他们与其他同学的速度变化也是不同的，其他五位同学的质心速度都是缓慢下降的，而他们却是加快的，很明显，他们在做动作的这段时间中发力的点与他人是不一样的。从 1.5s 开始到后摆至最高点位置结束，所有同学的质心速度都是缓慢下降的，和人体运动速度一样，在接近最高位置时受到重力和阻力矩的影响，速度开始下降。

④质心到单杠距离的变化特征分析。

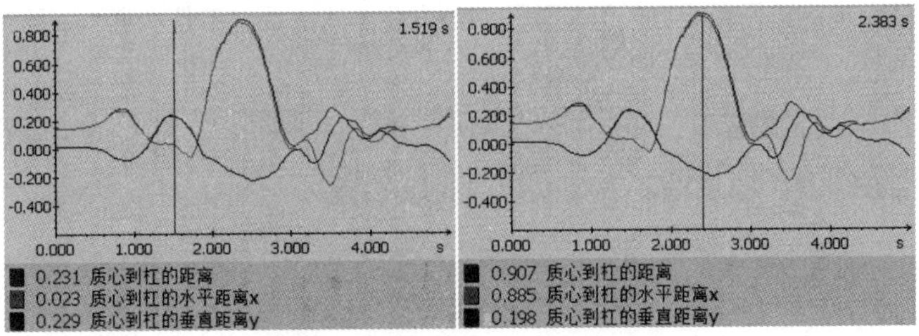


**图 5-21　质心到杠的距离变化曲线**

图 5-21 是质心到单杠的实际距离、水平距离和垂直距离的变化曲线，在这段过程中，实际距离和水平距离的变化曲线基本是重合的。从前摆至与单杠垂直的这段时间中，质心到杠的实际距离和垂直距离呈现的是下降趋势，而水平距离也呈下降趋势，但是距离变化曲线在前两者的下面。当摆过单杠马上要进入后摆阶段时，实际距离和水平距离快速升高，直到达到最大距离，分别是 0.907 米和 0.885 米。但是，质心到杠的垂直距离仍在减小，也就是距离单杠越来越近，直到后摆至最高位置时的垂直距离为 0.198 米。

⑤前摆到后摆阶段的教学。

前摆到后摆这个阶段是势能慢慢变大的过程，达到一定高度后势能再开始转变成动能，为接下来的动作做准备。而质心的速度变化是随着人体运动速度的变化而变化的，当人体开始后摆时，整个人体会自觉地直臂顶肩并且拉伸整个身体，而质心的高度随着人体后摆的高度越来越高，也就是说，人体的重心距离手握点（单杠）的距离越来越大，即人体到杠的力矩也在慢慢变大，根据能量守恒定律，随着力矩的变大，质心的速度也就会慢慢减慢，相应的在这个阶段中人体的势能也在慢慢变大。因此，在教学的过程中首先要向学生讲清楚此阶段中的运动学原理，根据受试者的个体差异进行适当的保护与帮助。这个阶段的练习并不是一下就可以学会的，保护者站在受试者的一侧一手托肩一手托腿，帮助受试者体会后摆的过程，以及后摆过程中肩角、髋角和质心到单杠的距离应该是如何变化的，让受试者在有保护的情况下多次体验正确的动作过程。

（3）后摆最高点到腹部贴杠阶段运动学分析与教学

①踝关节的速度变化特征分析。

如图 5-22 所示，在最高位置至腹部贴杠这一运动过程中所有同学踝关节的速度都呈上升趋势。在时间段 1.4s ～ 2s 内虽然 7 位同学都在加速，但是其中李同学的加速并不是很明显，再加上他的后摆高度并不是很高，因此在下摆过程中并不会表现出很明显的加速。而成绩最好的崔同学和王同学在时间段 2s ～ 2.7s 内加速特别快，这是因为他们的后摆高度特别高，为了使动作做得更加完美，所以下降的速度特别明显。当腹部将要贴近单杠时，所有人的运动速度都在加快，这说明当人体运动到这个位置时已经倒肩进入回环的动作了。从这一点就可以说明，当人体后摆达到最高点时并不会立刻进入倒肩的动作，而是腹部贴近单杠之前进行倒肩，从而开始回环的动作。

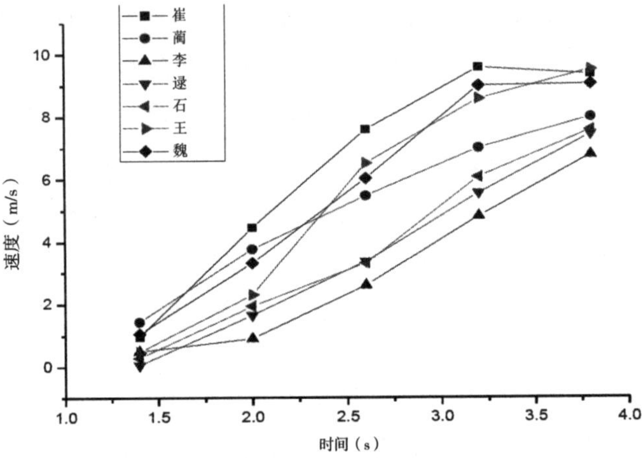


**图 5-22　踝关节的速度变化曲线**

②质心速度的变化特征分析。

图 5-23 是质心速度在人体后摆至最高点到腹部贴杠时这段时间的变化曲线，曲线的变化趋势可以很明显地看出来。从时间段 1.5s ～ 2s 期间可以观察到，只有蔺同学呈现下降的趋势，其他同学的质心速度都是缓慢上升的，这说明蔺同学达到最高点开始下摆时并没有进入快速倒肩的状态，而是在控制自己的速度，但其他同学则是快速进入倒肩状态进行回环动作了。在中间时间段 2s ～ 3s 期间，所有人的质心速度都呈上升的趋势，随着人体运动的速度加快，质心的速度也越来越快，但是在 3s ～ 3.5s 期间所有人又开始进入缓慢减速的状态，这是由于人体腹部接近单杠马上要进入回环动作了。

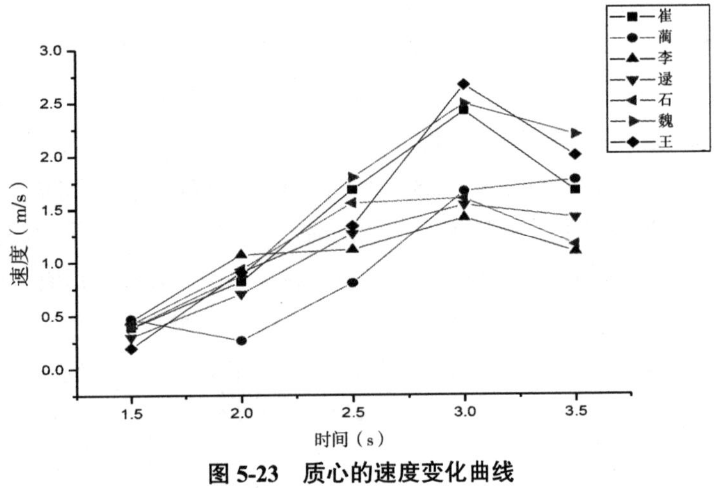


**图 5-23　质心的速度变化曲线**

③质心到单杠距离的变化特征分析。

图 5-24 是在后摆至最高点位置到腹部贴杠这一动作过程中质心到单杠的实际距离、水平距离和垂直距离的变化曲线。当人体后摆至最高点位置时，质心到单杠的实际距离是 0.908 米，随着身体的下摆运动，根据曲线的变化趋势可以看出，质心到杠的实际距离一直在减小，当腹部贴近单杠时距离变得最小为 0.081 米，也就是说，质心距离单杠越来越近了。从图中还可以看出质心到杠的水平距离的变化趋势与实际距离是相近的，也在逐渐减小，到腹部贴杠时的水平距离是 0.039 米，可以说质心几乎贴在单杠上。但是质心到杠的垂直距离却是恰恰相反，人体从最高点下摆至腹部贴杠的过程中，垂直距离呈现的是一种缓慢上升的趋势，从数值 -0.192 上升到 -0.071，这说明，质心到杠的垂直距离也在慢慢变小，也就是说垂直方向也在慢慢接近单杠。

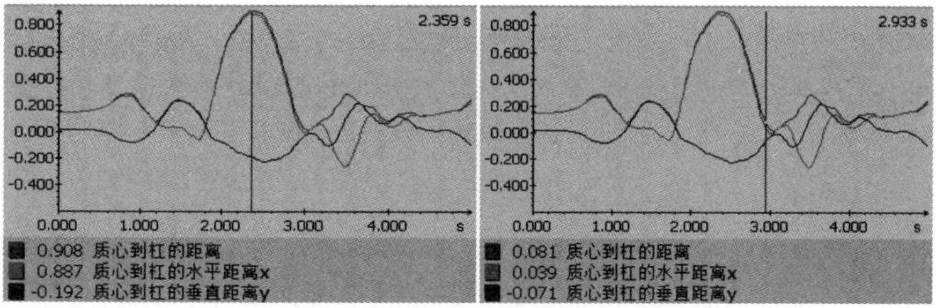


**图 5-24　质心到杠的距离变化曲线**

④后摆最高点到腹部贴杠阶段的教学。

这个阶段其实是人体开始倒肩进行回环的阶段，在这个过程中肩角的角度达到最大值，随着人体的下摆速度慢慢加快，肩角也会变得越来越小。而此时髋角应该是不存在的，因为从人体开始后摆到腹部贴杠位置，整个人的身体是完全伸直的状态，因此屈髋肯定也是不存在的。而质心到杠的距离变化是当人体从下摆开始，质心到杠的距离就在慢慢变小，根据动力矩守恒定理，力矩在变小，所以速度在加快，其中的重力矩变为动力矩，由于人体从后摆最高点到腹部贴杠的过程中高度在不断降低，所以人体势能开始减小，慢慢转变成转动动能，这也是人体进行大回环快速倒肩的过程。但是在教学过程中，当练习者后摆到一定高度开始倒肩进入回环阶段时，倒肩太快或者倒肩太慢易导致回环时砸杠或者掉杠。倒肩太快而砸杠是由于人体后摆到最高点位置时是人体势能达到最大的时候，开始倒肩时势能开始转变成动能；而如果倒肩太慢也一定会有一定的能量损失，从而导致掉杠。因此为了让容易犯错误的练习者体会正确的倒肩动作，保护者应站在杠前受试者的一侧，一手放在受试者的肩部，一手放在受试者的腰部，当受试者回环贴近单杠时，一手迅速帮助其倒肩，一手快速地按住腰部使其贴杠，从而用这样的方法让受试者体验倒肩贴杠的感觉。

（4）回环至杠前水平阶段运动学分析与教学

①人体速度的变化特征分析。

图 5-25 是人体回环至杠前水平阶段的速度变化曲线，从图中可以看出，人体速度的大致趋势是先加速再减速。从 2.5s ～ 3.2s 这一阶段可以看出，所有的运动员从腹部贴杠开始回环时都处于加速的状态，其中评分较高的崔同学和魏同学速度的上升趋势比较明显，这是因为他们在贴杠之前就已经开始倒肩进行回环动作了，而在 3.2s 这个时间点上他们的运动速度已经达到最大值。在 3.2s ～ 3.8s 内，崔同学和魏同学在降低自己的速度，这说明他们在回环达到最大速度快要与单杠垂直位置时已经开始进行制动了。虽然其他同学达到最大速度的时间比较晚，但是他们也是在回环接近与单杠垂直位置时就开始进行制动了，因此在 3.8s 后的速度曲线变化大体都是下降的状态。

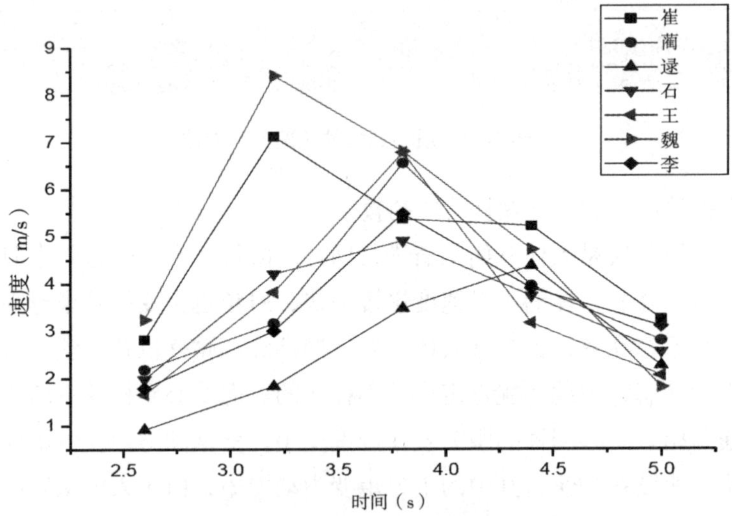


**图 5-25 人体速度的变化曲线**

通过对所有人的速度变化曲线的观察可以发现，当人体回环快要与单杠垂直时是运动速度最大的位置，而摆过单杠垂直位置时人体的运动速度已经开始下降，说明在这个位置时已经开始进行制动动作。

②质心速度的变化特征分析。

图 5-26 是人体质心随着人体运动的速度变化曲线，从图中可以看出每个人的质心速度是不一样的。在 2s ～ 2.6s 时间段中，蔺同学、王同学和李同学的质心速度是下降的趋势，由于回环时腹部贴近单杠，而人体的质心位置也比较接近于单杠，因此质心速度的变化肯定是不同于整个人体的运动速度的。而在这个时间段中其他几位同学的质心速度呈现的是上升的趋势，也就是当人体质心距离单杠比较远的时候它的速度才会比较快。在 2.6s ～ 3.8s 这段时间中，蔺同学、王同学和李同学的质心速度变化趋势和其他几个人的变化趋势与前段时间的形式基本一样，但是在 3.8s 之后的阶段中，所有同学的速度都是下降状态，这也就说明回环摆过单杠垂直位置时人体已经进入制动阶段了，因此每个人的速度都是减速状态。

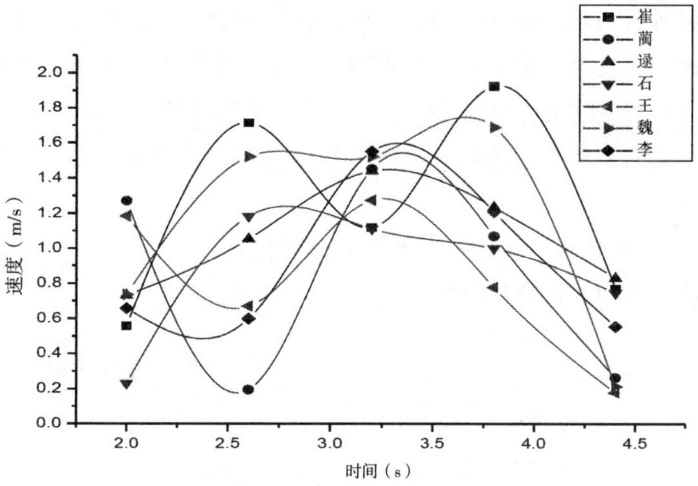


**图 5-26　质心的速度变化曲线**

③质心到单杠距离的变化特征分析。

图 5-27 是质心到杠的实际距离、水平距离和垂直距离的变化曲线，从左图到右图是这个阶段三个距离的变化过程。从腹部贴杠回环至与单杠快要垂直位置时（在单杠的左侧），人体已经开始进行制动了，因此在这个时间时质心到杠的水平距离和垂直距离正处于交叉的位置，从这个点之后又发生了不同的变化。从制动开始之后质心到单杠的这三个距离的变化曲线大体都是上升的趋势，变化基本相同。

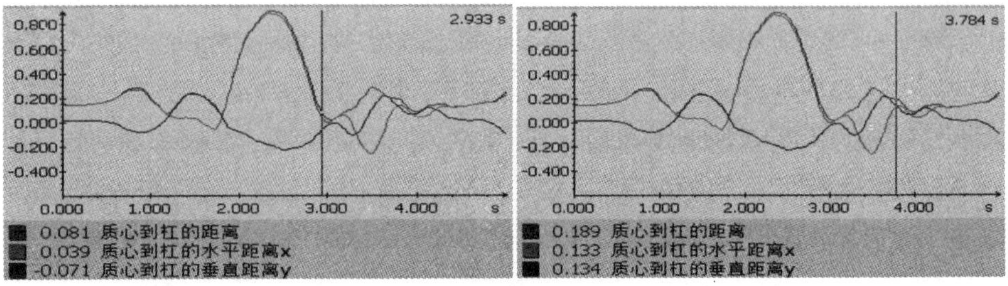


**图 5-27　质心的距离变化曲线**

④回环至杠前水平阶段的教学。

在回环至杠前水平阶段中，当人体回环结束将要进行制动时，往往有些练习者不会制动而无法完成最后的支撑，或者回环速度太快导致回环继续进行，而这时教师或者保护者要讲清楚此阶段应该注意的问题以及原理。这个阶段应该加大练习者头与足之间的距离，也就是拉长力矩，这样阻力就会减小，从而就会轻松地完成支撑。为了让练习者减少错误，保护者应站在杠前受试者的一侧，当练习者回环结束将要制动时，保护者一手拖住其肩膀，另一只手托其腿，拉长头足之间的距离，让练习者多次体会制动的正确做法，从而掌握其中的要领以及原理。

（5）杠前水平到结束阶段运动学分析与教学

①人体速度的变化特征分析。

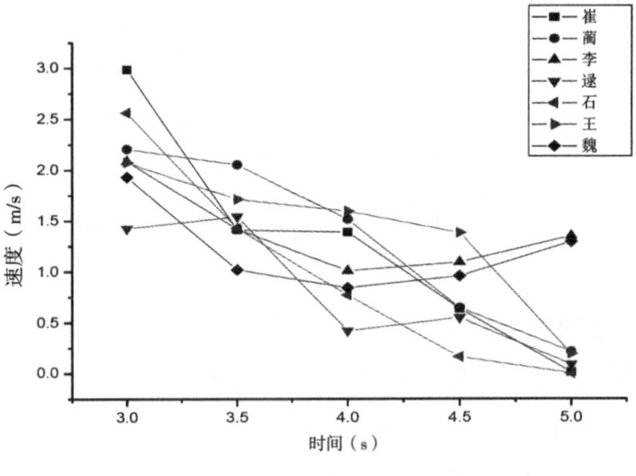


**图 5-28　人体速度的变化曲线**

如图 5-28 所示，所有人在最后的运动阶段呈现的趋势几乎都是缓慢下降的，这充分说明在最后的阶段中是一个减速的过程，但是也会有个别同学由于动作的不熟练出现一些特殊情况。看时间段 3s ～ 3.5s 期间的变化趋势，7 个人中只有逯同学的曲线是上升的，而其他同学都是下降的状态，这就说明，逯同学在杠前水平那个地方用力过多导致速度没有控制好，但是在接下来的时间中已经掌握好力度，速度曲线开始变为下降的趋势了。而在时间段 4s ～ 4.5s 内，逯同学、李同学和魏同学的速度曲线又出现了上升的趋势，原因很简单，逯同学是在快要完成最后环节的动作成支撑时，由于制动动作没有控制好，所以最后的成支撑动作速度太快导致下肢摆过单杠，然后在 4.5s ～ 5s 的结束点时又回到降速的状态了。而李同学在做最后阶段的动作时制动动作更是一点也没有，回环速度特别快，导致下肢摆过单杠后直接使整个身体从单杠上甩出去了。但是魏同学速度加快的原因与他们正好相反，魏同学在整个动作中控制力度很好，制动也做得不错，直到最终的支撑单杠他还是在制动的过程中，这样才没有摆过单杠，速度没有下降。

②质心的速度和距离的变化特征分析。

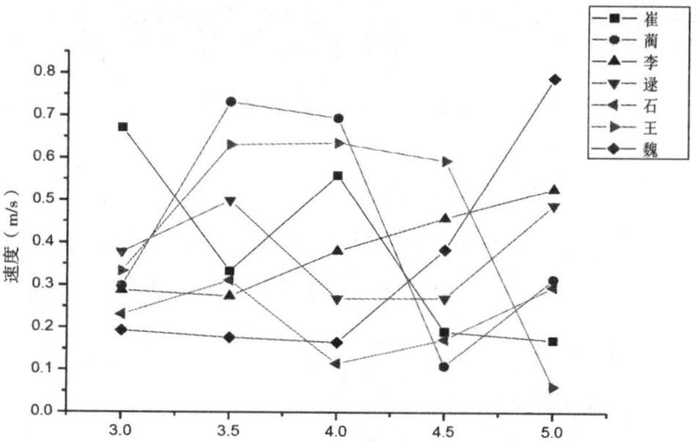


**图 5-29　质心速度的变化曲线**

如图 5-29 所示，每个人在最后的这个阶段中的质心速度变化都是不同的，每个人都有自己的变化特点。在时间段 3s ～ 3.5s 可以看出崔同学在杠前水平位置时的质心速度特别高，但是在开始成支撑位置时的速度却有很明显的降速，说明他的制动力度很大，能够控制自己的运动速度。而在这个时间蔺同学、逯同学和王同学的质心速度却是上升的趋势，其中蔺同学和王同学的质心速度与整个人体的运动速度的变化趋势是一致的，但是逯同学由于自己的制动动作没有做好而导致两个速度并不是一致地发生变化。其实我们可以从每个人的整体速度变化上来分析，评分最高的崔同学整个质心速度的变化并不是一个趋势下来的，有降速也有加速，说明他完成杠前水平至支撑结束动作的整体速度和用力是比较标准的。但是李同学的变化曲线显示，他的质心速度一直在上升，说明他根本没有制动的环节，导致速度太快而摆过单杠从而掉下去。总之，在最后的这个环节中每个人都要控制好自己的速度，利用制动动作来使动作达到标准。

③质心到单杠距离的变化特征分析。

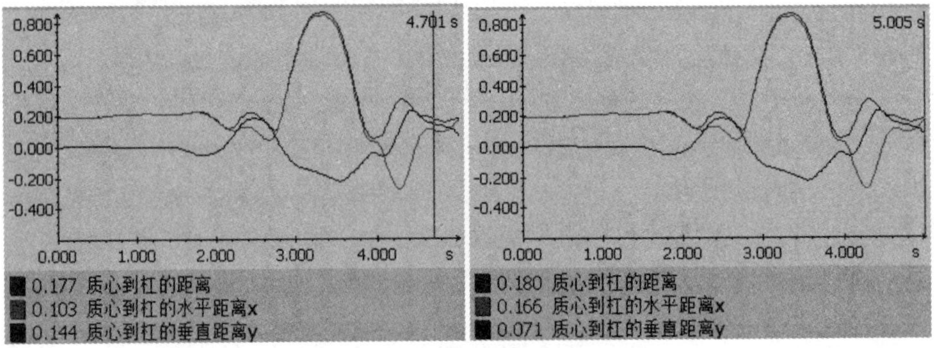


**图 5-30 质心距离的变化**

图 5-30 是质心到单杠的实际距离、水平距离和垂直距离的变化曲线，从左图到右图是最后这个阶段的变化过程。从图中的变化我们可以看出，质心到单杠的这三个距离最终基本回到重合的状态，说明动作已经结束，整个人体已经处于支撑单杠的位置了。

④杠前水平至结束阶段的教学。

其实这个阶段的教学是很简单的，只需要练习者掌握上一阶段所说的要点以及原理，这是一个连接的过程，当练习者制动结束后立即进行最后的结束动作成支撑。而此时的教学者或保护者要站到练习者的一侧进行指导与保护，不但要教会练习者动作还要促使他们掌握原理，从而提高其动作技术水平。

### （四）教学过程中的常见问题与解决方法

在体操教学过程中，为了提高教学质量和学生的掌握度，教师会利用各种途径找到适合教学的一些方法，这样不仅可以顺利地完成自己的教学任务，还可以提高教学质量，从而有效地完成预期的目标。而对于单杠支撑后回环的教学来说，适当的教学方法能够更有效地加快掌握速度。在体操所学的动作中，支撑后回环是一个非常基本的动作，不管是在小学、初中，还是在大学中都是一项很重要的学习内容。但是在学习这个动作的时候为了让学习者能够快速简单地掌握它，并且在学习时减少一些不必要的错误，在教学方面使用正确的教学方法是非常重要的。

在教学过程中，首先让学习者做支撑后摆的练习，目的是让他们体会后摆时应该注意的地方，慢慢找到后摆的感觉。当所有学习者做完这个练习之后，在保护与帮助下完成倒肩回环的动作，在这个过程中强调的是压臂倒肩，所谓的压臂是指在倒肩的同时，使肩关节固定住，保持臂与上体的相对位置不变，使臂与肩成为一体同时后倒。这样的练习重复做几遍，找准正确的动作要领进行完整动作的练习。但是在学习过程中也会存在一些这样或那样的问题，下面详细介绍针对这些问题应采取的措施。

①当两臂支撑单杠时容易忘记上体前倾，也有人会出现头和两只脚向上翘的现象。可以在单杠正中间的前方放置一个标志物，让学习者支撑单杠时注视此标志物，以此来提醒自己不要犯错。

②前摆时容易摆过导致屈髋或者由于手臂力气不够而直接从单杠上掉下来，导致动作失败，告诉练习者前摆时腹部要贴在单杠上，以杠为轴进行前摆。

③后摆时容易出现后摆高度不够，或者由于后摆不对导致上体前倾使整个身体从单杠的前方翻下去，还有就是后摆时两腿没有夹紧而分开，使后摆动作不完美。后摆时可以在两脚之间夹一张纸片，防止两腿分离。后摆不够是由于前摆不到位或者练习者心里害怕不敢大胆后摆，这个需要多次向学习者讲解克服心理恐惧的方法。

④后摆达到一定的高度开始倒肩，不会压臂甚至屈肘。即使完成了回环的动作，但也会出现腹部疼痛的情况。可以让学习者在学习之前多做一些辅助练习，如让练习者两手握棍棒弯腰放于腹部前方，两脚一前一后做直臂、压臂、梗头的练习，让学习者体会如何进行压臂。

⑤回环至杠前水平时，速度太快摆过杠，有的下肢摆过后上体翻不上来。前者是由于躯体不会制动而导致的，当身体接近杠前水平时应加大头与两脚之间的距离，手腕迅速往上翻，上体也要迅速绷直抬头往前看。在练习的过程中可以帮学习者托起后腿和后脚，让其多多体会制动的感觉。

### （五）教学的组织形式

单杠支撑后回环的教学组织形式如下。

首先，授课教师进行详细讲解并进行完整示范，也可以让已经熟悉并掌握动作要领的同学进行展示，以此来加深每个同学对动作的印象。

其次，把所有同学分为若干组，组员在组长的带领下进行多次练习，同时要求两个同学进行保护与帮助，并且还要轮流进行，目的是让每个同学都掌握保护方法。

再次，在学生进行分组练习的时候，教师对各个小组进行检查，针对不同的表现进行组与组的调整，从而让每个同学都有所提高。

从次，教师在巡视的过程中，把一些动作比较规范且姿态优美的同学叫出来在课堂上进行展示，不但能鼓励这些表现好的同学，也能提高其他同学的积极性。

最后，教师对于所有同学在练习动作的过程中所出现的问题进行指导与纠正，同时各个小组也提出自己的建议与问题，并对此制订修改方法。

## 第三节　单杠长振屈伸上动作节奏教学实践

### 一、长振屈伸上的阶段划分

长振屈伸上杠一般可以分为放浪、收腹举腿、伸髋、压杠成支撑这几个阶段。放浪阶段是由半蹲开始向后上方跳起做绕杠的圆周运动，经杠下前摆到整个髋关节完全打开的过程。收腹举腿阶段是整个身体前摆到极点的时候迅速地屈髋、抬腿，使整个身体的重心向单杠靠近直至脚面靠近杠面为止。伸髋阶段是在收腹举腿结束后双腿马上向单杠的前上方穿腿，是在整个身体的重心在单杠垂直面之下时开始的伸髋。最后压杠成支撑阶段是穿腿穿到大腿根靠近杠面的时候双臂迅速地压杠，肩部跟着绕单杠向上最后转腕成支撑。

从长振屈伸上的生物力学角度来看，有的学者提出可以从能量守恒的角度来探讨这个技术动作，将这个动作分为两个阶段：前期阶段即为整个动作完成储存能量的阶段，后期阶段即释放前期所储存能量的阶段。就是从半蹲开始向后上方摆动直到极限为止，然后向前摆动到身体自然展开再到收腹举腿，整个脚面靠近杠面为止，这个阶段就是为了完成这个动作的能量储备。单杠长振屈伸上是人体以单杠为轴的不规则圆周运动，整个身体所产生的转动动能是完成这个动作所必须具备的动能，它是整个身体绕杠转动获得的。由屈体悬垂后摆至垂直部位，由后摆极点开始，向前摆动至屈体悬垂回摆部位，其任务是利用获得的能量完成动作。

### 二、长振屈伸上的运动学研究现状

单杠长振屈伸上是典型的屈伸类动作，有的学者指出单杠长振屈伸上的各环节运动的顺序、速度，关节打开的大小、角度和角速度都是影响动作完成质量的重要指标。从体操这个竞技项目被承认开始，相关学者就开始对各种与体操有关的器械进行研究，其中就包括单杠，不只是研究单杠上的动作，还对单杠的性能不断地改进，所以时至今日单杠竞技水平越来越高。在完整的长振屈伸上动作中，重心的升高、重心半径的减小是依靠两腿沿杠伸展并缩小肩角、直臂拉压来实现的。整个人体的重心纵轴半径的减小，可以相应减少收腹举腿时所产生的阻力，与此同时重心的转动半径变小，使得转动惯量变小，也使得角速度变快；双臂伸直的悬垂挂在单杠之下的同时脚面靠近杠面，这样利于加快整个人体转动的角速度，使重心在摆动时不断向单杠靠近。由此可知，在长振屈伸上这个动作中双臂伸直拉杠和伸髋时的肌肉用力顺序和方式，是放浪阶段和收腹举腿阶段的重要问题。放浪阶段前摆是为了得到更加合理的角速度来完成收腹举腿，因此，前摆结束时要尽量将整个身体自然展开以增加人体中的转动半径，从而加大人体的摆动幅度，为了前摆时将重心的半径加大，必须要在半蹲向后上方跳起时尽可能地向上顶肩，以增加势能，从而在后摆到极限时势能可以转化为足够的动能来完成前摆的动作。后摆是放浪阶段的重要组成部分，从生物力学的角度来看，后摆时一定要减小整个人体的重力矩，只有减小人体重心的纵轴半径才能减小重力矩，而如何减小人体重心的纵轴半径，也就成为完成长振屈伸上的关键所在。保持双臂伸直拉杠就是为了减小整个身体的转动半径，是因为在收腹举腿阶段和伸髋阶段，当整个人体的重心回摆到单杠之下时，双腿向单杠的前上方蹬伸，这个时刻由收腹举腿阶段储备的转动势能转化为伸髋和压杠成支撑的动能，同时单杠的形变给人体一定的弹性势能也一并转换成了动能，这两种动能是保证能顺利完成动作的基础。同时对长振屈伸上进行一系列的力学研究，通过各个阶段的用力顺序和发力技巧等来对这个技术动作进行力学分析。对于长振屈伸上的力学分析可以增加创造新的难度动作的概率。

## 三、常见技术错误分析

### （一）常见技术错误

①放浪阶段的前摆过程中屈臂，在前摆到极限的时候没有完全将髋关节打开。

②收腹举腿阶段没有让脚面靠近杠面就开始伸髋“穿腿”，在脚面靠近杠面时人体整个重心不在单杠的垂直面之下。

③伸髋阶段“穿腿”方向不对，并不是向着单杠的前上方蹬伸，而是直接向着单杠的前方蹬伸。

④压杠成支撑的时候很多同学都是屈腕、屈臂压杠成支撑。

### （二）错误分析

①在前摆过程中屈臂会导致人体重心靠近杠面，增加人体的重力势能，从而动能就会相应的减少，将人体的速度减慢。根据弹性势能定理 $E_{\text{弹势}}=\frac{1}{2}kx^2$（$k$ 为弹性系数，$x$ 为人体形变量）可知，在前摆到极限的时候髋关节打不开会导致人体的形变量 $x$ 变小，由于人体的形变量 $x$ 变小了，弹性势能肯定会减小的，弹性势能减小了相应的需要由弹性势能转换的动能就会减小，最后人体的重心速度就会减慢，导致动作不能完成或者动作变形。

②首先在收腹举腿阶段脚面不靠近杠面就会使弹性势能降低，从而导致人体速度降低，对完成动作不利。其次脚面不靠近杠面就“穿腿”会使整个人体的横轴半径变大，就会导致整个人体的转动惯量变大从而整个人体的角速度就会变小，整个人体的角速度变小会导致动作夭折或者动作大幅度变形。

③在伸髋阶段只是打腿的话会加大整个人体绕单杠（器械轴）的转动惯量从而减小人体重心的角速度，不利于整个动作的完成。“穿腿”方向不正确的话会导致运动员双臂弯曲，同时整个身体的重心向杠面靠近也会加大人体转动的转动惯量，使人体的角速度变小，从而对完成长振屈伸上杠这个动作产生很大的阻力。

④在压杠成支撑这个阶段屈腕会导致本来形成的动力矩转化为阻力矩，由于手腕旁边的肌肉组成和结构关系，成支撑的时候屈腕会给人体一个向外的力导致掉杠，会造成整个动作的失败。在这个阶段如果屈臂的话，会导致整个身体的重心下降，腹部与单杠（器械轴）脱离，整个人体的转动惯量和角速度都

会受到影响，从而影响整个技术动作的完成。

## 第四节　基于精准理念的竞技体操单杠高级成套动作综合实训

### 一、精准理念的必要性

#### （一）缩减教学课时，提高教学效率

在全国体育院校体操普修课的课程设置中，体操教学课时被一再缩减，由20世纪90年代的288学时压缩到现在的90±10学时，在有限的课时中不降低教学质量，完成教学任务是一个系统工程。体操教学需要花较长时间练习，传统教学很难完成任务。为解决教学时数减少和教学不景气的问题，完成教学目标任务，可以对课时分布重新进行调整，有所选择地拿捏；也可以优化教学手段，通过对各种体操教学案例进行记录观察分析，找到突破点与共同点得出结论，建立一套符合现代社会发展的教学模式，在有限的教学课时内提高教学效率，完成教学任务。

#### （二）社会需要简单有效的教学标准

社会的节奏变得越来越快，学习也是一样，碎片化的知识需要我们去了解，这无疑增加了学习者的负担，这就需要简单高效的学习途径，常见的有培训机构一对一的教学，但是对大部分人来说是不现实的。现在的学校体操教学由于场地小、学生多、教师少，使得体操课程越来越不景气，如何解决问题，满足社会需求，这就需要我们体操人进行研究，即找到一套简单有效的教学流程。课程设置中的体操是培养人才的重要内容，扮演着重要的角色，它能让学生的课堂组织与教学更加有序有效，社会在挑选人才时对体操方面的要求也是必不可少的，比如最简单的就是要求做一个队列队形展示然后进行简洁的教学指导，学生在校期间都能顺利完成，而毕业后面试时需要立马拿起来，去学去找资料都是泛泛的文字或者教师直观指导，这时候他们就需要一套简单高效、精准的教学标准，这样才能有信心去展示和教学，所以体育动作精准的教学标准系统是被需要的。

#### （三）现代多媒体信息技术教学的需要

现在的体操教学大都以传统教学方式进行着，随着社会的不断发展，产生

了各种各样的教学模式，现代多媒体信息技术的发达以及互联网的运用使人们产生了很强的依赖性。在体操教学过程中，学生有各自的身体特点，学习新动作的过程中出现的错误与不好的习惯也千奇百怪。教育注重学生的个性发展，一方面，对学生明显的错误进行纠正；另一方面，利用身边直观的教学过程，对教学过程中的种种情况进行搜集记录与分析，针对不同的学生找到相应的解决办法，最终设计出精准的教学模式，教师可以用它进行教学与指导，学生也可以利用它进行自学与自我纠正，达到简单高效、针对性教学的目的，减轻教师与学生的压力。所以，我们体操人应该从教学抓起，搭上时代的列车，在精准理念视域下，利用现代多媒体信息技术的优势，做出具有体操特点并且符合现代社会精准化发展需求的事业。

## 二、体操普修课单杠动作教学目标层次的确定

### （一）通过实地教学视频分析确定教学目标层次

在教学与学习新动作的开始阶段，从视频中可以发现所有的教学与学习都是将动作的过程描述及动作的要点，或者动作示范与讲解的结合作为初始阶段教学目标的，也就是说，新的动作教学首先要让学习者明确动作的概念，让其对动作有初步的认识与了解，产生对动作的模仿与尝试心理，才能开展下面的教学过程。

在教学与学习新动作的尝试阶段，需要教师的示范与保护帮助，让学习者敢于尝试新动作，对单杠动作的教学要让学习者不恐惧动作，让其看到有充分的保护帮助与安全保障，这也是学生学习新单杠动作的需要，这样才能顺利地完成教学任务，这种教学目标层次就是：在保护与帮助下身体初步体会动作。

在练习者熟悉动作的大部分练习阶段，都是在有保护与帮助的情况下进行动作熟悉与练习，在这个过程中最多的是教师对学习者做动作的纠错与指导，学生在没有完全掌握动作的做法之前，都需要在保护与帮助下去练习动作，必须有教师的纠错与指导，即在纠错与指导下不断地去修正动作的教学目标层次。

经过长时间大量的练习与指导纠正，学习者基本能完成动作，敢于自己去完成动作，这个阶段的教学目标层次就是在没有保护与帮助的情况下独立去练习动作，并且伴随着动作的纠错与改正，这是非常重要的环节，经过以上循环式的思考与练习，最终目的是独立完成动作。

### （二）结合专家访谈确定教学目标层次

经过对相关领域的专家、学者进行深度的调查访问，把记录的信息汇总后，进行研读与探讨，最终确定了单杠动作的教学目标层次的划分与理论依据。

①学习动作之初的动作概念层次是首要的，也是必须做缜密的，一旦对动作有了初次认知就是很深刻的，传授得好，学习者能很快地掌握动作，有点差错的话，会使教学与学习过程变得缓慢而且复杂，教学目标层次的第一步是教材与教师主导的，即建立动作的概念表象。

②练习动作之初的保护与帮助下动作的尝试，教学目标层次的第二步是让学生初步体会动作做法，在身体感觉上感知动作的受力与发力，同时让保护者掌握保护和帮助手法以及动作的技术要点，使单杠动作教学得以进行。

③练习动作之中的保护与帮助下动作的练习，教学目标层次的第三步是在练习者与保护帮助者的互相作用下进行的，练习者练习时，教师与保护帮助者应不断地发现错误并进行指导，以此来加快动作做法的掌握。

④掌握动作之后的独立练习与展示，教学目标层次的第四步是学习者脱离保护与帮助独立进行动作练习，在此过程中教学者不断地进行纠错与指导，使学生不断完善动作，达到教学与学习要求。

技能形成一般包括泛化、分化、巩固和自动化四个阶段，即包括感性认识、理性认识和自动化几个阶段。泛化、分化阶段主要是感性认识，前两个层次的目标主要是感性认识目标；第三个目标处于巩固阶段，这一阶段除了熟练动作外，还应传授技术原理等理论知识，加深学生对动作的理解；第四个目标处于自动化阶段，需增加理性认识目标，如传授技术原理、加深学生对动作的理解，以加快自动化的出现。

## 三、单腿蹬地翻身上成支撑动作教学的分析

### （一）对尝试与练习单腿蹬地翻身上动作的综合分析

#### 1. 生物力学分析

单腿蹬地翻身上成支撑是单杠的基本动作，从初学者到高级体操运动员都要做这个动作。

该动作是转动，力矩是人体绕转轴转动的原因。从单杠的侧面看该动作，以垂直部位为分界线，可划分为上摆和下摆阶段。上摆阶段重力矩起到阻碍作用，下摆阶段加速摆动。

在翻身上动作中很明显可以发现人体重心的改变，重心是围绕单杠转动的，从重心的运动轨迹可以发现重心半径是越来越小的，当重心回落到单杠上方时，完成身体的支撑。重心半径的减小，可以减少重力矩的阻力作用，同时转动半径减小，也可以加快摆动角速度，重力矩等于重力乘以重力臂，转动过程中重力不变。

要想顺利完成该动作，首先，收腹举腿（上摆阶段）要靠近杠，以减少重力臂，同时倒肩（下摆阶段）要远离杠，以增加重力臂。当腿翻上过垂直部位后，腿要向后上方远伸（下摆阶段），增加重力臂。肩过垂直部位后，要靠近杠，以减小重力臂。

其次，减小重心半径就是依靠屈臂引体倒肩，蹬起腿迅速向摆动腿并拢向杠后方伸出来实现的。屈臂引体倒肩使腹部靠杠，蹬起腿迅速向摆动腿并拢，为重心的摆动提供了更大的向心力，从而使重心在摆动中不断靠近单杠。屈臂引体倒肩使腹部靠杠以及并腿向后上伸出的这种肌肉力量，就是单腿蹬地翻上成支撑的动力学核心问题。

最后，当身体翻至杠水平面时制动腿、翻腕、展髋、抬上体，使身体重心完全在杠上方，身体的惯性力、肌肉力量与单杠的反作用力达到平衡，完成支撑。

2. 实地教学分析

（1）收腹举腿倒肩阶段

（单腿蹬地后翻身上）站立在单杠前适当位置，双手抓杠，双臂略弯，拉住单杠，双肩放松，梗头收下颌，目视前方，含胸收腹弓背，直髋，双脚一前一后。向前迈一步过杠，用力蹬地，向后上方向踢脚举腿，另一脚迅速向前摆腿踢脚并腿，含胸收腹举腿，上体双肩迅速后倒加转，腹部尽快贴住单杠，双臂用力拉杠，倒引体向上，以单杠为轴向后翻转。（并腿后翻上）站立在单杠前，双手抓杠，双臂弯屈，梗头含胸，用手臂用力拉杠，双脚离地，并腿收腹举起，上体持续后倒，腹部贴在单杠上，双臂倒引体向上持续发力。

（2）向后上方伸腿抬上体成支撑阶段

身体保持含胸收腹姿态，继续向后翻转，收腹下落，当身体将要直立时，梗头，含胸撑肩提背，双臂撑直，立起上体，抬起头，目视前方，腰背部肌肉紧张，展髋夹臀，身体呈反背弓姿势，成杠上静止支撑。

在单腿蹬地翻身上成支撑动作的实际教学中，容易犯的错误次数在本次随机样本中10个及以上的有：蹬地不充分、引体倒肩配合失调后倒慢、腹部不贴杠、蹬地腿向摆动腿并拢慢、腿向后上举不够、制动腿不及时、抬上体时重心在杠前、屈膝屈腿。而其中最多的就是腹部不贴杠、制动腿和抬上体时机不对，这也是动作是否能完成的关键。完成翻上需具备一定的上肢引拉力量和腰腹的力量素质，应先发展这类素质。

腹部贴杠是动作的重点，蹬摆无力、摆腿方向偏前、引体倒肩与蹬摆动作的配合失调、蹬地腿并腿不及时都会贴不上或帖不紧杠。双臂应有力地拉住单杠做倒引体动作，使身体贴在单杠上向后翻转。手臂无力将无法以单杠为翻转轴进行翻转。

制动腿和抬上体的时机掌握对动作的成败有较大影响。可在他人帮助下练习从杠上支撑开始（帮助者压住练习者双腿），上体前屈至杠水平面以下，再抬头、翻腕、抬上体还原成支撑。

之后，可学习双脚蹬地翻身上和不蹬地慢翻身上。

### （二）确定单腿蹬地翻身上成支撑动作的教学步骤

教学步骤是教师开展教学的主要过程，在部分体操教材中还没有明确的教学步骤，这让很多新教师比较困扰，也让这方面的研究有一定的意义。单杠教学步骤的确定主要是以体操教材和不同教师在实际教学中的应用为主要依据。

保帮示范、讲解与练习、杠上俯撑做挺身支撑练习、垫高蹬地脚位置的练习是各个教材教学步骤中重要的步骤。保帮是器械体操教学中必备的基本技能，教学目标的实现，离不开保护帮助。

结合教材与实际教学情况，可将单腿蹬地翻身上的教学步骤确定为：完整示范与讲解—保帮示范、讲解与尝试—辅助性练习（低杠练习屈臂引体，杠上俯撑做挺身支撑练习，垫高蹬地脚位置练习）—保帮练习与指导纠错—独立练习。

## 四、骑撑后倒挂膝上成骑撑动作教学的分析

### （一）对尝试与练习骑撑后倒挂膝上成骑撑动作的综合分析

#### 1. 生物力学分析

从杠上成骑撑开始，以右腿在前的骑撑为例，重心上提接着上体后倒，直至下摆到杠下垂面为止为下摆阶段。人体骑撑在杠上已具备了完成动作的位能。动作开始时为了摆脱骑撑的平衡姿势，左腿后摆加大重力矩，同时两手推杠使上体和臀部尽量后移加大转动半径，以右膝挂杠单杠为轴，加大下摆时重力矩的作用。

接下来是上摆阶段，当身体摆至杠下垂直面，向上摆动直至完成动作成骑撑为止，在本阶段中动能逐渐转化为势能，重力矩起阻碍作用。为了完成动作，左腿有一个前伸下压，利用左腿下压的反作用力，同时身体靠近单杠，减小重力距，重心靠近杠轴，右腿前伸挺身制动，使各种外力合力为零，动作完成时重心在杠轴上，达到静态平衡成骑撑。

2. 实地教学分析

（1）支撑后倒阶段

由单杠上骑撑开始，右腿在前，双臂直臂支撑，向上撑高，梗头，目视前方，含胸收腹，弓腰提背，身体向后撤倒，臀部向后下方向下坐。随着身体下落，右腿弯曲 90°，以膝盖后部挂在单杠上，左腿伸直，脚尖绷直，两臂直臂，双手抓紧单杠，身体做后倒摆浪，当摆过杠下垂直线后，右脚脚尖向前上方伸顶，直髋前送，身体向前摇浪，梗头目视脚尖方向，身体保持挂杠的绷紧姿态。

（2）回摆成支撑阶段

当身体前摆至最高点后，顺着向前摆浪的运动轨迹，左脚继续经前、前下、垂直方向回摆摇浪，右腿挂住单杠，双臂直臂，双手抓紧单杠，左腿直腿用力向后方加速摆动，当回摆至肩与单杠呈水平位置时，双臂用力向下撑手按杠，双肩向上撑顶，梗头，含胸收腹，右腿伸直，身体还原成骑撑姿势。

在骑撑后倒挂膝上成骑撑动作的实际教学中，容易犯的错误次数在本次随机样本中 7 个及以上的有：后倒时屈臂后坐、摆动腿前摆时未伸腿伸髋、伸腿方向不明确、回摆时后腿后摆不明显、回摆时发力过早、后摆力量太小、成骑撑时两腿开度小。而其中最多的就是后倒时屈臂后坐、伸腿方向不明确、回摆时后腿后摆不明显、成骑撑时两腿开度小，这也是动作是否能完成的关键。

反复观看视频可以发现：

直臂后倒是骑撑后倒挂膝上的难点，一是害怕心理，二是难以控制身体，特别是难以控制腿，初学者往往做成屈臂后坐的动作，可在保护帮助下慢动作体会后倒。

直臂后倒半径长、摆幅大，为控制身体，要做好后腿下伸与前摆时的制动，如果配合得好，既省力，动作质量又高。

练习时必须充分利用摆动，压杠动作不宜过早。

做此动作膝关节后部易磨伤，要掌握好练习量和间隔，可戴上护膝或在单杠上缠一层海绵。

### （二）确定骑撑后倒挂膝上成骑撑动作的教学步骤

保帮示范、讲解与练习、单挂膝摆动、保帮下单挂膝摆动上是各个教材教学步骤中重要的步骤。

教师在骑撑后倒挂膝上成骑撑教学中采取的教学步骤主要就是：完整示范与讲解—保帮示范、讲解与尝试—辅助性练习—保帮练习与指导纠错。

基于以上分析，结合教材与实际教学的情况，可将骑撑后倒挂膝上成骑撑的教学步骤确定为：完整示范与讲解—保帮示范、讲解与尝试—单挂膝摆动练习—保帮下单挂膝摆动上—保帮练习与指导纠错—独立练习。

## 五、精准理念视域下单杠动作多媒体教学的设计与实施过程

体操科研的发展，为体操的推广、教学、训练提供了科学理论依据，使之科学化、精准化、系统化。通过查阅文献资料结合专家访谈，发现体操普修课的教学有以下特点：教师对教学目标的认同普遍高于学生；体操教学方法和手段大都是以传统的方式进行着，讲解—示范—练习法是体操教学的主要流程；以往的体操教学也有一些创新的教学方式，如小组学习法、合作学习法、启发探讨法等也取得了一定的效果；由于硬件设备的限制，运用现代化教学手段较少，没有跟上时代进步的节奏；需要授课的学生明显偏多。

经过记录、观察、整理与分析，笔者发现体操中的单杠教学比其他项目更复杂和困难，既需要教师具备扎实的专业知识和丰富的教学实践经验，又需要学生克服心理恐惧加强身体锻炼；单杠的学习与练习对大部分学生没有吸引力，学生都是迫于学业要求，被动地接受；在单杠授课过程中，不同的教师有不同的特点，动作的讲解与示范、纠错、教学流程都各有优势，没有集合成高规格的教学标准；体操中的单杠教学进程较慢，教学效果不一，基本能完成教学任务。

现代社会是信息数据时代，体操教学也应该与时俱进，创设出符合社会发展与需求的教学模式。随着多媒体教学的设计与实施，多媒体教学设备的供应充足，在实践教学中已经取得了一些成效，体操中单杠教学较为枯燥复杂而且需要较长时间练习，多媒体可将教学内容生动、有趣地展现，可激发学生的学习兴趣。不光是教师需要简单、高效的教学，学生也更愿意接受简单、高效、全面、有趣的教学模式，社会中的自主学习也需要这样的教学模式。随着智能移动终端的普及，网络传递速度高速发展，移动化的自主学习成为新需求，可以快速精准地达到自主学习的目的，在这里运用计算机信息技术对单杠教学多

媒体中的二维码教学案例进行设计与实施的尝试。

## （一）单杠动作多媒体教学的开发环境与运行环境

笔者设计的单杠动作多媒体教学案例最终是以二维码的形式呈现的，并且其制作过程要通过装在电脑上的相关软件来实现，这些软件包括素材的剪辑软件、素材的上传与分析软件、二维码制作工具等，一类称为硬件环境，另一类称为软件环境。

### 1. 硬件环境

研究相比于某些应用型软件来说，数据量不是很庞大，对硬件要求不是很苛刻，只要是可以正常运转的普通电脑和可以清晰记录视频的手机即可，但前提必须是电脑要网络顺畅。现代社会市面上的多媒体设备、笔记本电脑、平板电脑、智能手机、网络环境，都可以满足需求。

### 2. 软件环境

软件环境包括素材处理工具及二维码开发工具。素材处理工具包括狸窝全能视频转换器、视频剪辑软件、图片编辑软件等。制作会用到的多媒体处理工具有格式工厂、Photoshop、腾讯视频等。二维码开发工具主要是草料二维码的运用和腾讯视频分享二维码的生成，最后保存并分类。工具的使用为研究的制作提供了极大的便利，开发工具的智能提示等功能在很大程度上节约了人力物力成本，提高了工作效率。

## （二）单杠动作多媒体教学的设计原则

### 1. 实用性原则

实用性原则，即直观性原则，现代社会人们更倾向于从文字图片转化为视频的形式去接收各种信息，基于移动终端的普及性，通过摄像头短暂的扫描，免去复杂的搜索环节，即可获取想要的资源，而且网络信息系统的开放性与全面性，也使获取目标的途径变得既简单又实用。

### 2. 科学性原则

科学性原则，网络信息化下的大数据，使得已有的数据信息变得透明公开，系统自动的筛查与纠错功能免去了复杂信息的干扰。

3. 经济性原则

经济性原则，早期的纸质书籍、刻录的光盘等都需要消耗大量的资源，对其进行保存与维护也会产生资源的损耗，大数据的云功能使得这些变得简单而且长久。虽然从素材搜集到多媒体教学二维码制作需要大量的人力物力，但免去了资源的消耗，充分利用了现有设备和先进工具，最终达到一次投入，后期多次重复使用的最经济目的。

4. 可维护性原则

可维护性原则，即可控性原则，快节奏的社会使得信息快速更新，教学也是一样，不断更新的教学模式和信息，使教学者与学习者不断地去学习。云系统下的多媒体二维码教学的优点就是：后期可以进行添加、修改、删除等可持续发展的操作，使之不断地更新数据，从而满足社会的需求。

5. 精准性原则

精准性原则体现为精确、准确、快速、正确地获取信息与反馈信息，用户通过扫描二维码可以精准地连接到云系统的信息，而系统也能精准地获取用户的信息，包括需求时间、内容、方式、偏好以及位置，通过精准地获取需求信息，平台可以快速精准地制订计划，为更好地被利用时刻精准地更新着。

### （三）单杠动作多媒体二维码教学案例的实施

先将手机所记录的视频转移到电脑笔记本上储存，将动作视频小文件进行重命名，整理制作出每个动作的文件夹，便于后期寻找与处理，然后利用狸窝全能视频转换器，对所记录的教学视频进行反复观看，确定要截取的视频的开始和结束时间，也是制作出更多的小视频，划分出更细致的动作名称，然后进行分类储存，为后期上传腾讯视频的工作做准备。

1. 视频的截取

笔者需要对视频素材进行截取，主要运用的是狸窝全能视频转换器，这个软件是简易实用，功能强大的视频编辑软件。在应用时比较简单，上传视频后即可进行可控的视频编辑，例如，对有用素材视频的截取、剪切掉视频中不想要的黑边或者污点、添加文字描述、对截取的视频进行合并等。如果想要做一个自己需要的视频，或者需要截取素材视频里的精彩部分，只需要确定开始时间和结束时间即可，点击按钮截取，就会保存在预设文件夹中。进行的操作如下：

①打开狸窝全能视频转换器；
②点击添加视频；
③点击视频编辑；
④点击储存（分类重命名）。

2. 视频上传互联网云系统

现代社会是信息资源共享的时代，尤其是网络的覆盖程度高，使得网络通信特别快，获得网络信息与上传信息数据非常方便，每个人的智能配置都很齐全，学生的智能设备包括智能手机、平板、笔记本电脑等。网络信息的开放性，使得每个人都可以向网络系统上传信息数据，包括文字、图片、视频等，网络上的各种软件又能满足用户对信息进行编辑的需求，最常见的像微信、客户端等，都能实现信息的上传、编辑以及分享，还可利用腾讯视频进行视频上传与分享。

3. 视频二维码的生成

二维码的设计是根据一定规律用专门的几何图形在黑白相间分布的图形平面上记录数据符号信息，利用计算机的“0”“1”比特流原理，生成外观上看似由很多大小不一的正方形组成的一个类似网状的正方形。

现代人们使用最多的二维码形式是 QR 码。QR 码是由多个方形模块组成的一个正方形数组，包含功能图形和编码区格式两部分。笔者二维码的制作，一是利用“草料二维码”进行网上在线生成活码，主要是文字素材通过二维码的生成；二是利用腾讯视频的二维码分享功能，对生成的二维码进行保存与分类。具体操作如下：

（1）运用草料二维码生成文字二维码

草料二维码是目前市面上运行推广比较成功的二维码生成平台，凭借其高品质的产品质量和精准、快捷的操作，受到越来越多用户的青睐。

（2）利用腾讯视频生成视频二维码

通过腾讯视频允许用户与平台进行交互的功能，将自己上传的视频进行编辑与整理，最后依靠平台强大的分享程序，将需要的二维码进行生成与保存。

4. 二维码的呈现案例

二维码技术是一种高科技的自动识别技术，是链接云系统的精准化的媒介。第一，现代信息网络技术的发展，为二维码技术提供了可靠的平台；第二，现代社会的移动终端设备，包括智能手机、平板电脑、移动影音设备在市场上的普及程度非常高；第三，通过广告营销、日常支付习惯、商家促销力度、产品介绍等，对二维码的应用已经形成了行为习惯。在最近的研究中，相关学者在教育教学领域进行了大量的关于二维码应用的分析与研讨。有的研究者构建了移动云教育系统，以二维码为媒介将教育资源提供者与教育资源需求者链接起来，创设了实现终身教育的有效途径，论证了二维码应用的有效案例。

# 第六章　蹦床高级成套动作教学与实践

## 第一节　蹦床基础练习要点

蹦床是一项集艺术性、观赏性、竞技性和娱乐性于一体的高品位、高层次的运动项目，它与体操、技巧、艺术体操同属表现难美类项群。

蹦床属于早期专项化训练的竞技项目，蹦床训练应从少年儿童抓起。基础训练应作为少年儿童运动员训练的核心，因此，我们必须重视和加强少年儿童运动员的基本技术动作和身体素质训练，严格要求，严格训练，对各技术环节要精雕细刻，反复训练，不断强化，并且要求运动员准确、熟练、全面地掌握基本技术，同时也要对运动员的一般性和专项性身体素质加强训练。少年儿童时期的基础训练抓得好不好，对蹦床运动员今后的成长和技术运动的发展将产生非常重要的作用。

### 一、基本技术动作是训练的首要任务

按蹦床比赛规则规定，运动员要在网上一定区域内连续不断地完成 1 套 10 个具有难度价值的空翻和空翻转体的动作。从比赛规则中可以看出，运动员在网上连续弹跳和保持平稳的弹跳高度是蹦床运动最基本的技术动作。运动员利用脚、腹、背 3 个身体部位着网，就是通常所说的直跳、腹弹和背弹，获得一定的腾空高度来完成不同类型的空翻和空翻转体动作。它既是蹦床最基本的技术，也是运动员熟悉网性、掌握网性的基本动作练习。蹦床运动员的弹跳不只是借助自身力量来获得的，还要以正确的起跳技术和充分利用网的弹性来进行。从技术动作环节可以把弹跳分为 3 个环节：起跳、腾空、落网。

#### （一）起跳

要利用自身体重压触网和充分借助网的弹性来完成起跳动作。起跳离网时

要用脚跟迅速过渡到前脚掌，以踝关节、小腿和膝关节快速发力，腿要充分蹬直离网弹起，切不可早发力，腿还没有充分蹬直而离网起跳。起跳时还要注意摆臂动作，摆臂在弹跳动作中也是非常重要的，在腾起过程中，它可以帮助运动员增大起跳的力量，同时又具有控制身体平衡的作用。

### （二）腾空

腾空高度是完成难度动作的前提条件，也是裁判员衡量运动员完成动作质量高低的一个重要标准。所以，运动员要利用正确的起跳技术动作和网的反弹力，使身体像炮弹一样向上冲而腾起。在空中，身体保持一定的紧张度，尤其是腹背部，充分拉开肩角，身体形成一条直线。

### （三）落网

当腾空至最高点后，身体开始下落，在这一阶段要注意的是，身体要继续保持一条直线，以获得正确的落网角，为下次的弹起做好有利的准备。着网时膝关节适度弯曲，随着网面的下沉，膝关节逐渐伸直，就是说运动员着网后，身体还要有继续下坠的感觉，其目的是让运动员充分利用自身体重压触网，以最大限度地获得理想网的弹性。根据蹦床技术动作和少年儿童的训练规律，弹跳技术动作是少年儿童训练的基础和核心。基本动作的练习是：叉腰直跳、两臂上举直跳、摆臂直跳；抱膝、屈体、分腿、转体的直跳；腹弹，背弹及转体；组合动作练习包括：直跳—抱膝—屈体—分腿直跳；直跳—转体；直跳—腹弹—背弹等动作的练习。但对刚接触蹦床练习的学生来说，主要培养他们对蹦床练习的兴趣和网性的感觉，以游戏的形式先让他们在蹦床上自由地弹跳，然后再开始进行基本技术动作的训练。

## 二、加强身体素质的练习，为今后的发展打好基础

蹦床是一项技术复杂和对身体素质要求很高的运动项目，特别是对运动员的下肢爆发力、身体的控制力和灵敏性要求很高，所以，在少年训练阶段，必须要加强运动员的身体素质的训练，它不仅关系到运动员对难度动作的掌握，还将对运动员今后的发展产生直接影响。在进行身体素质训练时，要根据少年生理情况和蹦床技术的动作特点，既要练习一般性的素质，又要注重专项性的素质；既要有力量性的练习，又要注重柔韧性的练习。运动员只有具备了良好的全面的身体素质，才能为今后的发展打下扎实的基础，运动员各项练习内容如下。

力量练习：提踵弯膝走、原地快速跳、抱膝跳、转体跳；快速两头起、悬垂举腿（屈腿、屈体）、负重控腰。

平衡练习：提踵立（扶墙、站在高处）。

柔韧练习：压，吊肩，体前屈，劈叉以及踝、膝、髋关节的柔韧练习。

专项素质练习：原地团身、体前屈、后空翻。

基于蹦床起跳技术的特点，肌肉发力与别的运动项目有所不同，所以在锻炼下肢力量时要注意练习的形式和内容。

万丈高楼平地起，基础是关键。教练员、运动员应十分重视这个问题，尤其是从事少年蹦床训练的基层体校的教练员更要引起充分的重视，必须把基本技术动作训练作为首要任务来抓，加强运动员的身体素质的练习，为其今后的发展打下扎实基础。

## 三、蹦床项目技术训练的心理基础

蹦床运动是通过以运动员完美的技术表现来获取裁判的高分的形式体现比赛的。要求运动员在完成整套动作过程中，要难，即在自己的能力范围内尽可能地增加整套动作的难度；要新，即动作要有创新，连接要有新意，编排要有特色；要稳，即整套动作完成的成功率要高，动作之间的连接要准，每个动作的完成要稳；要美，即整套动作给人以飘逸感，连接要有节奏感，每个动作的完成要有优美感。要做到这些，运动员必须经过多年系统的刻苦训练，使运动技术通过千锤百炼，趋于合理化、规范化，以达到规则对运动技术的要求，才有可能在比赛中取胜。而在运动技术的训练过程中，运动员始终存在着一些心理活动过程，如思维、意志努力、注意力集中、勇敢顽强等，应该说心理训练存在于运动技术训练的全过程。因此，对技术训练而言，必然就有它的心理基础。

### （一）蹦床训练的基本心理特点

蹦床运动是一项以技能为主的竞赛项目，比赛的特点是以技术难度的高低、质量的好坏来进行评判的。因此，没有高超的运动技术就不可能在比赛中获得胜利。要完成比赛规定的动作，运动员必须采取最有效的方法，这些正确方法的总和就是运动技术。而掌握并提高运动技术的教育过程就是运动员的技术训练过程。不同运动项目的动作技术方法具有其自身的心理结构，蹦床运动项目的动作特点在于各成分间要有很高的协调性、和谐性和优美性，完成动作要轻巧，外表上要从容、自然，尽管这些动作要耗费大量体能。这时，运动员的注意力集中在正确完成技术动作上，这是本体感受、肌肉活动和前庭感觉高度发展的结果，对外部事物产生知觉，并对它们及时而准确地进行反应，当然它在蹦床运动技术动作中只起次要的、辅助性的作用，这也是该项运动的基本心理特点。

### （二）技术训练的心理特点

技术训练是在具有专门特点的运动训练过程中实现的。在这一过程中，应该是教学和训练的统一，因此，它又必须遵循一般的教育学原则，即在这一活动过程中，运动员是主体，教练员则起主导作用，也就是把教学和运动训练看成统一的、不可分割的整体，其目的是使运动员尽快地掌握运动技术，同时培养运动员必要的心理品质。当然，就任务和方法而言，它们也是有区别的。教学任务是帮助运动员掌握完成技术动作的正确方法，训练任务则是保证运动员掌握运动技术的具体体现方法，并通过在技术训练过程中贯穿于心理影响和心理训练，培养和提高运动员的思维能力、意志力和注意力集中等品质。教学时主要的注意力是用于吸取必要的知识和掌握相应的实践技能，而训练则是一个形成并进一步提高专门技巧的过程。只有当已经掌握新的方法，运动员对动作有了正确概念，尽管还不完善，但能正确完成相应的动作时，才能开始训练。借助技术训练使运动员达到比赛要求的运动技术水平，在这一过程中其心理特点包括以下几点。

#### 1. 专门知觉特点

许多技术动作的完成在很大程度上取决于对时空知觉的准确性。这种知觉的基础是蹦床运动员完成身体练习的分析器，具有高度发展的分析能力。在运动实践中专门知觉通常表现为各种“感觉”，如游泳运动员的水感，球类运动员的球感等，而蹦床运动员的网感和时空感就显得尤为重要。网感好表现为对器械性能的熟悉和了解，便于运动技术的完成和提高；而时空感则是在完成动作的及时性和动作连贯性的知觉中形成的，它表现为运动员完成动作的准确性，对运动技术的节奏把握和方向性定位起着非常重要的作用。

#### 2. 动作技能的心理特征

人的一切活动都是为了达到既定目标的个别动作的总和。任何一项活动的实现，预先都要采用人们所知的手段和方法。培养运动员的各种活动技能对掌握运动技术有重要意义，因为技能是所有运动技术动作的基础。例如，运动员的整套动作是由每一单个动作所组成，而每一单个动作则又是由技术的各环节所组成。运动员就是使这些单个动作组成整套的比赛动作，来实现比赛的预期目标。对于这些动作技术我们又可以划分为两种基本类型：技能和技巧。所谓技能就是运动员运用事先获得的知识所完成的动作。如了解了后空翻两周的技术要领，并试做几次后，运动员就获得了后空翻的技能。但这种动作并不是完善的，动作技术还不够正确，并且时常出现错误。尽管如此，我们还是体验了全过程，有了感性认识，是动作技术形成的泛化阶段。而技巧则是在练习中一个完整技术动作明显地达到了尽善尽美的程度，也就是自动化阶段。运动员已从感性认识上升到理性认识，就是对动作细节的每一环节都有了较为深刻的认识，在完成动作过程中，每块肌肉都能非常协调地工作。

3. 运动技巧的心理特点

运动技巧的特点在于技术动作的顺利完成和掌握新的动作形式有关，这些动作形式不是在日常生活中所能遇到的，而且没有非常发达的运动器官，要掌握这些动作也是不可能的。因此，要以强有力的身体练习为保证，才能使运动技能转换成运动技巧，并在运动训练过程中使运动技巧达到完善的程度。在这种情况下，动作技术的准确性具有非常重要的意义。这就要求在完成运动技术时，运动员要有意识地控制好每个动作，以便完整、清晰地知觉自己的动作。运动员之所以能够清晰、详细地知觉这些动作，是因为在练习运动技巧的过程中特别注意锻炼这些动作，并力求更加明晰地理解它们或是逐步上升到理性认识。所以，清晰、详细地感觉和知觉所做技术动作是运动技巧最为显著的心理特征。这里要说明的是，各种感觉的总和是运动员知觉动作的基础，其中肌肉活动感觉起着主要作用。只有具备高度发展的肌肉动觉感受性，运动员才能分析和控制自己的动作，从而提高运动技术。高水平地发展专门的动觉感受性也是运动技巧所要求的重要心理特征之一。另外，准确、完美地完成运动技术，还应发展运动员自我表象动作的能力。运动活动的表象能力起着规划、训练和调节的作用，有助于运动技术正确概念的形成，有助于促进运动技术水平的提高。

### （三）运动技巧形成的心理特点

运动中技巧形成的过程主要由三个阶段组成，即泛化、分化和自动化过程，其中每一阶段都具有感觉、知觉、表象、注意、语言思维过程等特点。第一阶段我们称之为泛化阶段。在这一阶段主要是了解运动技术的一般结构，在较少的区分感觉和知觉的基础上，形成运动员对整个技术动作的表象能力，即动作技术的基本部分和路线图。这一阶段多程式的表象结构中视觉因素占优势，肌肉活动的感觉和知觉还不能非常清晰地知觉应当如何完成列为总结构的动作技术，因为注意力都相对集中到完成整个练习中去了。第二阶段是分化阶段。在这一阶段中主要是改进技术动作的各个成分，肌肉运动感觉变得比较明晰和精确了，既对整个技术动作，又对其技术的各个环节的知觉更为明晰。逐渐从一系列错误中解脱出来，了解了动作各环节间的逻辑关系，比较完整地掌握了运动技术的总结构，表象活动变得更清晰、完整、细致、准确。但是还不能保证有较高的成功率，错误动作时有出现。这一阶段尽管视觉因素仍有一定的作用，但是运动与前庭因素起着越来越大的作用。第三阶段是自动化阶段。这一阶段主要是巩固和提高技巧。对练习的表象具有很高的明晰性，其中活动因素占优势，运动员能够有意识地做完全部练习，而不放过任何一个细微变化。其特点是节奏鲜明，时空感好，完整性强，准确性高。这时运动员已形成了牢固的条件反射。这就是运动技巧形成的三个阶段，在这三个阶段中都有其自身的心理特点，把握好这些心理特点进行训练和教学，有助于运动技术的提高。

总之，在技术训练过程中，教练员应注意把心理训练贯穿于始终。利用心理训练的特点，提高运动员的思维能力、观察能力、本体感受能力及注意力集中等优良心理品质，使其建立正确的运动技术概念，从而达到训练的预期效果。

## 第二节　蹦床成套动作中呼吸的配合与调节

运动中的人体呼吸多是伴随着运动项目的特点、动作节奏的快慢和用力大小的要求而自然呼吸的，并具有一定的节奏性。然而许多体育运动项目的呼吸运动和运动动作之间的关系非常复杂，不同运动项目、不同动作结构有着特定的呼吸方式和要求。合理的呼吸方法对运动技能的形成和运动成绩的提高具有举足轻重的作用。

蹦床成套动作中运动员的呼吸是以人的基本生理呼吸为基础的一种非正常呼吸形式，是一种为了适应动作的需要而调整或改变了正常呼吸形式而形成的呼吸过程，因此，蹦床成套动作中的呼吸方法也有别于其他运动项目的呼吸方法。蹦床运动被人们称为“空中芭蕾”“自由的两秒”。蹦床的特点是“准、难、高、美、稳”，随着蹦床技术的发展，高度、难度不断地增加，运动员在空中的停留时间越来越长，空翻周数越来越多，转体度数也越来越大，而蹦床项目的特点又要求运动员在成套动作中应表现出从容的节奏感和翱翔的艺术美感，这就对运动员在成套动作中如何调节呼吸，掌握呼、吸气时机，合理运用憋气等提出了新的要求。

## 一、呼吸的配合及正确呼吸方法对蹦床训练的重要意义

### （一）蹦床成套动作的特征决定了运动员呼吸配合的重要性

理想的一套蹦床动作中 10 个网上动作应在网的中心点附近的垂直方向上完成。从动作特征上分析，网上动作要求在充分垂直起跳后，身体的相应环节要根据动作的技术要求，积极主动地完成动作的主体翻转环节。也就是说，空中动作主要通过运动员自身的内力完成，而由人体肋间外肌、肋间内肌协调作用所完成的呼吸运动同样是运动员内力作用的结果，这一结果在一定程度上的不恰当操作会影响到动作的完成质量。一方面，随着动作的进行，难度、高度的增加，运动员体力的消耗，不合理的呼吸方法消耗了额外的能量，影响了完成动作肌肉力量的发挥；另一方面，大部分蹦床运动员习惯利用憋气完成高难度动作，憋气后呼气的时机掌握不当易造成动作后半程松懈、无力，影响动作的质量。因此，动作完成与呼吸的协调配合、合理运用憋气、寻找换气的时机就成了蹦床训练中必须研究的重要课题之一。

### （二）呼吸的节奏性有利于蹦床成套动作艺术美感的展现

呼吸运动与体育运动配合的根本原则是：呼为“发”，是“放、伸”的过程；吸为“蓄”，是“收、缩”的过程。这也是我国吐纳导引术的“吐”和“纳”，吐是向外“发”，纳是向内“收”，这里的“吐”与“纳”不仅是指呼吸运动，还指身体肌肉与呼吸协调配合的“吐纳”。蹦床成套动作由 10 个单个动作构成，其中每个动作可分为两个阶段：准备阶段和完成阶段。准备阶段与呼吸配合为“吸”的阶段，对单个动作来说是“蓄”的过程，而完成阶段与呼吸配合为“呼”的阶段，对单个动作来说是“发”的过程，呼与吸两个过程便组成了一个小周期循环。如果根据动作不同阶段的变化，将呼与吸的转化应用到整套动作中，会使动作连接处表现得十分圆滑，犹如火车之轮，滚滚而来，对提高动作完成质量，体现蹦床“空中芭蕾”的艺术美感具有重要作用。

### （三）运用正确的呼吸方法延缓运动疲劳

蹦床成套动作过程中的呼吸是一种非正常呼吸形式，即为了适应完成动作发力需要调整或改变了正常呼吸形式而形成的呼吸形式。正常呼吸运动中，呼

气与吸气在节奏上大致相同，能满足人正常情况下对气量的需求，即每次呼吸的空气循环量在 500 毫升左右。而蹦床成套动作中的发力要求打破正常的呼吸节奏，即大多时间是吸气后进行憋气，不能完全地呼气，从而造成体内二氧化碳（$CO_2$）增多，影响了人体磷酸肌酸供能系统、乳酸供能系统中肌糖原或葡萄糖继续进行无氧代谢，阻碍了腺嘌呤核苷三磷酸再合成，导致肌肉疲劳。同时体内 $CO_2$ 增多破坏了内环境酸碱度稳态，从而使大脑反射弧中的突触部位兴奋性及传递能力降低，导致神经中枢疲劳，发生危险。因此，运动员必须适应和掌握成套动作中正确的呼吸方法，延缓身体疲劳，创造优异成绩。

#### （四）呼吸的调节有利于缓解运动员比赛或训练中的紧张心理

许多竞赛事实证明，在竞技比赛场上，不仅是运动员身体素质、技术、战术的竞争，更重要的是心理素质的较量，对于高水平运动员来说，竞赛胜负往往取决于他们是否具备心理优势。在重大蹦床比赛前，运动员往往有很大的心理压力，思想高度紧张，情绪过分激动，其体内所需要的氧气和产生的 $CO_2$ 均会大大增加，如果还是按照正常的呼吸方式呼吸，就不可能满足人体对氧气增量的需要，从而造成体内缺氧，出现心跳加快、呼吸急促、手冒冷汗甚至肌肉僵硬等心理紧张现象。因此，在训练过程中，不仅要教会运动员各种技术动作，还要帮助运动员摸索规律掌握正确的呼吸方法，并将其运用到蹦床成套动作中，缓解比赛中的紧张心理。

### 二、成套动作中呼吸的调节和具体呼吸方法的应用

蹦床成套动作由 10 个不同的单个动作组成，按照成套技术环节特征，可将其划分为准备阶段、动作阶段、结束阶段。准备阶段是指预跳到最后一次预跳；动作阶段是指整套 10 个动作的完成过程；结束阶段是指最后一个动作完成后下落或触网反弹下落后着网缓冲并在网上直立站好且至少停留 3 秒钟的过程。为了便于对成套动作中具体呼吸方法的运用进行研究，现将完成成套动作阶段中的单个动作按照时空特征分为：身体下落阶段、着网阶段、起跳阶段、身体上升阶段和完成动作阶段五个部分，并结合每个阶段的动作结构、节奏以及用力特点与呼吸运动的配合进行逐一分析。成套动作可根据单个动作的呼吸周期和动作难度适时调整，做到呼吸运动与蹦床成套动作的完成协调统一。

#### （一）身体下落阶段的呼吸配合

身体下落阶段是指在蹦床成套动作中最后一次预跳的下落过程或运动员完

成空中翻转动作后的下落过程。蹦床运动技术要求运动员从完成空中翻转动作开始进入下落过程时应保持髋、膝、踝关节伸直，原因有三个：一是按蹦床规则要求，比赛开始后的10个连续动作中身体下落过程应保持髋、膝、踝关节伸直，否则会扣掉部分技术分；二是下落过程中保持髋、膝、踝关节伸直可以加快身体下落速度，增加身体对网面的冲量；三是调整好身体姿势为着网做好准备，减少位移。因此，此阶段应用“屏气法”，即在吸气后，喉口关闭，呼吸肌相对收缩，胸廓、肋骨不再活动，胸膜腔内压和肺内压处于短暂的稳定状态。“屏气”动作能使附着于胸廓和骨盆上的肌肉得到牢固的支撑，反射性地引起肌肉的张力增强，利于保持髋、膝、踝关节伸直姿势的稳定性。另外，此时的屏气也可为着网后的压网技术提供动力。

### （二）着网阶段的呼吸配合

着网阶段是从着网瞬间至网面最低点的过程，包括着网缓冲和蹬伸压网两个短暂过程。着网缓冲应保持髋、膝、踝关节伸直，利于减少身体势能的损失；蹬伸压网过程中又包含了一个两臂上举起跳技术，两臂上举起跳技术的运用，一是为了增加身体对网面的冲量，二是为了保持起跳后上升阶段的身体平衡，减少位移。因此根据以上技术的需要和呼吸的要求，此阶段应运用“沉气法”，“沉气法”是腹式呼吸方法中的一种运气法，即膈肌向下运动使气沉于腹中，“气沉丹田”。它能使胸部宽松，缓解运动员肩部紧张，腹部充实，降低身体重心，使腰、腹部更加稳定，有利于起跳发力。另外，与胸式呼吸相比，腹式呼吸时收入气体总量的60%，因此，既能保持运动持久，又能满足着网积聚能量的要求。

### （三）起跳、身体上升阶段的呼吸配合

起跳阶段也叫起网阶段，是指从网面最低点到离网的瞬间。此阶段是运动员重力势能、网面弹性势能以及内力做功产生能量的利用阶段。由于蹦床动作中两臂上举起跳技术的运用使运动员在起跳过程中保持着两臂上举姿势，胸部打开，同时此时是呼吸过程中吸的过程，是做动作之前呼吸的“蓄”的过程，所以应运用“提气法”。所谓“提气法”是指在吸气时采用腹壁内收，胸腔尽力扩展，肩带肌也参与收缩的一种用力胸式深吸气动作。其目的是在提气时，使人体内脏器官通过膈肌上提，吸气肌快速用力收缩，使胸腔扩大，胸膜腔内压降低，从而使人体重心支点上提，身体重心提高。所以“提气”动作的运用，一是利于蹦床动作起跳阶段与完成动作阶段的衔接，并通过肩带肌的参与，锁肩，达到人体最大滞空；二是由于内脏器官的相对固定，不产生过大位移，使

起跳力量更集中地通过身体重心，以利于空翻转体动作的完成。

### （四）完成动作阶段的呼吸配合

起跳阶段结束后即进入完成动作阶段，运动员利用起跳获得的速度和高度，通过内力作用，形成所需的动量矩，完成空翻、转体或空翻转体动作，是蹦床成套动作中单个动作的核心部分，也是达到动作高完成质量，确保下落准确着网做好各单个动作间衔接的关键阶段。所以，在训练和比赛中大多数运动员此时为完成动作发力多采用“憋气”的方法。其作用原理是深吸一口气后关闭声门，同时伴有基本呼吸肌和腹压肌的强力收缩，胸膜腔内压、腹内压迅速升高，使胸廓和骨盆固定，为上、下肢肌肉收缩建立稳固的支撑点，利于内力发挥作用。但笔者认为此阶段运用“憋气”不妥，原因有三：一是虽然“憋气”能使胸廓和骨盆固定，有利于空翻和转体动作的完成，但不能及时处理动作完成后的过剩动量矩，容易造成过早屈髋，这是动作完成质量的重要扣分因素；二是如果每个动作都借助“憋气”完成，那么一套不到20妙的蹦床动作需要10次“憋气”，势必会造成大脑缺氧，兴奋度下降，尤其在平时训练中，体内存留过多的二氧化碳会使相关肌肉过早疲劳，导致失误，容易发生危险；三是“憋气”后的突然呼气，如果时机不恰当，就会使身体某些肌肉、关节放松，造成身体“下掉”，从而导致整体动作高度不一致，这也是动作完成质量的重要扣分因素。虽然有的学者提出，要科学地运用“憋气”，但没有说明如何科学地运用，所以笔者认为此阶段最好运用“托气法”。“托气法”是指在吸气将结束时，紧接着来一个由慢渐快的半呼气，并顿然止于“闭气”。其目的是利用这种呼而未尽之气，托于腹部以助动作截然有节，既能减缓肌肉疲劳，有控制地完成动作，又能减轻完成动作后的呼气负担，更“柔和”地与身体下落阶段的吸气相衔接，从而使呼吸运动与蹦床动作合二为一。

综上所述，蹦床成套动作中呼吸的配合及正确呼吸方法的运用对蹦床训练比赛有重要意义。运动员完成动作过程中，身体下落阶段用“屏气法”，着网阶段用“沉气法”，起跳、身体上升阶段用“提气法”，完成动作阶段用“托气法”的呼吸配合，有利于提升运动员单个动作的高度，保持成套动作的高度一致性；有利于减少非技术性位移，避免早屈髋、晚打开的错误动作，提高稳定性；有利于运动员缓解训练疲劳和比赛中的紧张心理。合理地运用这些呼吸方法，能改变运动员不合理的“憋气”，突破技术发展的瓶颈，维持运动技能的可持续提高。

在蹦床成套动作教学与训练过程中，应注意呼吸与动作的紧密配合，使动作节奏、结构和用力程度等与呼吸运动协调一致，形成一个完整统一的机能和运动动力定型。这种动力定型，是在长期的训练中得到锻炼、巩固和发展的。教练员在训练中应结合呼吸与蹦床成套动作配合的原理，根据运动员的动作特点寻找提高运动员身体机能和运动成绩的规律。

## 第三节　男子蹦床 12101 O 动作技术剖析

12101 O 是团身后空翻 3 周早转 180°、晚转 180° 动作的数字缩写，此动作是蹦床男子运动员的高难度动作，难度值为 1.8 分，同时也是 3 周后空翻类动作的断面动作。此动作对提高运动员的技艺水平和增加成套动作难度值具有重要意义。相关统计显示，12101 O 在预赛第二套中的使用频率高达 65.5%，同时也是决赛中必选动作之一。在新周期蹦床评分规则中，预赛第一套动作中计算难度的动作由 2 个增加为 4 个，对运动员难度动作的储备提出了较高的要求，对 12101 O 动作的技术特征进行分析，能够为运动员更好地掌握和运用这一动作提供理论指导。

### 一、团身后空翻 3 周早转 180°、晚转 180° 动作解读

团身后空翻 3 周早转 180°、晚转 180° 是指以团身的身体姿势完成后空翻 3 周，要求在完成第 1 周空翻时转体 180°，第 2 周空翻没有转体，在第 3 周空翻时完成 180° 转体的高难度动作。研究表明，运动员通常将 12101 O 编排为决赛成套中的第 4 个动作，此动作对增值成套动作难度以及保持动作的稳定性具有较大的贡献。在奥运新周期评分规则中，预赛第一套计算难度的动作由 2 个增加为 4 个，对运动员高难度动作的储备量提出了更高的要求。

### 二、团身后空翻 3 周早转 180°、晚转 180° 动作技术特征

#### （一）第 1 周空翻阶段的技术特征

12101 O 动作第 1 周空翻的技术阶段较为复杂，包括起跳阶段、转体 180° 阶段、形成团身阶段和保持空翻阶段。每个阶段的主要指标有动作时间、距网面高度、髋角、膝角和躯干角等。12101 O 动作要求在第 1 周空翻快速空翻时转体 180°，同时在完成翻转过程中要保证动作的完成质量。

### （二）第 2 周空翻阶段的技术特征

第 2 周空翻阶段在 12101 O 的整个动作结构中技术较为单一，但对运动员的身体控制能力要求较高，运动员要始终保持团身姿势进行翻腾，在空翻过程中要求身体要团紧，以减小翻转半径，从而减少能量的损失。

### （三）第 3 周空翻阶段的技术特征

12101 O 动作第 3 周空翻要求运动员快速完成开腿后在身体成水平位置前完成转体 180° ，而且要尽量延长保持直体下落的时间。

# 第四节　蹦床成套动作腾空高度的时空协同及训练实践

## 一、蹦床成套动作腾空高度时空要素的组成结构

在体育项目中，时间与空间的关系多是辩证出现的。虽然蹦床运动被列为国际赛事的时间并不长，但是其在体现时间和空间的辩证关系上则最为充分。蹦床运动的竞赛点就在于合理利用时间与空间的关系，达成人和动作的和谐统一。

空间作为一个三维的存在，是用长度、高度与宽度的结合来体现的。在蹦床成套动作腾空高度的特征表现上，蹦床的器械属性、人的身体属性、运动的轨迹，都在项目中得以充分体现。理想的蹦床运动，人体重心的运动轨迹应在网面中心点的垂直方向上下运动。但由于蹦床的器械属性和动作特有的表现形式，决定了每个动作在完成时人体运动的轨迹是抛物线，或是水平方向发生移动，或是纵向发生运动，也就是我们平时所说的水平位移和腾起。由此可以看出人体腾空时的空间特征表现是水平位移和纵向位移交替发生作用的。

根据能量守恒定律，人体在离网后的能量总量应该是人体获得的势能与水平获得的动能的总和，也就是人体纵向和水平方向做功的总合，所以，要想获得单个腾空动作的足够高度，就必须最大限度地减少水平方向的位移。

## 二、蹦床成套动作腾空高度影响要素

在着网时，为了增加受力面积，运动员大多采用的是两脚开立式的压网。要想保持这一动作，两脚的力量和长度必须是一样的，否则会在起网旋转时瞬间造成运动轨迹的偏移。另外，为了完成空翻转体动作，起网时身体需要前（后）

倾和盘旋，使网面对人体产生偏心力，形成力矩。身体的盘旋必然会引发身体的左右位移，尤其是在进行多周空翻转体时，运动员的转体几乎是和起网同时发生的，这种情况下，身体重心方向发生偏移的概率就增加到了百分百。如果是放在整套动作中，前驱动作的转动惯量不足或剩余时，身体着网前需要调整身体姿势，从而使脚与网面产生约束反作用力以消除不利因素，这样也会使落点发生偏移，造成左右位移。所以着网和离网时身体的姿势是造成水平方向左右位移的主要空间因素。

## 三、蹦床成套动作腾空高度时间要素

飞行时间作为一项客观的指标，是在 2011 年被引入赛事评分领域的。飞行时间指的是运动员实际完成单个动作的腾空时间之和，它不包括压网和起网的时间。为了准确记录和表达运动员的飞行时间，国际蹦床技术委员会专门推出了飞行时间计时设备，该设备只对运动员网面之上完成的动作进行计时，并将各单个动作的时间进行相加得出总的飞行时间。另外，规定飞行时间以秒来计算，精确到千分位，对于飞行时间成绩的表达则是按照 5/1000 的原则直接将描述转化为分数，运动员的飞行时间是多少秒，成绩就是多少分。由此可见，要想获得足够长的飞行时间就必须精确到每一个动作的腾空高度上，腾空高度越高，人体在空中停留的时间就越长，飞行时间则越长，分数就越高。

## 四、蹦床成套动作腾空高度的时空协同

协同理论最早产生于哲学领域，随着科学技术的不断发展，体育运动中关于时间与空间的研究，已经成为提高体育效益的重要指标。理论意义上来说，蹦床运动中每个动作轨迹都应该是垂直上下的，但是因为完成的动作要求不一样，单个动作的轨迹实际上就成为一条抛物线。根据前空翻类动作与后空翻类动作交叉编排成套动作的原则，蹦床项目的动作路线就成为两个抛物线轨迹重复交替的画面。每个腾空动作的时间与空间是相对统一的，时间越长，高度越高，空间越大，水平位移也就越多，难度与矛盾是既对立又统一的存在，所以在具体训练时，人们就要积极应对和解决这对矛盾。

首先，要把握好起网初速度，这一关键点包括两方面的内容：一是初速度的快慢，速度越快，腾空的高度和时间就越充分；二是初速度的方向，根据动作的要求，选取适当的网角，向前类翻转的动作尽量增大起网角，接向后类翻转的动作则尽量减小起网角，通过增大和减小的辩证统一，促进时空的统一。

其次，要对无处不在的人网时空交叉进行研究，因为每当人网交叉时，就是协同在发生作用，人体被抛至空中完成一系列的翻转动作，人体能不能被抛得更高，动作飞行的时间能不能更长，关键就在于压网过程中人与网是如何相互发生作用的。而这一相互作用的关键实际上是时空交叉的并行点，被称为人网合一的最佳蹬伸时刻。过早蹬伸不能使人体的力量发挥到最大，蹬伸太晚则会将网的阻力转化为阻碍人体的力量，损失网本身可以带来的弹性势能。所以，把握好最佳蹬伸时刻是提高腾空高度的关键点。

另外，蹬伸时间与网面下沉的深度成正比，共同对腾起的高度产生影响，蹬伸时间越长网面下沉的深度越大，网的弹性势能储备也就越大，最终起网的初速度就会加速将人体抛至更高处。而蹬伸的时间完全取决于运动员的下肢力量，所以归根结底还是要对运动员的体能素质进行训练。

总而言之，蹦床成套动作的腾空高度的影响因素包括起网角、入网角的选择和离网瞬时的身体姿势。蹦床腾空动作的时空协同主要表现在时空的一体化、交错化和转换上，任何一个细微的身体姿势的变化都会影响蹦床的整体发挥，而训练的关键点，最终仍然是要落实到运动员本身的体能训练上。

## 第五节　蹦床“1+1”空翻动作教学

在蹦床项目中，用“旋”表示蹦床运动中的复合轴空翻不能准确地说明运动员完成动作的状况和动作的难度情况，以“旋”来定义蹦床中的复合轴空翻模糊了动作概念，不利于蹦床运动中的复合轴空翻的教学和训练。因此，蹦床运动通过自身的实践，产生了与它自身规律与项目特点相符合的特定术语和代号。在教学训练实践中强化了各代号与术语的形象化和规格化，并以此为依据创立了一系列行之有效的训练方法和手段。“1+1”空翻就是在这样一种历史背景条件下产生的，它是具有蹦床特征的典型动作。

### 一、“1+1”空翻动作概述

“1+1”空翻动作的中文术语的全称为：向后团身或屈体翻腾 1 周转体 180° 接向前团身或屈体翻腾 1 周转体 180° 。习惯口语和教学用语称为“1+1 团”“1+1 屈”，写作“1+1O”“1+1 ∠”。国际正规难度填报表术语为“811O”“811 ∠”。“8”代表翻腾 2 周，前面的“1”代表方向向后且第 1 周转体 180° ，后面的“1”代表第 2 周转体 180° ，“O”和“∠”则代表完成动作时身体的形态。为简便和通俗起见，下面均以“1+1”简称。

“1+1”空翻的简称，既形象又有寓意。“1+1”空翻动作是世界蹦床界对诸如体操界 360° 旋空翻的简称和口语，但凡从事了蹦床的教学与训练后，旋的简称和口语即消失，取而代之的是“1+1”和其他的专门代号。360° 旋空翻是一个广义上的动作概念，但特殊的“1+1”代号却为它定下了注脚：它必须完成 1 周空翻转体 180° 再接 1 周空翻转体 180° 。在蹦床运动中，如果是用广义的 360° 旋来说明和称呼的动作，则有多个动作和完成的方法。它们的数码代号不同，在蹦床运动中的地位也不同，如 820、802 等。820 的 8 代表整个动作是 2 周，2 则代表第 1 周就转体 360° ，0 则代表第 2 周没有转体。802 的 8 代表整个动作是 2 周，0 则表示第 1 周没有转体，2 则表示第 2 周转体 360° 。

## 二、结果与分析

“1+1”空翻是蹦床运动中一个占有重要地位的基础难度动作。蹦床动作的特点是动作高、姿态美、难度大、连续不间断完成，要求定点，移动距离越小越好。“1+1”空翻合乎蹦床运动的特点和技术发展规律，是现代蹦床运动中一个典型的基础难度动作，一般都把它作为规定动作的特点要求之一的首选动作（必须完成一个转体 360° 的 2 周空翻）。任何姿态的“1+1”空翻，都具有一定的难度价值，“1+1O”为 1.2 分，“1+1 ∠”为 1.4 分。

“1+1”空翻动作的纵深发展空间大，在“1+1”的基础上可发展至少 6 个动作，6 个动作总难度值相加为 9.0 分。

动作名称及纵向发展：1+1O → 1+3O → 1+5O，难度值：1.2、1.4、1.6；动作名称及纵向发展：1+1L → 1+3L → 1+5L；难度值：1.4、1.6、1.8。

女子运动员按目前世界水平成套难度值 14.5 分计，编排“1+1”系列前 4 个动作的难度总分为 5.6 分，约占成套难度分的 38%；男子运动员成套难度总分按目前世界水平 16.2 分计，编排 5 个“1+1”系列动作，总分为 6 分，约占成套难度分的 37%。可以说“1+1”动作练习得好坏，直接关系到蹦床动作技术的发展，练好了“1+1”系列动作也就掌握了蹦床技术动作的 1/3。因此，科学、深入、细致地研究“1+1”系列动作的运动规律及其正确的训练方法和手段，使运动员能高质量、高规格、快速安全地学会和掌握这类动作是每个蹦床教练员必须做到的。

空翻动作的基本力学原理为：运动员在蹦床上运用正确的技术做预跳，以双脚全脚掌着网，通过下肢肌肉腿踝的等长运动做功于网，使网下沉，然后双腿肌肉和踝关节肌肉做等张运动用力，配合快速的带臂与网弹形成同步运动向上弹起，最终弹离网面以获取完成动作的初始动力，弹起的高度越高即获取的动力越大。这种动力，我们统称为外力或网弹力。腾空后，运动员在初始动力的基础上，通过身体各部位肌肉的协调配合，改变身体形态和手腿的位置来完成各种动作，这一部分常称之为动作要领和技术。这种完成要领和技术用的力我们称之为内力。运动员腾离网面后，身体重心的运动轨迹即已确定，不会因身体姿态的改变而改变。

笔者通过蹦床训练实践“1+1O”的教学训练，认为学习“1+1”动作，从第 1 周转体 180° 开始是可取和行之有效的训练方法。

第 1 步：完成直体 1 周。直体 1 周要求正、直、高、定点，在此基础上再进行转体。在直体 1 周转体 180° 时，尽量采用晚转的要领。根据运动力学原理，腾空后人体的重心运动轨迹即已确定，不会因身体姿态的改变而改变。为了使运动员能有一个很好的动作运动轨迹，从侧面看，不远离蹦床的中心点，从正面看，不偏离蹦床的中心线，这样要求是很有成效的。带过体操和技艺训练的教练都非常清楚，如果没有充分起跳就做转体，重心的轨迹容易偏离中心线，造成动作歪斜，而且没有足够的高度空间来完成转体动作，这种结果是蹦床之大忌，因为在有效面积不大且带弹性的蹦床上出现歪斜的后果是使下一个动作连接困难或无法完成。

训练实践证明，从要求晚转开始，直至达到预定转体的时间，从安全学、心理学和运动训练学上都有利于运动员的学习和掌握。

直体 180° 转体达到熟练程度后，就是运动员完成直体 1 周转体 180° 并能准确落网时，即可进行下一步练习。

第 2 步：在第 1 步训练达到预期效果后，第 2 步即可进行直体后空翻 1 周转体 180° 团身或屈体向前腹弹练习，以利于运动员体会在翻完 1 周转 180° 后再向前翻腾的感觉。这一步要求：仍然要做得正、高。通过这一练习能准确地达到团身 1 周或屈体 180° 的效果。

第 3 步：在做好第 2 步的基础上，就可以进行团身或屈体后空翻 1 周转体 180° 接团身或屈体前空翻 1 周的训练。此时运动员的感觉只是加大起跳的力度和高度，基本上不存在转体的要领问题，但仍然要提醒运动员注意要领，待做好后即进行第 4 步。

第 4 步：完整训练，在第 2 周加转 180° 。一般情况下，运动员此时即可准确地完成“1+1O”“1+1 ∠”的完整空翻。

# 第七章　跳马高级成套动作教学与实践

## 第一节　跳马教学中的注意事项

### 一、跳马练习中畏惧心理的形成及消除方法

#### （一）畏惧心理的表现形式

跳马畏惧心理是指练习者因外界环境的变化和机体内部状态所造成的心理活动上的紊乱和失调以及阻碍正常心理活动的主观体验。当练习者在遇到动作比较复杂，并且具有一定危险的学习内容、回忆或想象危险时就会产生畏惧心理。其主要特征表现为：思维紊乱、注意力无法集中、心跳加快、呼吸急促、血压上升、体温升高、相关肌肉紧张、全身活动不灵活甚至僵硬，严重者会面色苍白，怯场，出现虚脱等现象。伴随着畏惧心理产生的心理变化，在跳马各环节中的具体表现是：助跑时眼睛始终盯着跳板，头不敢抬起，造成重心越跑越低，就越显得马高而不敢踏跳；在助跑时由于心里害怕而犹豫不决，节奏时快时慢，在上板前的最后一步步幅较小，双脚不主动超于重心前上板踏跳，造成上板动作变形；上板踏跳时因畏惧而导致相关肌肉紧张、上板无力、踏跳不充分、重心过低、第一腾空不明显、推手时间相对延长、第二腾空不能完成、落地后上身无法抬起。造成这一系列连锁反应的最主要原因是畏惧心理，所以对畏惧心理进行研究就显得尤为重要。

#### （二）畏惧心理的形成原因

1. 跳马技术本身的非常规性

人们在日常生活中很少与跳马动作接触，学生对跳马知识的了解、掌握并不多，而且缺乏练习基础。另外，练习者要通过一定高度的器械完成规定动作，

客观上存在一定的难度。这就决定了跳马动作具有一定的复杂性和危险性。胆小的学生无疑会产生精神压力和心理障碍，认为自己无法越过跳马或完成技术的能力与技术要求相差太大。因此，在动作练习时总是畏首畏尾，不敢迎难而上，并错误地夸大动作的难度，缺乏克服困难、战胜危险的信心。

2. 由表象性引起的畏惧心理

表象是人脑对过去感知形象的反映，由于运动项目本身的危险性或运动者本身的因素，在以往的练习中出现过失误或曾经发生过跌倒、碰撞器械等肢体的伤害事故。以往的疼痛、害怕让练习者记忆犹新，因此，当他们在跳马学习过程中，碰到与以前相似的情况时，就会心有余悸，甚至夸大危险性，从而产生对学习该内容的畏惧心理，正所谓“一朝被蛇咬，十年怕井绳”。

3. 缺乏学习动机

动机是行动的内驱力，是学习积极性的源泉，是激励学生进行学习活动的主观动力。在跳马教学中，学生对跳马学习缺乏足够的积极性动机，就会对跳马学习产生反作用，从而对跳马学习产生冷漠的心理，进而缺乏学习跳马所需要的积极性和勇气，引起消极情绪，结果形成一定的心理障碍。在跳马学习中，学生只有具备良好的学习动机，才能更好地克服其所遇到的困难。部分学生正因为缺乏良好的学习动机，所以在跳马学习中产生了畏惧心理。

4. 由感染性而导致的畏惧心理

感染是指因一个人的害怕畏惧而影响他人的连锁反应，这种情况在跳马练习中最为常见。在练习中，目睹其他同学失误或受伤，唯恐自己也会失误受伤，因此夸大动作难度。低估自己的能力而畏缩不前，这样就会不自觉地产生畏惧心理，继而影响自己的积极性和完成动作的信心。

5. 缺乏对教师或同伴的信任

这种情况主要表现为对教师的教学水平、方法持有怀疑态度，不按教师的要求做，或对教师、同伴保护和帮助的方法不放心等。学生一旦有类似的情况出现，就会在做练习时畏首畏尾，严重影响其技术动作的形成和掌握。

6. 情境变化的原因

因教学环境的变化而产生畏惧心理，如由横马分腿腾起转变为纵马分腿腾起，跳马的高度由低到高，或由保护到脱保等变化导致的畏惧心理。

### （三）畏惧心理的消除方法

#### 1. 合理采用有针对性的身体素质练习，提高身体素质

完成跳马动作要求学生有快速的助跑能力、较强的弹跳力、爆发式的推撑力以及良好的空中感觉等。因此，在教学中可以有针对性地进行各种基本技能练习及身体素质的综合练习，使学生从生理、心理上产生适应变化，使其身体素质和运动能力得到同步提高，具备完成有一定危险性和一定难度的动作的能力，如此学生的胆怯和畏惧心理就会逐渐消失。

#### 2. 尽量避免造成学生畏惧的外在因素

（1）让学生树立完成动作的信心

对教师而言，除必要的讲解外，进行准确、完美、轻松的示范也是使学生克服畏惧心理的一种有效途径。一般来说，教师初次示范应正确、清楚地体现动作的技术结构，而不要过多地追求动作的轻、高、飘，以及动作的幅度，更不要有故意“露一手”的心理来显示自己的实力，从而导致学生只注意到动作的惊险，产生望而生畏的心理。要尽量使学生在看了动作示范后不感到“太难”，使其产生跃跃欲试的积极心态，树立起学习动作的信心。

（2）课前检查器械并做好保护的安全准备工作

布置好安全舒适的场地，如跳马落地区保护垫要布置得厚一些，面积加大一些。踏跳板与地面保持足够大的摩擦力，器械平稳、结实，助跑道平整、不滑等措施可以使初学者减少受伤，提高学习积极性。如果场地、器械的布置不合理或器械有损坏，就会使学生产生畏惧心理，学习的积极性就会大打折扣。

（3）培养学生自我保护和互相帮助的能力

保护与帮助是教学训练中常用的方法和手段。正确地运用保护与帮助，有助于减轻学生的心理负担，使学生消除顾虑、增强信心，从而防止伤害事故的发生。有效的保护与帮助能让学生尽快建立正确动作的概念，掌握技术，提高动作质量。无论是保护帮助别人，还是进行自我保护，都应作为一种专门的能力来培养。一是要使学生具备高度的责任感，二是使学生熟悉动作技术，三是使学生掌握帮助的方法。当学生具备了这几个方面的能力并养成习惯后，在练习时就不会感到害怕，从而信心十足地练习动作。

#### 3. 改变动作空间的方法

改变动作空间的方法是指通过调整构成动作的空间因素，改变、降低动作

练习的难度，使学生顺利越过跳马，获得成功体验，从而增强学生的自信，克服畏惧的心理。

（1）降低和缩小器械的高度、宽度、长度

如跳马可采用平台或跳桌练习，以消除学生初练时害怕撑空的心理：将跳马降到最低，使学生能顺利越过跳马，从而获得成功体验，增加信心；将跳马调整为斜面马，使学生较易看清要支撑的部位，从而减轻学生怕碰撞马头的畏惧心理；用双山羊替代跳马，以改变跳马的长度来消除学生无法越过跳马的畏惧心理。

（2）改变器械弹性

如在跳马马身上搭一块海绵垫，使学生在做推手动作时减缓手腕承受的冲击力，防止手腕受伤，使学生感到安全可靠，减轻畏惧心理。

4. 教师的积极性可减缓或消除畏惧心理

教师的积极性主要表现为：上课精神饱满，举止、语言得体，动作示范轻松、优美大方，讲解通俗易懂、少而精，组织教法得当。当学生在练习中出现失误、受到挫折或发生伤害事故时，教师及时给予安慰和鼓励，并积极引导他们进行自我心理调节，耐心细致地分析其失误、挫折或伤害事故的原因，让学生尽快从失败的阴影中走出来。当学生获得成功时，教师适时给予肯定和表扬，以激发学生学习的积极性，使学生充分认识自己的能力，增强战胜困难的决心和勇气，克服畏惧心理。

## 二、跳马教学中保护与动作完成之间的信任关系分析

在跳马动作完成过程中，学生由于受自身因素和外界环境的影响，普遍会对跳马产生恐惧心理，尤其对保护者（一般指执行保护的指导老师）的信任度会直接影响其动作完成的结果，这不仅影响学生的训练成绩，而且影响教师的教学质量。为了能使学生更好地学习跳马和提高跳马的教学质量，笔者通过对学生的访谈、自身的教学实践与总结，对跳马教学中保护与动作完成之间的信任关系进行分析，评估信任度对完成动作的影响程度，提出相应的对策与改善措施，为学生的学习和教师的教学提供参考。

### （一）对教师的信任度是影响学生完成动作的主要因素

跳马是体操教学中非常重要的一个项目，主要技术动作包括助跑、上板、起跳、第一腾空、支撑、第二腾空、落地七个部分。跳马不仅对学生的速度、

弹跳、平衡能力、上下肢力量等身体素质有较高的要求，而且要求保护者有高度的责任感、熟悉动作技术和规格、熟练掌握保护与帮助的方法、因材施教做到区别对待、注重培养学生的自我保护能力。跳马课程的安全保护是保证学生安全地完成跳马动作所采取的重要措施。学生跳马时安全保护不到位会对学生的心理造成严重影响，因此，安全保护措施也是学生对跳马产生恐惧心理的一个重要因素。调查显示，有 38.61% 的学生认为安全保护对自己的心理有明显影响。如果安全保护措施不够周到，也会影响学生的心理情绪，使学生觉得没有安全感，缺乏安全自信，在跳马之前就会有种种顾虑。笔者通过访谈和自身教学实践认为，导致学生担忧的最大因素是对保护者的不信任，如果学生怀疑保护者的能力，担心在跳马时得不到有效的保护，就会不敢大胆地去完成动作，甚至引起对跳马的恐惧心理。

那么，是什么导致学生对保护者不信任呢？首先，学生的不信任是由于双方的信息不对称引起，也就是教师没有详细地说明跳马与保护各自的动作要领；其次，学生的不信任很多情况下是因为对教师不熟悉而引起；再次，有的教师在保护中曾经的失误会引起学生的心理障碍；最后，其他各种各样的原因产生的不信任。

### （二）跳马教学中与信任度相关的几个环节

信任按照不同的活动对象可划分为个人对个人的信任、个人对政府的信任、政府对个人的信任、政府对其他机构的信任、国家对国家的信任等。个人对个人的信任也称为人际信任，是人与人之间在长期交往过程中，经过多次重复博弈后所形成的一种相信对方而敢于托付，并通过行动体现出来的具有确定性的意识活动。人际信任是整个信任系统的基点，我们讨论的跳马教学中执行保护与帮助的教师与完成动作的学生之间的信任关系就属于典型的人际信任。跳马教学中要建立良好的信任关系需要经过以下三个阶段。

首先，彼此的陌生与不信任阶段。教师和学生最早是从陌生人关系开始接触的，这时候的信任要么是以一定约定为基础的信任，要么是盲目的信任。而现代社会的信任首先是从寻求确定性的不信任开始的，教师与学生在教学中的交往也是如此。这种不信任不是指学生对教师的完全不信任，而是学生为了获得真正的信任而进行的考察性的、诊断性的、试探性的不信任，一旦学生对教师产生信任，则是确定性的，这样才有利于学生自信地完成动作，而不会有过多的心理障碍。

其次，沟通交流、良性互动逐渐加深彼此了解的阶段。其实，前面提到的不信任是一种“合理不信任”，是为了更好地信任，在社会信任运行的同时，其实不信任在另一个向度始终发挥着其特殊的功能，并在与信任的相互制约中实现着一种合理的动态均衡。教师通过理论授课、技术示范、动作分解等环节同学生进行反复沟通交流，并在授课中做到良性互动，让学生真正了解跳马项目的技巧、动作的要领、保护的规范等，逐渐加深对彼此的了解，从而获得教师与学生双方的确定的信任关系。

最后，通过前期考察性的、诊断性的、试探性的不信任和后来的沟通交流、良性互动逐渐加深了解，教师与学生之间已经有一种确定的信任感。学生普遍反映，经过前面两个环节的准备，他们的紧张感、恐惧感得到了很好的疏导与缓解，能够勇敢地进行动作训练并能保证动作的顺利完成了。而这时，学生也对执行保护的教师产生了良好的信任感。

### （三）提高信任度，顺利完成跳马教学

随着体操动作难度的不断增加，跳马项目进入快速发展时期，尤其是 20 世纪 80 年代以来，跳马项目成为我国优秀运动员在世界大赛中夺取金牌的优势项目。这时，选择跳马专修课程的学生也越来越多，而且随着跳马新器械的应用，跳马项目的发展已经进入新时期。新器械一方面增加了跳马的支撑面和弹性，提高了安全性，另一方面也使运动员有效地利用新器械的优势，充分地发挥个人的潜能，从而完成更高难度的动作。

随着跳马项目日渐受到重视，高校的跳马专修课也经受着越来越多的考验，其中学生在训练中对保护教师的信任程度也越来越影响其训练成绩。在教学过程中，学生与教师的心愿是一样的，都想很好地完成跳马动作练习。所以，良好的师生教学关系能使教学的气氛和谐、课堂上师生配合默契，是培养信任的重要条件。只有学生对教师足够信任，学生才能获得更多的技术、知识和技巧。一旦学生对某个教师足够信任，在某一个项目训练中有所收获，就会喜欢上这个项目，在跳马教学过程中也是如此。师生之间要形成一种相互的、网络的关系，双方需要很好地沟通与交流，也就是形成一个有效的信任系统。

其实，在跳马保护与训练过程中，也体现着一种现代社会的信任关系，也需要有效划分和把握信任与不信任的界限，让合理不信任成为培育现代信任文化的逻辑起点和前提条件，呼吁并倡导合理不信任，使其成为促进发现信任系统的有效动力。

教师需要多方听取学生的建议，根据不同学生的情况因材施教，尽可能消解学生由于受自身因素和外界环境的影响而产生的紧张心理与恐惧心理，特别是要提高学生对实施保护的教师的信任度，从而顺利完成动作，提升训练水平，提高训练成绩与教学质量。

## 三、跳马技术学习中错误动作纠正的探讨

### （一）由于思想原因而出现错误动作的纠正方法

任何一个跳马动作都需要腾越一定高度和长度的器械，并在腾空中完成各种翻转腾越动作，做这种结构复杂的动作确实需要具备勇敢顽强的精神，所以无论水平低还是水平高的人，在学习的初期都会产生各种思想顾虑，就是这种种思想顾虑，往往会成为迅速掌握动作的严重障碍。根据观察了解，在学习中的思想顾虑，主要有以下“三怕”：一怕器械又高又长，如果跳不过去就会碰在器械上；二怕冲力过大，推撑无力，越过器械跌倒；三怕在腾空中方向、部位判断不清，用力不当，心里没底，动作完不成，从而失手。

在学习中，对于上述种种思想上的恐惧感，如不设法消除，那么是很难进行练习的。即便是勉强地做动作，也极易发生意外。因此应先针对“怕”的原因，采取消除“怕”的有效措施，并与积极的思想动员结合起来，加强心理训练，使练习者通过专门的教法手段的试做，真正体会到“怕”是完全没有必要的，深信只要按照技术动作要领努力做动作，是不会发生其所预想的那种危险的。为了做到这一点，最理想的教法手段是既能立刻消除思想顾虑，又能正确掌握动作技术的一部分或全部的方法。在学习横马分腿腾越或纵马分腿腾越动作时，怕用力不当，推手无力而跌下器械。在这种情况下，可让练习者做3～5步助跑，上板起跳后做“在马上分腿腾越—推手挺身下”及“在纵马上分腿骑坐”。这种降低条件逐步学习的方式，一方面可以使练习者熟悉器械，另一方面可以通过逐步提高要求的方法，培养练习者勇敢果断、坚决完成动作的信心。但在做横马的分腿腾越时，应给练习者以有效的顶肩保护，务必使其有充分的安全感。在做纵马的上述动作时，应要求练习者起跳后尽力向器械的远端撑手。当上述方法达到预期目的之后，就让练习者做完整动作。实践证明，这对消除恐惧心理、迅速掌握动作、培养坚强的意志品质具有极大的促进作用。

### （二）由于技术概念不清而产生错误动作的纠正方法

由于技术概念不清产生的错误动作，一般表现在身体姿势不符合技术要求、

动作方向概念存在偏差、发力和控制时机不当、动作的一部分或全部节奏不明确等方面。这几个方面在动作中是相互制约的，但同时又各具有其独特性。

身体或身体某一部分在动作中的姿势不正确，如助跑时两臂摆动的姿势，起跳时臂和上体的姿势，推手时肩、胸、头的姿势，转体时臂、肩、头及整个身体的姿势，空翻时臂、腿、躯干的姿势等，如果不符合技术要求，都会直接影响动作的顺利完成。为了纠正错误的身体姿势，观摩示范动作、分析图片、讲解动作要领是必要的，而在帮助下使练习者在产生错误的方位上做正确的身体姿势，可以让其直接体会此部位的肌肉感觉和用力特点，如在做“水平直体腾越”动作时，撑马的瞬间本应保持含胸、顶肩、稍屈髋、两腿完全伸直的姿势，但有人却挺胸、抬头、塌腰、屈膝，这时可让练习者手撑在马背上，托其腿并举至必要的高度，让练习者按照正确的身体姿势撑马，使其体会身体处在此部位时，各相关肌群正确用力的特点。这样反复试做几次后，再把起跳和撑马动作结合起来。开始试做时，仍在帮助下以慢速度来做，之后可逐渐加快速度；然后让练习者加 3 ～ 5 步助跑做上述动作。

在动作中身体或身体个别部位（头、上体、腿）的用力方向错误，也是影响动作完成的主要因素。为了纠正上述用力方向的错误，可分别采取专门的诱导性动作、在特定的条件下按照规定的任务要求去做动作、在帮助下练习者用力的同时顺势给其助力等方法。例如，为了掌握“水平屈体腾越”动作的腿后摆的用力方向和用力特点，两手可撑在 30 ～ 40 厘米高的垫子上成俯撑，用前脚掌蹬地后，两腿快速后摆。当后摆至身体与地面成 45° 角时，立即控制腿，接着猛力推垫子，上体急振，经屈体过渡成直立姿势。在原地练习几次后，再做越过横绳的高垫子上的“鱼跃前滚翻”及在梯形高垫子上做后摆经屈体立撑成站立姿势的练习。在练习中如果能够有步骤地按照规定的任务要求去做，认真总结和体会动作的用力方向和用力特点，就能很快地纠正动作方向的错误。

在跳马动作中，发力和制动时机掌握不好的原因有以下几个。

①练习者不清楚用力的时机，如应该发力而没有发力，不应该发力反而发力；

②对如何发力不清楚，即对在发力瞬间，身体和身体各部位肌肉群怎样协调配合用力，以利于动作过程的某一瞬间集中用力不清楚，如推手时需要用力顶肩和腿的制动用力，才能增强两臂推撑的集中用力；

③动作的速度和反应速度不够快，尽管了解动作的技术，却不能及时发力，心有余而力不足；

④不能充分合理地利用或克服外力去做动作等。

对于以上问题，通常采用加强速度力量、速度、反应速度、灵巧性和协调性的专门训练的方法来纠正，如加强弹跳力、推撑力、方位突变及从各种身体姿势开始的转体、空翻动作的训练，或者采用直观和间接帮助的方法。但采用间接帮助的方法时，应根据练习者的反应速度，或提前，或稍迟，或准时发出信号，将会获得更好的效果。

任何一个动作都有自己的固定节奏。它是由做动作时，身体或身体各部位在空间运动的持续时间、幅度、动作或过程中方位变化的复杂情况及用力的长、短、快、慢、强、弱来决定的。例如，做水平类的“屈体腾越”与“水平分腿腾越”动作，自起跳至撑马时止，后者比前者在腾空时的幅度和持续时间要大、要长。因为前者在起跳后就要撑马，而后者在起跳后，身体需要摆到水平部位以上才撑马。推马动作需在一瞬间完成，但第二腾空阶段的持续时间和身体运动的幅度，分腿腾越要比屈体腾越动作稍大、稍长。由此自然形成了连续多个动作的不同的动作节奏。如果破坏了正确的动作节奏，轻则质量不佳，重则完不成动作。

### （三）教学手段和学习方法不当

在练习中不能设想所采用的教学手段和学习方法完美无缺，百分之百地符合每个人的具体情况。随着学习的开展，应经常检查、分析所采用的教学手段和学习方法是否有效，检查的方法可从两方面考虑。

①从检查分析所采用的教学手段和学习方法，在空间结构和技术上是否符合所学动作的技术特点，经试做后练习者掌握动作技术的效果如何。

②观察对于试做选定的教法手段，练习者自身感觉如何。然后对二者的分析结果进行综合研究。例如，学习分腿腾越时，有人选用俯撑跳至分腿立撑及俯撑臂屈伸两个动作。在起跳后，并不要求髋关节过于弯曲（做“水平分腿腾越”时，髋关节几乎不弯曲），屈髋时间那么长。同时，由于跳成分腿立撑的停顿，又将破坏制动腿、推手、上体急振等动作的协调节奏，所以很难体会动作的正确技术。这样的“诱导性动作”，不仅起不到诱导的作用，反而会形成错误的动作概念。而其选择的辅助性动作，虽然可以相应地发展两臂的力量，但对于发展两臂快速有力的爆发力帮助并不大。在练习中，如果把前一个诱导性动作改为跳过不太高的山羊分腿腾越及跳至梯形垫子上成分腿屈体立撑，推手后，接着做上体急振后转成分腿站立姿势，要求两脚尚未落在垫上之前推手，将辅助性动作改为“俯撑直臂弹性快速推地后击掌”动作，即可对掌握水平分

腿腾越动作的关键技术和发展推手的速度力量起到更大的作用。

从上述教法手段的形式来看，似乎没有多大区别，但仔细分析一下就会发现，后两个手段无论从动作的性质、空间结构、发力和制动技术还是用力特点等方面，与前面两个手段完全不同，而后两个教法手段与所学习的水平分腿腾越更接近。

## 第二节　跳马踺子上板的技术与教学实践

踺子上板是助跑与上板踏跳之间改变身体运动的衔接动作，在完成过程中由腿到手的支撑必然要消耗一部分水平速度，但是如何使助跑中获得的水平速度最大限度地转化成向上的踏板速度，最大限度地发挥助跑的作用，是评价这一动作的主要因素之一。在跳马中采用踺子技术打破了以往脚尖朝前的习惯而形成脚后跟朝前的起跳上马的技术，使跳马项目的发展进入一个新的时代，因此踺子上板对跳马动作具有不可估量的作用。我国跳马强项就主要表现在踺子上板类动作上，其难度动作和创新动作在国际上遥遥领先，几乎全部的优秀运动员都采用这一动作完成跳马过程中助跑与上板起跳的转换。这一动作的好坏直接关系到跳马的动作完成情况和起评分，发展好这一动作对跳马的推进有很大的帮助。笔者对跳马的教学进行研究，得出了可行的、适合我国运动员特点的结论，以期对我国跳马项目的发展贡献一份微薄的力量。

### 一、研究方法

#### （一）文献资料法

查阅相关文献 10 余篇，获得关于跳马踺子上板技术研究的理论成果。

#### （二）专家访谈与经验总结法

对 10 余位专业队教练员、运动员进行了访谈，汇集关于跳马踺子上板技术训练方法与手段的实践经验，以及对自己多年教学经验的总结。

### 二、研究结果与讨论

#### （一）跳马技术发展的特点

新的国际体操规则出台，其主要精神仍然是鼓励创新和增加难度，跳马有一批动作降低了难度值，同时改革跳马比赛器材，增加了第五组动作，即踺子转体 180° 类动作，这些变化为跳马的发展提供了机遇，同时也提出了严峻的挑战。

难度动作发展类型向踺子类倾斜，从跳马的发展类型来看，仍然集中在三种类型上，即前手翻、侧手翻、踺子类，发展的重点仍然是推手后的第二腾空，但发展动作的类型明显向踺子类倾斜。

### （二）踺子上板的技术特点

踺子踏跳技术主要是使身体获得向上的腾空高度和向前的翻转速度。它是将身体向前的水平速度转化为向上的垂直速度的重要转换器，是运动员腾越器械以及加快身体翻转速度的另一个不可缺少的动力。两脚踏上板时先是缓冲，缓冲主要是由膝关节、踝关节弯曲和板向下形变来完成的。缓冲时预先拉长腿部肌肉，为之后的起跳做好准备。踏跳快速有力，经过短暂的缓冲后，运动员迅速蹬直两腿，直至脚尖离板。蹬离前腹肌紧张，髋微屈，这样可以避免挺腹影响力的传递；拉长伸髋肌和背肌，有利于第一腾空的摆腿。离板瞬间髋角、踝角和膝关节角增大（两脚充分伸直），重心水平速度下降，重心垂直速度明显增加。蹬离板后快速摆腿，出现较大的背弓。蹬离的同时迅速有力地向上挥臂。向上挥臂的加速度越大，向下产生的惯性力（摆臂反作用力）也就越大。这个力是向下的，能增加踏跳力量。当两脚快要蹬离板的时候，两臂摆到肩水平位置时，迅速制动，主动积极地撑马。根据动量守恒定理，身体一部分速度减慢能加快身体另一部分的运动速度。这说明，两臂制动后，对于增加踏跳力量及为第一腾空加速摆腿提供了更有利的条件。在蹬离角度方面，以往的资料表明，较好的蹬离角是 80° 左右。这样既能获得向上的垂直力，又有利于踏跳后充分摆腿，提高向前的翻转速度。

### （三）踺子类动作的技术分析

男子跳马踺子上板类动作的助跑速度比前面两类动作的助跑速度稍慢一些，但是至少应保持在 7.5 米 / 秒以上。跳马趋步与踺子上板技术与技巧中的趋步和踺子技术无多大区别，只是因为助跑的速度较快，踏跳板高 20 厘米，加上要腾越 1.35 米高，所以趋步要低一些，往前跳做踺子摆腿蹬地和推手顶肩都要更迅速有力。踺子推手后两脚要积极主动地向后下方垂直砸板，既不能向里贯腿又不能过分向后踹腿，踏上板时两臂和上体位置尽量高一些。

踺子踏跳时间较前两类动作稍长一些，约为 0.11 秒，这是因为踺子后手翻类动作踏跳时缓冲时间要长一些，只有当身体重心接近脚支点垂线位置时才能做蹬伸腿的动作，尽管如此，踏跳仍然要强调迅速用力，两腿充分蹬直，直至腿尖离板，就像做技巧直体后空翻那样起跳。因为男子跳马高度高于女子跳马，所以，男子跳马蹬离角大于女子跳马蹬离角，根据材料，大约为 82°。

踏跳后身体向后翻转要快，撑马要快，腾空时间要短，大约为 0.23 秒，肩角和髋角加大，身体呈反弓，第一腾空抛物线与前两类动作一样是逐渐上升的，撑马时重心也要高于肩水平线。紧接着向后快速有力地推手顶肩（类似技巧后手翻推手），推手时间大约为 0.18 秒，推手同时迅速屈髋摆腿，髋角减小，肩角加大，身体变直，基本上在倒立位置推离马，推离角为 90° ～94°，完成直体后空翻加转体动作，推离角稍大一些，这有利于身体的翻转，发动转体的时间一般在推离马瞬时或推手以后。

### （四）教学方法与训练激励

踺子上板的教学是跳马教学的一个重要环节，跳马动作是一个单一的动作，但它是由不同的技术环节组成的，从整体上来说是比较复杂的，踺子上板是跳马中的第一个动作，它的好坏直接关系到助跑的效果、踺子起跳高度、动作节奏和马上动作完成的质量，它的教学包括技术动作教学和身体素质教学。

#### 1. 技术动作教学

①面向踏板做踺子起跳练习，教练在背后托扶运动员的腰部。

②利用踏跳板做短距离的助跑踺子起跳直体后空翻练习。

③利用高垫子（同马高）做踺子起跳后成手倒立练习（先帮助下做，后独立完成）。

④马后放置海绵垫子（同马高）做踺子后手翻推手后站在垫子上的练习。

⑤马后放置海绵垫子（先低于马，然后逐渐加到高于马）做踺子后手翻推手后躺在海绵垫子上的练习。

⑥为了提高翻转速度，多做踺子直体后空翻越过马的练习（用同马高的绳子代替马）。

#### 2. 身体素质训练

（1）力量素质的训练种类

①相对力量训练。相对力量指运动员每千克体重所具有的最大力量，用公式表示为：相对力量 = 绝对力量 / 体重（kg）。若运动动员的绝对力量一样，

则体重轻的相对力量大；相反，相对力量小。在体操比赛中，任何动作都是克服体重完成的，因此体操运动员的力量是用相对力量来衡量的。最大力量的增长训练途径有两种：一是依靠肌肉协调能力来改善，二是增大肌肉体积（肌纤维的数量），肌肉体积的增加会导致身体重量的增加，所以一般采用提高肌肉协调能力的方法来增加肌肉的相对力量，训练时安排大负荷（自身最大力量的85%以上）少重复次数多练习组数，且练习后应该有足够的休息时间，这样就可以让运动员的力量素质有较明显的提高。

②速度力量训练。速度力量指肌肉在最短的时间内发挥出最大力量的能力，它是力量与速度有机结合的一项特殊的身体素质，所以与运动员的力量和速度两种素质都有关系。提高力量的训练是提高速度力量的有效途径。速度力量的训练应采用适当的负荷强度（本人最大负荷的40%～60%）并要求运动员以最快的速度去完成，练习重复的次数不要太多，以动作速度不明显降低为标准，休息时间充分，但不要太长，否则会降低运动员神经系统的兴奋性，影响下一组的训练。

③力量耐力训练。力量耐力指运动员克服外界的阻力长时间重复或多次数运动的能力，它的训练一般在无氧供能的条件下，坚持可能长的时间或多次数在未休息好的情况下开始下一组的训练。

④静力性力量训练。静力性力量是肌肉等长收缩时产生的一种可以使肢体维持一定的位置或姿势，不产生位移的力量，它的训练一般利用最大的肌肉力量的角度取得训练成果。

（2）力量素质训练的手段

①上肢悬垂拉引力量的训练一般采取爬竿、悬垂引体的训练手段，支撑力量的训练一般采取直臂顶肩、屈臂推撑、十字支撑的训练手段，压臂起肩力量的训练一般采取纵拉橡皮筋、俯撑爬行的训练手段。

②躯干力量训练主要是仰卧起坐、仰卧举腿、仰卧两头起、仰卧举腿绕环、仰卧体转起坐、仰卧抬上体。

③下肢力量训练用跳深练习、单脚或双脚连续跳10～20米、跳短绳、负重提重心、原地连续后空翻、负重半蹲起。

（3）行为激励

①激励运动员合理的、高层次的需要。教练员要善于使运动员产生新的、合理的愿望与要求。有了新的愿望与要求，运动员就有了新的前进动力。教练员要善于听取和考虑运动员的需要，分析需要的层次，引导运动员产生更高层

次的需求。对于合理的要求，应创造条件尽量满足。高层次需要占优者，常可以抑制低层次需求，并使运动员维持积极性，目的是不断地提高运动员的需求层次。

当运动员具有某种需要时，教练员要认真对待。如有的运动员爱提意见，说明这个队员具有要别人尊重的需要，他可能只希望教练员听听他的建议，如果教练员倾听了他的意见，他就会感到受到了别人的尊重，需要得到满足。否则便可能受到伤害，这对运动员的成长是不利的。

②激起运动员强烈持久的动机。取得优异成绩是运动员艰苦训练的动力，运动员会从心里树立为国家争光的念头，并获得心理上的满足，创造优异的成绩，为国家争光是运动员训练的主要动机。在每一项目的比赛中获得称号是运动员训练的又一动力，社会口碑的影响也相当重要。

③制定可行并具有吸引力的目标。人们有了某种需要，这种需要会产生动机，动机促使人们用行动去实现目标。当目标还没有实现的时候，这种需要会变成一种期望，期望本就是一种力量，它能调动一个人的积极性。目标对动机的激发有影响，而这个激发的力量大小取决于目标的价值和期望概率两个因素。即激发力量等于效价和期望值的集。效价是个人对他所从事的工作或完成目标的估价，也可以理解为对目标价值大小的估计，期望值是指个人对某项目标能够实现的概率估计，也就是对现实可能性大小的估计，含义是：当一个人对某项结果效价看得很高，而他判断自己获得这项结果的可能性也比较大时，那么用这件事来激励他是非常有用的。

长远目标与近期目标相结合，在现实生活中，一个目标离得越近那么其动机越大，反之则越小，目标太远可能导致积极性受到影响，泄气。所以在制定训练目标的时候应考虑运动员的实际水平，不要把目标定得太高，但也不要把目标定得太低，个人目标和集体目标相结合，个人需要和期待不同，个人目标和集体目标有一定的矛盾，当个人目标和集体目标有冲突时，就会使运动员产生消极的情绪，要充分地利用团队精神和集体荣誉感，来激励运动员不断进取。

## 第三节　跳马分腿腾越教学步骤研究

分腿腾越动作大体由助跑、上板、踏跳、第一腾空、推手、第二腾空、落地七个阶段组成。这七个阶段是一个完整统一的过程，它们之间互相联系，相互制约，但各有不同的特点和作用。从总体来看，第一、二腾空是决定动作性质、评定技术水平、衡量动作质量的主要阶段，也是各阶段技术的前提。但从整个技术上来看，最根本的动力在于助跑，完成动作的关键则在于上板、踏跳的有效结合及推手技术的合理性。因此，笔者力求在教法步骤的安排和前、后衔接上更科学合理，使学生快速度高质量地掌握动作。

## 一、助跑

助跑可获得完成动作所需要的水平速度，为上板踏跳创造有利条件。规则规定助跑距离为 25 米之内，但分腿腾越动作一般 15 ～ 20 米即可，用本人的 80% 的绝对速度奔跑，否则身体不易控制。因此学习分腿腾越动作，首先应练习跑。

教法步骤安排：

①按田径短跑技术要求练习奔跑；

②行进间高抬腿跑和后蹬跑练习；

③确定 20 ～ 30 米加速点。

④确定助跑的步数和加速点。

## 二、上板

上板是介于助跑和踏跳之间的过渡阶段。上板主要是为制动性踏跳创造有利条件。上板距离一般为 1.5 米～ 2.7 米，水平型动作应“低而快”，膝关节约 155° 角度。身体总重心的投影在支撑点稍后的位置，上板角约 110° ，以便产生必要制动力，从而获得有利的踏地角和垂直速度。

教法步骤安排：

①三至五步助跑起跳练习，体会单跳双落的上板技术；

②三至五步上板练习，体会低而快的上板技术；

③将板放于墙前，上板起跳后，双手推墙，体会起跳后身体的控制能力。

## 三、踏跳

踏跳是使身体重心在第一腾空中获得良好的腾起初速，合理运动轨迹和获得优势完成第一腾空动作的起跳姿势。从踏跳力的作用和变化的特征来看，踏跳分为撞板、缓冲、积极蹬腿、持续蹬腿和蹬离瞬间五个相互联系的阶段。

教法步骤安排：

①一步上板起跳，练习落板的有效区域；

②三至五步上板起跳练习，教师站于踏板前，双手托腹帮助举起；

③发展腿部弹跳力的练习；跳绳、双腿跳、跳台阶等发展下肢弹跳力的练习。

## 四、第一腾空

起跳后身体进入第一腾空阶段，这时身体总重心的抛物线已被确定，不能再改变，但是运动员可通过内力改变身体的相对位置和身体姿势，从而适应所跳动作的需要，形成必要的身体姿势，为制动性推手创造条件。根据分腿腾越的动作特点，采用出手快、扶马快、摆腿快的方法较为适宜。第一腾空较低的技术对制动推手较为有利，向后摆腿的适宜高度为 20° ～30° 角。

教法步骤安排：

①三至五步助跑起跳，做后摆扶马练习；

②半程助跑起跳，做撑马落下练习；

③通过各种方法，发展腹、背肌肉力量。

## 五、推手

推手的任务是将身体（总重心）腾得又高又远，为第二腾空创造良好条件。可以说推手动作是跳马的第二次起跳，是极为重要的环节之一。正确的扶马时机应是起跳后第一腾空身体重心抛物线上升阶段，两臂积极快速前伸，两手在肩前撑马，着力点应集中在掌根上，然后快速立掌过渡到指尖结束推手动作。分腿腾越应使肩关节在支点垂直线前完成推手动作。

教法步骤安排：

①面对马站立，两臂前举稍高于肩水平，身体前倒做顶肩推手，同时使身体还原成站立；

②用 1 米高的横马，做三至五步助跑起跳，两腿后摆、上体下压、顶肩推手，同时脚尖下压，制动腿、立腿抬上体站在马前；

③地面腹撑、后摆推手成分腿站立；

④两人推小车帮推跳前进练习，锻炼肩带力量和推手顶肩能力。

## 六、第二腾空

推手后进入第二腾空阶段，该阶段是评价动作质量的重要环节，应高、飘、美、远地完成动作。在分腿腾越中，肩关节要做屈伸动作，加速上体的急振，身体充分伸直。此时，在空中要做短暂憋气、紧腰、梗头动作。控制身体在空中的平衡，为平稳落地做好准备。

教法步骤安排：

①地面练习分腿挺身跳；

②横马跳上成分腿立撑，挺身跳下（分、并腿）体会在空中控制身体平衡的感觉；

③横马的完整动作反复练习；

④纵箱分腿腾越练习；

⑤纵马完整动作反复练习。

## 七、落地

落地是跳马动作的结束。体操发展到今天，落地的稳定已起到举足轻重的作用。

一般说落地前身体应充分伸展，落地时腿应落在重心垂直投影线前面，接触垫子时腿几乎是伸直的。因为这样既能制动身体向前运动的冲力，又能延长缓冲时的距离。

教法步骤安排：

①原地各种挺身跳、转体跳练习；

②各种跳上、跳下练习；

③由适当高度向下跳，增强下肢力量和落地稳定性。

# 第八章　鞍马高级成套动作教学与实践

## 第一节　鞍马概述

### 一、鞍马起源发展

鞍马起源于欧洲的跳马项目，罗马人曾利用木制马来训练骑手。1804 年德国著名体操家古茨穆特斯将木马上的马鞍换成一对铁环，后铁环被木环取代，形成现在的鞍马。1896 年鞍马被列为体操比赛项目，为男子项目。鞍马决赛时每队参赛运动员最多两名，只有在团体赛中鞍马成绩排位前八名或前六名者才有参赛资格，比赛只比自选动作。将运动员在团体赛中规定动作与自选动作总得分的二分之一，加上鞍马决赛中自选动作的得分，作为最后得分排列名次，得分高者名次列前，满分为 20 分。20 世纪 70 年代中、后期，匈牙利运动员佐·马乔尔开创了纵向前移位、沿身体纵轴反向转体和跳动移位等技术，美国运动员库尔特·托马斯创造了分腿波浪全旋技术。20 世纪 80 年代，倒立技术与隔环转体类型的动作逐渐增多。鞍马技术发展快，难新动作不断出现。中国运动员对鞍马技术的发展做出了不少贡献，1981—1992 年在世界性比赛中共获得 6 次鞍马世界冠军。从 1992 年奥运会起，团体分不带入单项赛，仅以自选动作的比赛成绩确定名次，满分为 10 分。从 2009 年使用体操新规则起，得分不设上限，由难度分和完成分两部分组成。难度分不设上限，完成分满分为 10 分，从 10 分开始扣。团体预赛前八名获得决赛资格，每队最多有两人参赛。

### 二、鞍马训练要点

对鞍马各种类型动作的关键性和基础性技术进行训练。

选择关键性基本动作，制订技术规格，练习其中的关键技术，是基本技术训练通常采用的方法。如单腿摆越、交叉，双腿全旋，托马斯全旋，单环全旋，捷式转体和各种移位动作等。

选择动作技术中的关键环节进行专门训练，而不是练习某个完整动作，也是基本技术训练的一种方法。如挺身转体爬圈练习，只练习挺身转体技术，又如把马乔尔打滚的第一个转体 90° 单独进行等，均是如此。

改变器械条件进行基本技术训练，如利用山羊、无环马、单环马等练习基本技术，由于降低了器械障碍带来的困难程度，所以不利于正确技术的形成。

在鞍马基本技术训练中，应注意全面性、先进性、稳定性和预见性。鞍马基本技术训练，是发展难新动作的基础，是高质量完成鞍马动作的前提，对鞍马的稳定性和技术水平的提高具有重要作用，是鞍马训练的一个重要环节。

### 三、鞍马观赛礼仪

第一，观看体操比赛应提前到场，比赛结束后再退场。进出场地要有序，不要拥挤，要尊老爱幼。

第二，比赛时，不要随意走动，最好在比赛暂停或休息时再走动。

第三，在场地内不要高声说话，应举止文明，不随地乱扔杂物，禁止吸烟。

第四，观赛时应将手机关机或设置为振动、静音状态。

第五，学习必要的竞赛知识，既要看运动员优美的动作，也要看其动作技术和风格。既要欣赏运动员精湛的技艺，也要感受他们的顽强作风和内在品质。既给本国选手加油，也给外国运动员鼓掌。做到热烈而不狂躁，有激情而不失分寸。

第六，运动员做动作前需要排除一切杂念，宁神静气，做动作时要将全部精力集中在所要完成的动作上。观众此时应全神贯注地观看，不要鼓掌加油，不要欢呼，更不要喊运动员的名字。

第七，拍照不要使用闪光灯，因为闪烁的灯光会分散运动员的注意力，影响运动员对空间高度和时间方位的判断，甚至可能造成比赛失误或者受伤。在运动员即将出场时加油呐喊，在运动员动作结束时鼓掌，才是得体而恰当的行为。

第八，体操是由裁判员打分的项目，当认为有裁判不公的现象时，不要起哄，不要冲动，要克制自己的情绪。这种不公也许只是因为自己对规则了解不够，而鼓励运动员、理解裁判员，继续观看下面的比赛是最好的选择。

第九，比赛结束，离开场馆时，请将垃圾随身带出场外。

## 第二节　鞍马单环斯托克里B接俄式1080动作技术教学

鞍马项目是竞技体操6个项目中比较特殊的项目，也是最具挑战性的项目。现代鞍马成套动作必须用摆动完成，不能有丝毫的停顿，不允许有多余的力量动作或静止动作，因此全旋动作在鞍马技术中占有重要的地位。

调查研究表明，使用“全旋和斯托克里B与俄式挺身”的动作结合最具发展空间，同时随着体操比赛规则的发展，单环并腿全旋动作也将成为单环技术发展的主流。单环斯托克里B接俄式挺身1 080，又称单环Flops组合，动作难度属于G组，该难度动作在鞍马项目中属于最高难度动作，目前所有的国际比赛中，没有一名选手在鞍马的成套中应用这个难度动作参加过比赛。虽然罗马尼亚运动员乌兹卡曾经在国际大赛中完成过E组难度单环俄式挺身1 080动作，但由于不是单环Flops组合，与之相比更可见单环斯托克里B接俄式挺身1 080动作的难度之大，因此对该动作的研究对于鞍马技术创新具有重要的参考价值。

### 一、各位置动作时间

理想化的俄式挺身转体单环组合动作（Flops）要求人身体轴线以不变的章动角做匀速运动，同时绕纵轴朝逆时针方向自旋，以保证在运动过程中始终面向前方。运动员越过鞍马时也要尽量保持身体伸直，但在训练比赛中，为了避免与鞍马器械碰撞，运动员往往会通过大腿边圈摆动加速使身体侧屈从而跃过鞍马，因此训练经验表明，身体侧屈大腿边圈摆动加速是必要的。研究表明，熟练的体操运动员在进行全旋动作时具有较大的身体侧屈度和较小的身体前屈度。身体侧屈大腿边圈摆动加速是一种技术功能而不是一个技术缺陷，这也造成一个结果，即进圈和出圈相对时间较长。研究数据表明，普通运动员在完成常见全旋动作时，其进圈和出圈时间比例大约为34%和32%。

单环斯托克里B接俄式挺身1 080仅靠双臂前支撑，理想的动作是身体绕垂直轴匀速运动，尤其在俄式挺身1 080动作中最为明显。运动员完成斯托克里B时的第1阶段和第4阶段的平均时间比例分别为28.3%和26.1%，而在完成俄式挺身1 080时，各阶段的时间比例平均为25.8%、25.4%、24.4%、24.4%，总体趋于一致。这表明运动员身体大腿边圈摆动动作不显著，完成动作过程中尽量地避免了身体侧屈。但由于技术水平迁移的影响，影像观察和重心运动轨迹分析也同时表明，动作过程中身体侧向摆动是存在的。因此，在理想状态下，重心运动轨迹虽然应呈匀速圆周运动，而实际上却呈椭圆状。

## 二、身体姿态变化

运动员在完成整个动作过程中，身体前倾角为35.6° ±4.1° ，左髋关节角为161.9° ±11.44° ，右髋关节角为158.5° ±12.8° ，身体躯干平直，运动轨迹如伞状展开。在最后一圈俄式挺身时，由于力量水平下降，髋关节角有较明显减小趋势，虽然可以改变身体转动半径加大转速，但身体平直度降低，会对最终评分产生不利影响。

由于动作中身体其他部位的转动主要由肩关节驱动，如果无法有效地控制肩关节，重心不稳定极易导致失败，因此肩关节稳定与否对动作成败有关键的影响。运动员在完成斯托克里B动作时，虽然交叉换手左右肩有一个变换，但身体重心维持在一个稳定的平面上。俄式挺身1 080动作过程中踝关节呈周期性变化，每个0° 位置，踝关节均处于各圈峰值位置，此时为了克服身体末端的离心运动，右肩有轻微下沉，从而带动下肢环节速度降低，重心也呈现一定程度的周期性变化，但保持在相对稳定的平面上。运动员在斯托克里B动作中身体重心距离鞍马马面高度平均为0.40米 ±0.01米，在俄式挺身1 080中身体重心距离鞍马马面高度平均为0.40米 ±0.03米，整体呈高重心状态，身体重心最高点和最低点高度分别为0.43米和0.37米，出现在最后一圈的90° 位置和270° 位置。

需要指出的是，为了稳定完成鞍马动作，支撑臂起固定肩关节转轴位置及移动范围作用，它限制了肩关节的移动范围，也协助维持了身体重心以及踝足关节的运动轨迹。依照评分规则，优质的全旋动作中，身体重心以及踝足关节的运动轨迹必须维持在一个稳定的平面内。今后技术改进重点应在于依托肩关节的训练，控制身体重心以及踝关节等环节的变化幅度。

## 三、身体重心和主要环节速度变化

理想状态下整个动作重心轨迹应呈圆形，但实际身体重心运动轨迹在水平面上的投影呈瓜子状椭圆形状。在90° 位置身体重心远离支点，因此身体前倾角更小，重心也相对较高，此时身体势能最大，身体重心速度处于第一个最低点；而270° 位置身体重心靠近支点，因此身体前倾角更大，为了克服身体离心运动，肩关节加速内收，重心位于低点，身体前倾角较大，但为了防止身体过度下沉，下肢末端环节开始加速摆动，下肢环节合速度达到最大值，身体重心速度处于第二个最低点。作为前后衔接动作，270° 位置动作质量容易影响整个动作的质量和成败。

整个动作持续时间较长，耗时 4 秒左右，因此要求身体重心具有尽可能大的动能和势能，之所以运动员能完成这一动作，主要是因为其动作重心位置较高，进入动作起始初速度也较快。运动员在斯托克里 B 进入动作 0° 位置时身体重心速度达到 0.94 米 / 秒。结束斯托克里 B 动作开始俄式挺身动作，没有了肩的转化，要求肩与手支点的水平距离加大，身体重心合速度略有一定程度的下降。运动员在俄式 1 080 度动作第一圈开始时重心的速度峰值也达到了 0.76 米 / 秒，在 90° 位置时处于明显低点，说明身体重心动能向势能转化充分。过器械后，身体重心加速下降，使得重心速度第二个峰值出现在 180° 位置。足的速度随重心速度变化呈周期性变化趋势，其峰值处于 6.33 ～ 7.10 米 / 秒范围，远大于短木马全旋的身体重心及踝关节速度，随后各圈速度峰值呈上升趋势，到第 3 圈 270° 位置达到最大值，虽为倒立结束动作提供了充分的初速度，但速度过大也不利于结束动作的完成。足速度到谷值前，肩关节的速度有一个加速上升，从而带动足速度再次上升，也再次印证了肩关节控制的重要性。

## 第三节　鞍马环上全旋教学讨论

双腿全旋是男子鞍马练习中的主要内容，其中环上双腿全旋是最基本的动作，也是提高鞍马技术水平的一个很重要的难度动作。全旋是经两臂交替支撑，双腿做一周的绕旋式动作，为了做好全旋，体操运动员必须掌握直体、含胸以肩为轴的摆动。然而多数运动员一开始练习全旋时总是在一个固定高度的马上或一个蘑菇形的练习器上进行。这种不合乎要求的身体姿势将阻碍运动员掌握更多的先进技术，其结果往往是出现屈腿收髋的错误动作。摆脱这一错误动作比较好的方法是使用“阶段感觉性教学”：通过对一些身体姿势和某些肌群进行阶段性的专门训练，引导运动员体验全旋的感觉，能够明显增强男子鞍马环上全旋的教学训练效果。

### 一、感觉性练习

#### （一）悬垂全旋练习

引体全旋运动员先在单杠上悬垂，保持引体姿态，然后使其身体大幅度做全旋摆动作。要求运动员必须用正确的身体姿势来控制其练习，含胸、并腿、绷脚尖、不能屈髋。

双杠振摆这个练习要使用一个自行车内胎，把它紧紧地缠在双杠两个柱上，运动员直臂正撑在双杠上，同时将两腿放在缠好的带子中间。运动员身体垂直，含胸用力前后摆。做这个动作应以肩为轴，髋关节不能弯曲，不可收臀。此动作的训练主要是增强与鞍马项目有直接关系的肩部肌肉群的力量，摆动时含胸不可收臀。

#### （二）培养运动员寻找全旋支撑感觉

诱导性练习教练员扶着运动员的脚，在山羊上做慢动作绕全旋。做这种诱导性练习时，运动员要注意手的左右移动支撑以及主动撑手，因为主动撑手可以获得更长的支撑时间，这点特别重要，一般来说主动撑手好的运动员，做动作时不易失误，因为动作稍显失去重心，主动撑手就有可能把重心调整过来。

俯撑跳运动员直臂卧撑在地板上，要求含胸、直体，然后塌腰挺胸迅速换含胸弓背，反弹使其双手双脚腾离地面，接下来运动员在身体两侧用单臂来做这个练习，为了使身体平衡，两脚交叉，一脚放置在另一只脚前面。

学会以上两步“感觉性”的练习以后，就可以上山羊做全旋，在山羊上做全旋练习时也可以分两种内容进行练习。

### 二、山羊辅助全旋

#### （一）横放山羊全旋

在此练习中，要注意运动员的臂，要求直臂、含胸、顶肩、重心高，重心左右移动到位（重心移动技术正确）。一个训练队中，教练可以组织个人和小组进行比赛，要求数量越多越好。在运动员可以完成一定数量的基础上，再开始注意全旋的幅度。要求运动员减少头部和肩部的晃动（前后或左右的晃动），缩短单臂支撑时间，主动撑手时间要长，后撑或正撑时髋要转正。

#### （二）纵放山羊全旋

横放山羊训练比较注意两边的幅度——进腿伸、出腿顶。纵放山羊的目的就是迫使运动员前后一定要伸开做全旋，掌握伞形全旋的技术，同时也为学马头全旋做一点准备。

## 三、地面或蘑菇形练习器辅助练习

训练的结果是体操运动员能在地面上做全旋。但是，如果在地面上做仍有困难，就在蘑菇形练习器上做。在地面上或地面蘑菇形练习器上做一个完美的伸展式全旋，要比在具有一定高度的蘑菇形练习器上做10个收臀式全旋还好。关于地面上的全旋，还要注意：当在地面上做全旋时，一定要快速旋转，大幅度伸展，并且移动手要快，身体要伸直，含胸，不要收臀。在全旋结束时不能使身体外翻，否则，就不能及时地获得支撑来连接下一个完全伸展的全旋。

经过以上几种训练后，运动员可以上鞍马学环上全旋了。

## 四、鞍马环上全旋

### （一）克服心理压力

在加鞍环的山羊上，教练员的要求是先消除运动员的恐惧心理，许多运动员以为环上全旋有环就很难，又怕伤手指。其实放开思想去做，动作完成后也就好了。开始学环上全旋时跟学山羊全旋一样，比较注重数量而不是特别注意全旋幅度。当可以完成一定数量后再进行下一步的训练。

### （二）保证动作质量

在山羊的左边再放一个山羊。因为开始出腿直接关系到正撑时的幅度，只要稍不注意，正撑就很容易提臀，左边放个山羊就是让运动员注意出腿的幅度，以保证从山羊过渡到环上的全旋不走形，这是以后发展动作的基本保证。训练时要注意，双臂支撑时间过长会影响动作的幅度，如果单臂支撑时间长，则会影响全旋的稳定性。因此在训练中，教练员仍要强调长双臂支撑时间，以保证在不影响全旋幅度的情况下提高全旋的稳定性。

# 第九章　全书总结与展望

## 第一节　竞技体操高级成套动作教学与实践总结

### 一、竞技体操技术创新的原则与方法

#### （一）竞技体操技术创新的特征

竞技体操技术创新是竞技体操各项目在现在动作技术基础上所进行的发明或创造且具有一定使用价值的创造性活动，竞技体操技术创新有以下几个特征。

1. 时效性

创新动作的价值具有随着时间推移而逐渐降低的特性。由于新动作能够先人一步而暂时处于领先地位，所以具有较高的赛场价值。但是在其他运动员纷纷效仿和掌握的情况下，这种领先优势就会慢慢消失。

2. 渐进性

不管是什么样的技术动作都是逐渐产生和发展起来的，体操技术的创新发展必须是逐渐取其精华去其糟粕的，表现出阶段性的特征。

3. 新颖性

创造或改造动作和连接，能产生新的、异乎寻常的效果，这是竞技体操技术创新活动中最主要的特性。新颖性对改革和创新的活力有一定程度的体现。

4. 多维性

创新在表现形式和方法上是多种多样的。在表现形式方面一是新动作、新技术、新领域的创新，二是连接的创新，三是在原有动作技术结构内部的创新，

四是个人独特技术风格的创新，五是完成动作方法与手段的创新，六是人体相对器械位置变化的创新；在方法方面主要在各种创新法上有所体现，如难度递进创新法、逆向创新法、移植创新法等。

5. 风险性

竞技体操技术创新的风险性主要包括三个方面的内容：一是创新活动若不成功就会带来一定的损失；二是创新的过程中如果不能采取有效的保护措施，就会对运动员造成伤害，对运动员训练产生不利的影响；三是创新动作在比赛应用过程中如果不能保证技术动作的完成质量，不仅不会加分，往往还会被扣分。由于新规则要求创新加分，所以运动员加强对高难动作和连接的创新已经是一种趋势，创新的风险性也就有所提升。

### （二）竞技体操技术创新的原则

竞技体操技术创新的原则充分反映了竞技体操技术创新的一般规律，对技术创新实践具有非常重要的控制和指导作用。

1. 超前性原则

竞技体操技术创新过程中先人一步在构思、设计、实验、运用等各个环节做到既与规则和技术发展方向相符又具有较大的开发价值，可以从以下几个方面得到体现：第一，基本技术方面。教练员在训练过程中本着超前的指导思想为运动员选择基本技术，并以此为基础进一步改进技术，从而为今后技术的创新奠定坚实的基础；第二，高难度动作开发设计方面。在创新高难度动作时，能对未来高难度动作的发展趋势有一定的预见，具有一定的超前性创造性意识；第三，难新动作连接开发、设计方面。必须充分把握超前设计，获得较大利益。

2. 针对性原则

只有有针对性地创新，才能使运动员的潜力得到有效发挥，使创新成功得到有力保证。竞技体操技术创新的针对性原则主要表现在以下几个方面：第一，以运动员个人特点为依据进行针对性创新。设计新动作时必须区别对待，因人而异，扬长避短；第二，以项目特点为依据进行针对性创新。应该考虑的因素主要有两个方面，一是采用的器械，二是运动员在每个项目上的特点，以这两个方面为依据，有针对性地提出相应的技术要求和发挥相应的优势；第三，以比赛规则要求为依据进行针对性创新。规则的修改在一定程度上影响着竞技体操技术的创新与发展，而技术动作的创新又促使着规则进一步修改和完善；第四，以场地器械的改进设计为依据进行针对性创新。竞技体操技术的发展对器械设施的改进具有积极的促进作用，反过来，器械的更新也对技术动作不断创新起着推动作用。

3. 可行性原则

在创新动作技术的过程中教练员等设计的动作必须与人体在各类器械上的运动规律、技术发展趋势和运动员生理解剖特点等相符合，使运动员创新动作成功得到保证。遵循可行性原则需要做到以下两方面的要求：首先，必须与人体在各类器械上的运动规律相符合。进行竞技体操技术创新一定要将运动员与器械间的相互关系作为重要依据，对运动员在运动中与器械相互作用时人体自由度参数可能出现的各种外部形态的变化以及人体局部环节在力的作用下的相对运动时调整运动参数的作用问题进行研究；其次，必须与技术发展趋势相适应。竞技体操的发展趋势主要表现为“力、难、新、美、稳”，因此要求紧跟技术发展潮流来进行动作的设计与创新，同时还要求必须具备难、新、美的技术优势。当前竞技体操技术创新对动作技术发展的多样化和动作连接难度的加大更加重视。

### （三）竞体操技术创新的方法

以技术创新内容不同为主要依据将竞技体操技术创新方法分为基本技术创新法、高难动作创新法和高难动作连接创新法三大类。

1. 基本技术创新法

渐进创新法是基本技术创新的主要方法。竞技体操基本技术的不断改进与发展都是逐渐进行的。以单杠前后大回环“盖浪”技术为例，这项技术是由20世纪50年代的振浪技术至60年代开始到70年代广泛应用的“沉肩振浪”技术逐步发展而来的。另外吊环、高低杠的前后大回环振浪技术等，都充分体现了技术发展渐进创新的过程。

2. 高难动作创新法

竞技体操竞赛规则评分表中D组或D组以上难度动作是高难度动作，也就是能够获得加分的动作。高难动作创新法包括以下几种。

（1）移植法

把一个项目的动作部分或全部引入另一个项目中，通过一定的改造获得新动作。移植法分为两类，即相关技术移植法和完整技术移植法。在竞技体操高难动作创新中，移植法是应用较为广泛的一种创新方法。

（2）难度递进加难法

在不改变原动作技术原理的基础上对其内容与形式逐级加难来到达到创新目的，以递进加难的内容与形式不同为主要依据将递进加难创新方法分为四种：改变身体形态创新法、增加空翻周数和转体度数创新法、改变器械部位创新法、改变完成动作方式创新法。具体根据实际情况和需要进行有针对性的选择和运用。

（3）高难度动作综合法

将已知的两种或两种以上的不同结构类型的动作技术，通过有机结合产生出一个新的结构类型动作。通过对竞技体操技术历史发展过程和评分规则难度的分析和研究可以发现，在竞技体操技术创新过程中，高难度动作综合创新法是非常重要的一种创新方法。以综合动作的两个或两个以上动作技术结构不同为主要依据，可将综合法分为两类，一类是两种动作技术综合类，一类是两种以上动作技术综合类，这两类方法还可以进行进一步的划分。

（4）逆向创新法

从现有动作技术的结构形态等方面的相反方向提出问题，展开思考，设计新动作。根据不同方法，可以将逆向创新法分为不同的种类。以动作性质为主要依据可以将其分为有用力动作的逆转和动力性动作逆转；以技术过程为主要依据可以将其分为技术程序逆转和动作方向逆转。

3. 高难动作连接创新法

通过对竞技体操连接技术创新的研究可以看出，要想获取有效的连接技术加分，就必须科学合理地将某个项目中的一系列单个动作连接组合起来，形成有新意和风格独特的连接技术。竞技体操高难动作连接方法可以根据不同的划分依据来将其划分为不同的种类。

以动作类型为依据，竞技体操高难动作连接方法分为两类：一类是评分规则中基本技术相同的一类动作，即同类动作；一类是某个项目在评分规则中其基本技术不相同的动作，即异类动作。

以前后两个高难动作的运动方向的相互关系为依据，高难动作连接方法分为两类：一类是前后连接的两个动作的运动方向是一致的，即顺向连接；一类是前后连接的两个动作中后一个动作结束时的运动方向与前一个动作的运动方向是相反的，即逆向连接。

以连接形式为依据，竞技体操高难动作连接方法分为两类：一类是前一个动作的结束姿势即下一个动作的开始姿势，中间无停顿的直接连接式；一类是前一个动作的结束部分即下一个动作的开始部分的复合连接式。

以动作间做法和完成上的相互关系为依据，高难动作连接方法分为两类：一类是将一个动作连接两次完成，以增加难度的重复连接；一类是连接的前后两个动作动作的做法或完成上的相互关系不同的不重复连接。

### 二、体操训练场地设施的不足及改进

目前我国大部分的学校场地建设和设施、设备普遍存在落后的现象，学校受资金不足的限制，而且近年来体操运动生源量逐渐减少，学校对体操运动不够重视，从而使得场地设施陈旧、保护措施不够完善，这就导致学生在训练的过程中存在很多安全隐患，还会引发不必要的运动性损伤，使学生在心理上对体操课产生畏惧感，这就使得教师在实际教学工作中困难重重。通常体操运动对于训练场地设施的要求相对较高，若场地与训练器械得不到保证，就不可能取得好的运动成绩。

在体操教学的过程中，场地设施及器材是影响体操教学效果的重要因素之一，对此学校的相关领导应当高度重视起来，增加体操场地和设备的经费，为体操教学工作提供有利的条件，确保体操教学工作能顺利地进行与开展。良好的场地设施能够有效地在训练学习中保护学生，减少学生在学习训练过程中出现的不必要的伤害事故，使学生提高主动性，并且积极尝试参与到体操训练当中。在增加体操教学资金的同时，还应对目前现有的场地设备器材进行充分的利用，不要浪费现有资源，才能确保体操教学取得良好的效果。

## 第二节　竞技体操教学未来前景分析

### 一、竞技体操“亲民化、娱乐化”普及的意义及重要性

体操的全面普及意义非常深远。在我国唐宋时期的体操作为全民健康的运动首选，很大意义上被广大群众所接受，并且在当时也兴起了体操运动的赛事。经过晚清的经济萧条和内忧外患，国家更是加强宣传体操，提高国民身体素质，抵御外敌。随着现代体操的难度增加和标准提高，体操普及较少，但是我国在各大国际赛事中还是表现得非常优异。现代体操的难度非常大，因为每一个动作都要经过严格的训练才能完成，在进行体操表演中需要将动作的连贯性、美

观、难度和协调统一展现出来。因此，如果想要普及体操意识，首先就要将现代体操的难度和标准做一个相应的调整。目前体育界和国家部门更是提出了将体育“亲民化、娱乐化”，这种理念有非常明显的优势。首先“亲民化”概念能够让人民群众更容易接受体操，给人的感受不再是只有体育运动员才能接触的运动，同时“亲民化”会使体操变得更加大众化。其次是体操“娱乐化”，体操娱乐化能够极大地降低体操的难度，同时也能使体操更具趣味性，增加人民群众对体操的热情。

## 二、竞技体操“亲民化”

竞技体操“亲民化”指的是体操的适应性更加广泛。虽然每个学校的体育课都有体操教学，但是体操教学质量都普遍不高。首先体操的肢体活动量比较大，其次学校不是很重视体操的教学，从而致使体操的观念薄弱。同时社会上的人民群众关于体操的概念只能通过电视转播的体育赛事了解，并不能真正地理解体操的内涵。而且会让人产生一种体操是国家运动项目，普通人民群众不适合接触的观念。

因此，在进行体操理念宣传的时候就必须体现体操的“亲民化”，体操并不是只有国家级运动员才能接触，普通群众同样可以进行体操锻炼。首先“亲民化”理念的宣传是以强身健体为基础，同时普及体操锻炼的深远意义，以及体操锻炼能够为人民群众带来的健康回报。除宣传理念“亲民化”以外，体操的实际内容也应该做到“亲民化”，由于现代体操的难度较大，所以结合实际，合理地编排体操动作和内容是非常重要的。

## 三、竞技体操“娱乐化”

竞技体操“娱乐化”指的是体操的趣味性和可实施性很强。正规的竞技类体操项目，每一个动作都由一定的难度系数判定，以完成的流畅性和稳定审美性为依据。在人民群众的实际锻炼中，一是没有专业的人员指导，二是难度系数过高，年龄稍大的人群不适合。所以正规的体操动作是不适用于普通人民群众的。此外，目前人民群众体操的意识相对薄弱，再加上体操动作难度大，会降低很大一部分人对体操锻炼的兴趣，因此，想要将体操全面普及并提高国民的整体身体素质就显得很困难。

体操的普及是未来全民健康运动的发展趋势，因此在进行体操宣传时，首先要降低体操动作的难度，结合相应的实际情况，设计趣味性比较强的动作，可以广泛地被青少年、中老年所接受。体操“娱乐化”能够极大地调动人民群众对体操的热情。首先是体操的难度降低，其次每个动作简单且具有趣味性，长而久之，在人民群众的思想中就会产生体操游戏观念。

### 四、竞技体操“亲民化、娱乐化”的发展趋势和展望

人民的健康问题越来越得到重视，因此全民健身的意识肯定是大势所趋，体操从古至今作为人类健身的基本运动也会被广泛地推广，但是受制于目前体操难度、推广、宣传等因素，体操的普及并不是很乐观。通过本文分析可以发现，体操实行“亲民化、娱乐化”将会被更多的群众所接受。体操的“亲民化、娱乐化”发展方向基本会保持不变，只是目前的相应措施和宣传力度还不够完善，但是在后续的体操发展中肯定会被完善。全民体操运动不仅能够极大地提高国家人民的身体素质，同时也可为国家的运动竞技项目提供一定的人才基础。所以说，体操的“亲民化、娱乐化”将是体操运动的发展趋势，并且在以后将会取得非常可观的效果。

我们可以设想当我国全面实现体操普及的时候，人们茶余饭后进行体操锻炼，一片全民运动的繁荣景象，我国的国民素质和社会发展将会提升更大的一个阶梯。

# 参考文献

[1] 冯俊彦．我国竞技体操后备人才培养的结构特征与发展对策研究 [J]．西安体育学院学报，2009，26（3）：266-269.

[2] 余海涛．我国体操竞技实力分析 [J]．体育文化导刊，2011（9）：46-49.

[3] 刘智丽，刘青．我国竞技体操面临的现实困境与突破路径探析 [J]．南京体育学院学报（社会科学版），2016，30（2）：98-102.

[4] 蒋东明．竞技体操项目落地稳定性的逻辑分析及研究构想 [J]．常州信息职业技术学院学报，2010，9（6）：57-59.

[5] 张玉宝．从体操概念演变论竞技体操与基本体操的本质 [J]．河北体育学院学报，2011，25（3）：52-54.

[6] 杜治华．竞技体操美学探析 [J]．湖北体育科技，2010，29（2）：151-153.

[7] 荆光辉，陈艳姣，刘沙鑫．地域视角下我国竞技体操的发展特征 [J]．北京体育大学学报，2013，36（3）：141-144.

[8] 彭玲群，蔡玉军．论保护性训练理念——以我国竞技体操项目为例 [J]．成都体育学院学报，2010，36（7）：48-51.

[9] 王厚雷，张怡，王敏．从竞技体操技术的发展趋势探析我国男子竞技体操训练对策 [J]．福建体育科技，2009，28（1）：36-39.

[10] 刘红波．对我国竞技体操人才培养训练效益问题的探讨 [J]．运动，2011（2）：20-21.

[11] 程飞，孙晓伟．竞技体操价值论美学的哲学基础研究 [J]．体育科技文献通报，2009，17（9）：41-43.

[12] 王丽华，冯瑞．竞技体操后备人才培养现状及对策研究 [J]．体育研究与教育，2012（S1）：172-173.

[13] 陈育健，赵传生．试论竞技体操运动员的科学选材 [J]．科教文汇（下

旬刊），2009（8）：205.

[14] 卢元镇．中国竞技体育现行管理体制的制度性代价 [J]．体育学刊，2010，17（3）：7-12.

[15] 赵俭．后备人才培养模式比较分析——以我国竞技体操发展为例 [J]．价值工程，2012，31（30）：266-268.

[16] 杜鹏．浅论竞技体操运动的文化内涵与价值 [J]．成功（教育），2010（6）：208-209.

[17] 许文保，朱昌义．竞技体操与体育美学关系的研究 [J]．内江科技，2010，31（5）：50.

[18] 闫琪，任满迎，赵焕彬．论竞技体育中功能性体能训练的特点及其应用 [J]．山东体育科技，2012，34（3）：1-4.

[19] 杜彩凤，王宝龙．我国竞技体操运动员地域分布变化特征的分析 [J]．通化师范学院学报，2011，32（2）：57-58.

[20] 周皎．当前世界女子平衡木项目成套动作难度特征的分析 [J]．科学之友，2010（3）：116-117.

[21] 刘成菊．竞技体操运动员平衡木项目平衡能力影响因素研究 [J]．四川烹饪高等专科学校学报，2013（1）：79-80.

[22] 于佳彬，郝卫亚，孙捷，等．体操平衡木项目前空翻类动作技术的运动学分析 [J]．中国体育科技，2017，53（5）：48-53.

[23] 覃志敏．运动成绩与平衡木项目平衡能力的关系 [J]．南昌教育学院学报，2013（2）：185-186.

[24] 罗珅．自由体操对竞技武术套路发展的影响 [J]．肇庆学院学报，2009，30（2）：81-83.

[25] 王兴芬，梁海琼．自由体操中技巧动作发展的技术文化 [J]．体育科学研究，2011，15（3）：41-43.

[26] 冯庆雨．自由体操高难度空翻动作的力学原理 [J]．中学物理教学参考，2014，43（14）：60-61.

[27] 裴晓雨．竞技体操训练中教练员对创新思维的运用 [J]．知识经济，2015（10）：141.

[28] 贾鹏，胡建国．男子单杠成套动作的发展特征 [J]．体育成人教育学刊，2011，27（3）：50-53.

[29] 李兆明，邝炳钊．我国竞技体操市场化发展的 SWOT 探析 [J]．中小

企业管理与科技（中旬刊），2016（1）：113.

[30] 郭锡雄. 核心力量训练对蹦床动作的影响 [J]. 求知导刊，2017（11）：109.

[31] 李晓亮. 如何控制蹦床动作中“跑位”的技术错误 [J]. 经营管理者，2012（18）：332.

[32] 朱礼金. 蹦床网上成套动作连接技术的运动学分析及诊断 [J]. 山东体育学院学报，2011（4）：68-72.

[33] 孙亚均. 基于少年竞技体操蹦床项目规定动作分析与动作意义研究 [J]. 当代体育科技，2015，5（10）：36.

[34] 张珏珏. 蹦床初级教学中动作示范的作用与注意事项 [J]. 商业故事，2016（4）.

[35] 吴成亮，向家俊，徐波，等. 跳马落地速度与角度对落地稳定性影响的仿真研究 [J]. 首都体育学院学报，2015，27（5）：469-473.

[36] 张彦龙，李天足. 跳马落地运动生物力学浅析 [J]. 体育世界（学术版），2011（9）：25-27.

[37] 王瑜. 鞍马专项动作的负重训练的理论分析 [J]. 同行，2016（13）：447-448.

[38] 苟小平，熊振强. 鞍马全旋训练器的发明与应用研究 [J]. 武魂，2013（7）：45.

[39] 李玉磊. 竞技体操教学训练辅助器械的理论研究 [D]. 武汉：武汉体育学院，2009.